# 贵州乡村振兴实践案例报告

主编 王廷勇 杨丽 杨光情 张莉

西南大学出版社
国家一级出版社 全国百佳图书出版单位

图书在版编目(CIP)数据

贵州乡村振兴实践案例报告/王廷勇等主编.
重庆：西南大学出版社，2024.11. -- ISBN 978-7
-5697-2433-2

Ⅰ.F327.73

中国国家版本馆CIP数据核字第2024S33C20号

# 贵州乡村振兴实践案例报告
GUIZHOU XIANGCUN ZHENXING SHIJIAN ANLI BAOGAO

王廷勇　杨丽　杨光情　张莉　主编

| 责任编辑 | 廖小兰 |
| --- | --- |
| 责任校对 | 熊家艳 |
| 装帧设计 | 起源 |
| 排　　版 | 杨建华 |
| 出版发行 | 西南大学出版社（原西南师范大学出版社） |
|  | 地　　址：重庆市北碚区天生路2号 |
|  | 邮　　编：400715 |
|  | 电　　话：023-68868624 |
| 印　　刷 | 重庆正文印务有限公司 |
| 成品尺寸 | 185 mm×260 mm |
| 印　　张 | 15.75 |
| 字　　数 | 298千字 |
| 版　　次 | 2024年11月　第1版 |
| 印　　次 | 2024年11月　第1次印刷 |
| 书　　号 | ISBN 978-7-5697-2433-2 |
| 定　　价 | 68.00元 |

## 编委会

主　编：王廷勇　杨　丽

　　　　杨光情　张　莉

副主编：李天俊　张凤娟

　　　　郭　曼　熊　霞

# 前言

2017年10月18日，习近平总书记在党的十九大报告中提出实施"乡村振兴战略"，一张宏伟蓝图就此擘画。此后，《中共中央 国务院关于实施乡村振兴战略的意见》《乡村振兴战略规划（2018—2022年）》《中国共产党农村工作条例》《中华人民共和国乡村振兴促进法》等先后出台，乡村振兴制度框架和政策体系初步构建。各地省级乡村振兴战略规划和市县实施方案纷纷出台，层层落实规划任务。各地扎实推进乡村振兴战略实施，乡村振兴成果丰硕。粮食产量稳步提升；发展动力越来越强；乡村产业持续壮大，农民就业增收渠道越来越宽；农村生产生活条件明显改善，人居环境质量不断提升，乡村越来越美；乡村治理效能稳步提升；农村文化繁荣发展，农民精气神越来越足。各美其美、美美与共的新时代乡村画卷正在次第展开。

党的二十大报告提出"全面推进乡村振兴"。贵州乡村振兴实践案例报告涉及该地区农村经济、政治、文化、社会、生态发展和农民生产生活。贵州积极开展乡村振兴实践，促进农村经济社会治理多元化，提升农民收入水平，改善农村社会事业和基础设施……为全面推进乡村振兴提供了丰富的实践经验。本书共八章，主要包括党建引领、产业发展、城乡法治、改革创新等。

贵州乡村振兴实践具有以下特色：

生态优先：注重保护和修复生态环境，推动农业可持续发展，实现农业与生态的良性互动。文化传承：弘扬本土文化，挖掘乡村历史和传统，通过文化旅游等方式促进乡村文化传承与创新。产业多元：推动农业产业多元化发展，培育特色产业，加强农产品加工与销售，提高农民收入。农村治理：推进农村社会治理体系建设，加强基层自治和社区建设，提高农村治理水平。基础设施：加强农村基础设施建设，提高乡村交通、水电、信息等基础设施水平，促进乡村现代化。人才培育：注重培养乡村人才，吸引有能力的人才回乡创业，推动乡村振兴。

这些特色综合体现了在贵州乡村振兴实践中生态、文化、产业、治理等方面的全面发展和创新探索。

贵州乡村振兴实践创新主要包括：在数字乡村建设方面，引入先进的信息技术，推动数字化农业、电商扶贫等项目，提高乡村生产、管理和销售效率；在生态农业模式方面,推广有机农业、绿色农业等环保农业模式,保护土壤、水源,提高农产品品质;在休闲农业与乡村旅游方面,开发休闲农业、农家乐等业态,吸引城市居民前往乡村旅游,推动农村经济多元发展;在乡村金融服务方面,创新金融服务模式,支持乡村产业发展,鼓励农民创业,提供贷款和金融支持;在科技合作与人才引进方面,与高校、科研机构合作,引进专业人才,推动科技创新在农村的应用;在特色产业孵化方面,通过扶持特色产业,如茶叶、中草药等,培育乡村经济新动能,提高农产品附加值;在文化创意产业方面,发展乡村文化创意产业,挖掘本土文化资源,推动文创产品开发和销售。这些创新不仅为贵州乡村振兴注入了新动力,促进了经济、社会、文化等方面的全面发展,而且为西部地区乃至全国全面推进乡村振兴提供了可参考的样板。

# 目录

## 第一章 党建引领篇

第一节 党建"165"工程彰显"党建+"引领作用　　002

第二节 四级联动深化基层党建示范县(市)建设　　008

第三节 "四建四进"创新党建引领治理新样板　　014

第四节 加强党建引领基层治理　　018

第五节 实行"村社合一"调动农民积极性　　023

第六节 "五个三"推进乡村治理体系试点建设　　028

第七节 "四单"模式创新城市基层治理　　033

## 第二章 产业发展篇

第一节 推行"三化"实现股份制合作社进农村　　040

第二节 "五聚焦"实现养羊产业"五个好"　　045

第三节 "五个三"推动佛手瓜产业提质增效　　050

第四节 探索实践农村产业革命精准打法七条　　056

第五节 "321"种植模式引爆蔬菜产业革命　　061

第六节 开展农业全产业链创新助民增收　　066

第七节 打造数字产业平台推动数字经济快速发展　　071

## 第三章 城乡法治篇

第一节 LD县创新"1151"工作机制管党治警　　078

第二节 加强政法智能化试点建设　　082

第三节 构建"督查六法"闭环机制提升实效抓落实　　088

第四节 智慧司法服务平台建设与推广　　092

第五节 人民法院"两个一站式"建设项目　　096

第六节 坚持"四个突出"，实现"五个转变" 101
第七节 "三全"构建标准化执法办案 106

## 第四章 改革创新篇

第一节 探索"12345"脱贫攻坚普查工作机制 112
第二节 "6531"工作法推进脱贫攻坚决战决胜 118
第三节 优化易地搬迁安置点残疾人公共服务 124
第四节 "五步工作法"啃下改革"硬骨头" 128
第五节 探索科技工作新模式，提升发展新动能 132
第六节 建立推行数字经济运营中台 136
第七节 下好改革"先手棋"，办好企业、群众贴心事 140

## 第五章 创新引领篇

第一节 创新"三保三统一分"机制推动"黔货出山" 146
第二节 生态文明建设评价考核"5+1"工作机制 151
第三节 构建大数据+建议提案办理新格局 155
第四节 派工单制度破解河湖管护重点难点问题 160

## 第六章 教育及文化改革篇

第一节 深化教育改革，助推教育高质量发展 166
第二节 "四个三"模式探索高职院校发展新路径 172
第三节 公共图书馆中心馆+总分馆制建设 178
第四节 培育"带头能人"，提升就业组织化水平 183

## 第七章 医疗改革篇

第一节 开展"高值医用耗材带量采购"，实现"四赢" 190
第二节 "六位一体"推进公立医院改革 194
第三节 服务工作下沉，基层慢性病更有保障 199
第四节 开展医保基金直接结算，惠企利民解难题 203

# 第八章　公共服务篇

| | | |
|---|---|---|
| 第一节 | 以"四共"促"四好",筑牢发展根基 | 208 |
| 第二节 | 全面深化农村公路管理养护体制改革 | 213 |
| 第三节 | 打造"天眼·就业快递"智慧就业服务平台 | 219 |
| 第四节 | "五结合"推动招商引资实现"多点开花" | 225 |
| 第五节 | "六字箴言"助推"黔货出山·风行天下" | 229 |
| 第六节 | 发展特色服务,助推重大工程项目加速 | 234 |
| 第七节 | 管理优化,交运集团走"定制客运"道路 | 238 |

# 第一章
## 党建引领篇

## 第一节

## 党建"165"工程彰显"党建+"引领作用

### 一、党建"165"工程提出的背景

在现实生活中,党建工作与其他工作"两张皮"的现象始终未得到彻底解决。具体党建工作者与其他工作者时常深有体会:党建工作与其他工作理论上有联系,但在实际工作中又联系不大。在高校具体表现为:党建与教学、科研、管理、团建、思政等工作相互脱节,党员在实际工作中的先锋模范作用、"党建+"的核心引领作用并未充分发挥。为贯彻落实"坚持党对一切工作的领导"的精神,更好地发挥"党建+"引领作用,H高校以解决实际问题为靶点,以提高工作效率为标准,以实现高质量发展为目标,逐步探索创新,提升党建"165"工程质量,打造"党建+"特色品牌,全面推进党建与事业发展深度融合。

### 二、党建"165"工程的实质内涵

党建"165"工程是将教职工党员、学生党员、学生干部以及广大学生紧密联系在一起的新型管理模式。即1名教职工党员指导3名学生党员和3名学生干部,3名学生党员和3名学生干部每人分别联系5名学生。以推进教育党员有力、管理党员有力、监督党员有力、组织师生有力、凝聚师生有力、服务地方有力"六个有力"为抓手,将高校党委、党支部、学生党支部、学生会、自管会、团委、宣传中心、团支部和全体学生打造成具有高度凝聚力、向心力、执行力的组织。

## 三、党建"165"工程的主要做法

### (一)着眼于客观实际全面推进"165"工程

"165"工程结合党史学习教育,引导党员不断加强自我修养,全体师生在党史学习教育中汲取养分,实现党风促教风、教风带学风。"165"工程充分发挥"党建+"引领作用和党员的先锋模范作用,聚力"党建+管理",对标对表党支部标准化规范化建设的各项指标,聚焦立德树人、乡村振兴、共同富裕等方面,筑牢"红色堡垒",强化"党建+名师",充分发挥党员教职工在教学科研、专业学科建设、思政教育等方面"学高为师、身正为范"的先锋模范作用,打造"红烛先锋",深植"党建+德育",发挥学生党员、学生干部、入党积极分子和团员的桥梁纽带作用,加大对广大学生的自我教育、政治引领和价值导向力度,培育"红心青年"。

### (二)以社会需求为导向深入推进"165"工程

瞄准社会需求,整合、集中高校优势资源,全方位推进教学科研与PT县乡村振兴深度融合。充分发挥教工党支部的桥头堡作用,开展"校农结合"、产业革命、乡村振兴大调查,推动各县(市)科学、全面推进乡村振兴,参与乡村建设行动,丰富党建引领内涵,为地方政府发展建言献策,充分发挥高校服务地方经济社会发展、助力乡村振兴和实现共同富裕的功能,促进党建、教学、科研与地方经济社会深度融合。结合乡村实际,充分发挥教职工的主动性、积极性,指导乡村科学有序推进产业振兴、生态振兴、文化振兴、人才振兴和组织振兴。同时,引导师生积极开展调查研究,引导人才、技术等资源向乡村聚集,引导师生将"论文写在大地上",营造师生在基层干实事、出成果的良好氛围,进而夯实师资队伍、学科、专业发展基础。

### (三)在服务经济社会发展中总结提升"165"工程

贵州历史悠久、文化多彩、资源丰富、生态良好、区位便利,乡村振兴具有一定自然资源基础,但一些基层干部对乡村振兴"搞什么、怎么搞",资源优势如何转化为发展优势存在认识不到位、目标不清晰、思路不具体等问题。为解决这些问题,H高校党委坚持"学习理论长知识、梳理情况摸家底、结合实际找问题、整改落实抓成效、形成机制促推广"的党建"五步法",创新提出"摸清一方情况、寻找一条路径、整合一方资源、形成一套机制、优化一套方案、固化一套标准、形成一个环境、支持一批产业、锤炼一批人才、推出一个样板"的"十个一"党建目标,推进教学与实践、科研与生产相结合,基层党支部联建共建,将高校党支部建在村上,充分发挥"党建+"引领教学科研、服务地方经济社会发展的功能,推动高质量发展。

## 四、党建"165"工程取得成效

### (一)"红色堡垒"功能进一步巩固

"党建+服务"是"党建+管理"筑牢"红色堡垒"的共生模式。管理是一门科学,服务是一种意识,管理水平高、服务意识强,教职工就会真心支持党委工作和党支部工作。在"不忘初心、牢记使命"主题教育和党史学习教育中,H高校党委始终坚持履行管理和服务双重角色,从坚持例会制度开始,就坚持"管理就是服务"的理念。通过井然有序的科学管理、积极主动的服务,加强与教职工的联系,筑牢"红色堡垒"。

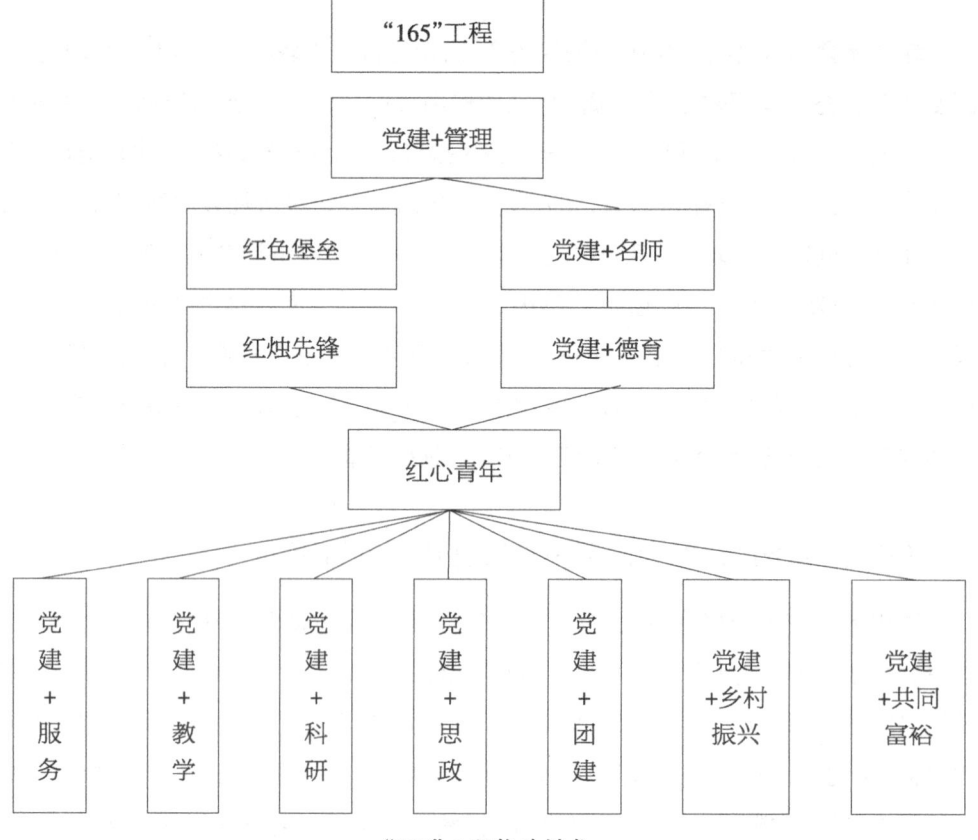

"165"工程推进模式

### (二)"红烛先锋"作用进一步彰显

"党建+教学""党建+科研"是"党建+名师"打造"红烛先锋"的共生模式。教学是根本,科研是关键,高校名师应是教学业务精湛与科研功底扎实的集成者。为彻底改变"搞教学的老师科研弱、搞科研的老师教学弱"的教学与科研相互脱节问题,在"不忘初心、牢记使命"主题教育和党史学习教育中,H高校党委始终坚持"教学就是科研、科研融入教学"的理念,引导党员树立并践行正确的教学科研融合观,通过加强教学管理、提高教学质量和营造良好的学术氛围来打造"红烛先锋"。

### (三)"红心青年"影响进一步扩大

"党建+思政""党建+团建"是"党建+德育"培育"红心青年"的共生模式。加强青年学生的思想政治工作是高校学生工作的重中之重,抓好团学工作是加强青年学生思想政治工作的重要载体。在"不忘初心、牢记使命"主题教育和党史学习教育中,H高校党委充分发挥党建带团建、党建促思政的作用,通过加强对学生会、团委、自管会、宣传中心等学生组织及学生干部的管理和引导,通过"听党话、跟党走""感党恩、出新绩"系列活动培育"红心青年",学生培养质量不断提高。

## 五、改革创新经验探讨

在今后的工作中,H高校党委将以"党建+"为抓手,牢记嘱托、感恩奋进,持续探索党建"165"工程融入学生专业能力培养、学生毕业论文指导、学生就业帮扶、考研学生辅导、困难学生帮扶和老师业务能力提升等工作的有效路径,本着"方向正确、质量优先、简约高效"的改革原则,充分发挥"党建+"引领作用,更好地服务地方经济社会发展,促进教育教学转型。

### (一)理论创新是前提

党建"165"工程,不断巩固"不忘初心、牢记使命"主题教育成果和持续加强党史学习教育,以"党建+"衍生出来的"党建+思政""党建+团建""党建+教学""党建+科研""党建+名师"等"党建+N"模式,为充分发挥党建在实际工作中的引领作用提供了重要支撑。

### (二)观念入心是基础

党建"165"工程作为一种新型的管理模式,有其内在的运行机制,其目的是真正发挥"党建+"的引领作用,让全体师生都能参与其中,让党旗光芒照亮每个角落,为民服务办实事,为民服务解难题。

### (三)建强支部是关键

强化教工党支部和学生党支部建设,理论学习与实践创新相互结合,做到规定动作不走样,创新动作有动力,师生发展有活力。

### (四)解决问题是目标

党建"165"工程,最终以解决党建与教学、科研、管理、团建、思政、服务地方出现的"两张皮"问题为导向,来源于实际又高于实际,最终又回到实际,化繁为简,提高了工作效率。

## 案例分析

H高校的党建"165"工程主要体现了以下不同学科的原理：

一是组织行为学原理。将教职工党员、学生党员、学生干部以及广大学生紧密联系在一起，形成一个有高度凝聚力、向心力、执行力的组织，充分发挥组织的作用，提高组织的有效性和效率。

二是教育学原理。以推进教育党员有力、管理党员有力、监督党员有力、组织师生有力、凝聚师生有力、服务地方有力"六个有力"为抓手，通过党建工程的实施，为学生提供全方位的教育和服务，提高学生的思想政治素质和综合素质。

三是社会心理学原理。通过1名教职工党员指导3名学生党员和3名学生干部、3名学生党员和3名学生干部每人分别联系5名学生的方式，形成了一种相对稳定的社会网络，加强了学生间的交流和互动，增强了学生的集体认同感和归属感。

四是组织管理学原理。通过高校党委、党支部、学生党支部、学生会、自管会、团委、宣传中心、团支部等各个组织的协同作用，实现了对学生的全方位管理和服务，提高了学生的自我管理能力和组织协作能力。

五是社会学原理。通过将教职工党员、学生党员、学生干部以及广大学生紧密联系在一起，将党建工程作为一种社会组织形式，形成了一种团结协作的社会文化氛围，提高了学校的社会形象和社会认可度。

六是领导学原理。高校领导通过制定党建工程计划和实施方案，指导推进党建工程的实施，提供组织和资源保障，发挥了领导的核心作用，为党建工程的成功实施提供了坚强的领导保障。

## 第二节

## 四级联动深化基层党建示范县(市)建设

近年来,FQ市以全国城市基层党建示范县(市)建设为契机,持续深化"三联三统"城市基层党建内涵,加大对城市基层党建的支持力度,逐步构建横向到边、纵向到底引领下的城市基层社会治理工作网络,确保城市基层党建系统推进、区域协同、上下互动、共同发力,全面提升城市基层治理的组织和工作质量。

### 一、聚焦做实市级"指挥部",健全完善整体联动体系

一是抓好谋篇布局。2020以来,按照党建引领城市基层治理工作整体部署,市委研究制定年度工作推进方案,明确18项重点工作,细化35项具体工作任务清单,目前完成率达80%。健全完善三级联席会议、街道赋权扩能、社区工作者职业体系建设、社区减负增效、"双报到"等10余项制度机制。

二是强化联动调度。成立市级工作领导小组,健全工作指挥调度体系,常态化开好市级、街道、社区三级联席会议。系统研究政策设计,定期调度推进落实,集中攻关难点问题。组织部门按照"一事一单"派工机制,压紧压实部门(单位)工作职责,直接调度部门(单位)"一把手"对重点难点工作领衔攻坚。2020以来,市委专题研究党建引领城市基层治理工作1次,市委常委会、市政府常务会研究涉及议题5个,召开市级联席会议4次、街道联席会议8次、社区联席会议48次,构建市级政策机制5项。

三是注重资源整合。推行基层党建、创文创卫、城市管理、便民服务等治理网格"多网合一",建立街道大网格2个、社区中网格11个、小区(组团)小网格130个,明确社区专职网格员和8家职能部门网格员职责,推动"人在网格走、事在网格办、服务在网格体现"。同时,持续深化"县级领导包网格+职能部门包小区"工作模式,39名县级干部带领99家机关企事业单位联动包保124个住宅小区,参与社区共驻共建,并明确责任包保单位"十条工作职责",将机关企事业单位包保小区治理成效与共驻共建成

效捆绑,有效推动了治理资源融合。

四是深化"三亮一创"。常态化制度化推行"双报到",组织全市机关企事业单位党组织到社区报到,8396名党员、干部到所居住社区报到,认真落实"三亮一创"要求,深入社区、小区引领基层治理,联系服务群众,帮助解决问题,有效激活机关党组织和党员、干部参与党建引领城市基层治理的新动能。同时,注重加强对党员、干部"八小时外"监督管理,出台财政供养人员在社区的"七个禁止行为规定",明确市管干部提拔晋升必须征求社区、小区党组织意见,并将履行"双报到"责任、物业管理费用缴纳作为干部年度考核前置条件。

## 二、聚焦建强街道"作战室",增强统筹协调轴心功能

一是抓好街道管理体制改革。按照全省城市基层党建观摩推进会对街道管理体制改革的部署要求,立足减少街道管理层级,建立紧凑、干练的"扁平化"组织构架,拟定《FQ市街道管理体制改革实施方案》,将街道内设机构精简为6个党政机构、7个事业机构,切实优化街道内设机构和事业单位设置,变"向上对应"为"向下服务"。同步梳理完善市级职能部门、街道的权责清单,厘清街道与职能部门之间的权责边界,确保街道主要业务更聚焦。

二是抓好街道综合执法改革,整合综合执法力量。整合市场监管、规划建设、生态环境、文化旅游等部门的执法力量,并下沉街道,探索以"五个一"(一个平台、一支队伍、一窗受理、一套机制、一张清单)模式推进街道综合执法改革,着力解决街道"看得见、管不着",部门"管得着、看不见"以及基层执法力量分散薄弱等问题,促进街道管理向服务型、法治型转变。

三是强化赋权扩能。修订城规委会议事制度,赋予街道对城市规划建设的参与权,明确城市规划制定、公共设施布局必须征求街道意见。赋予街道人事考核权和征求同意权,明确市级职能部门派出机构负责人任免使用必须征求街道意见。推行"基层吹哨、部门报到"工作机制,制定《关于赋权乡镇(街道)对市直各部门及派驻机构的目标考核办法》。将相关市直部门年度目标考核中1/3权重交由街道考核,有效保障街道在城市基层治理中的"哨声"吹得响。

## 三、聚焦筑牢社区"桥头堡",推动服务本位职能回归

一是优化规模设置。围绕"15分钟服务圈",综合人口密度、管辖面积、街区功能、居民认同等因素,对服务人口基数和服务半径过大的社区进行合理优化设置,2020年,新增社区3个,完成"村改居"1个,有效解决社区"小马拉大车"等突出问题。

二是推进减负增效。建立社区事务准入制度,依法依规梳理形成9项社区党组织工作职责、19项居委会工作职责、26项居委会协助办理职责、7项针对社区开展考核创建评比事项、20项不应出具证明事项等社区工作事务清单,形成社区减负增效"1项制度+5张清单"工作机制,切实为社区减负松绑,推动其回归抓党建、抓治理、抓服务的主业。

三是健全职业体系。抓实全省社区工作者职业体系建设试点工作,围绕社区工作者"引不进、留不住、管不好"等突出问题,制定出台《FQ市街道社区工作者职业化管理体系建设实施意见》,建立"两委"常务干部"3岗13级41档"和专职网格员"基础报酬+绩效报酬+工龄补助"的合理薪酬体系,在选聘、培育、管理、保障、发展等环节大胆探索,积极创新,构建了进出有通道、素能有提升、履职有目标、待遇有保障、发展有空间的"五有"职业化体系,让社区工作者"军心"更稳、干劲更足,为推动党建引领城市基层治理提供了有力支撑。

四是加强示范引领。深入推进"社区是我家、共同建管它"示范创建工作,按照"1+N"(1个社区党群服务站联动N个小区党群服务点)工作模式,重点围绕组织体系、队伍建设、治理能力、成效体现等方面,着力推进示范点创建提升工作,以"抓两头带中间"推动整体扩面提质增效。目前,已完成3个示范社区、6个老旧示范小区、8个新建示范小区的创建工作。

## 四、聚焦小区治理"方向标",以"五方共治"提升"细胞治理"质量

一是党支部引领方向。结合全市住宅小区实际情况,在建立89个小区功能型党支部的基础上,探索将党组织触角覆盖到楼栋,健全完善楼栋党小组长、单元楼栋长、楼层长和社区网格员、公安网格员、综合执法网格员等"三长八员"楼栋管理服务工作体系,发挥小区党支部在小区治理重大事项的首置把关作用,加强对业委会、业主监督委员会等自治组织和物业公司的领导,确保小区治理方向不跑偏。

二是业委会履职自治。压实住建部门行业管理和街道社区属地管理责任,指导

规范组建业主委员会46个,从严把关业委会候选人员资格条件,注重把关心社区公益、善管理、懂法律、肯奉献、有特长的退休老党员、老干部和在职党员干部等群体吸纳进入业委会。发挥业委会在社区治理、反映业主诉求、维护业主合法权益等方面的积极作用,及时化解处理各类矛盾纠纷,形成问题共商、困难互助、难题共解的小区治理良好氛围。

三是业监委民主监督。为加强对业主委员会履职情况和物业公司履约情况的民主监督,创新组建业主监督委员会32个,制定小区业主监督委员会的管理规约,加强对业委会依法履职、议程决策程序和财务公开等方面的监督,着力破解公共资金"随意花",监管人员"睡大觉",业主委员会"不作为""乱作为"等问题。

四是物业公司做优服务。为确保物业公司按约履责,社区群众享受到"质价相符"物业服务,及时成立全市物业管理行业协会,建立符合市域实际的物业行业管理规范、评价方式和评价指标,制定《住宅小区物业行业监督考核办法》和《FQ市物业行业收费标准指导意见》。对物业企业实行动态星级管理,并扩大社区对辖区物业管理企业的考核比重,有效促进物业服务质量提升。

五是职能部门强化监管。为进一步厘清住宅小区内的执法监管权责边界,切实解决职能部门在小区治理中推诿扯皮等问题,及时梳理完善小区内常见易见、多发易发的82项执法监管事项清单,并将事项清单的执行落实情况纳为街道对部门的重要考核内容,有效促进了职能部门的执法监管质效。2019年以来,通过社区"两委"、业委会、业监委、物业公司和职能部门等五方治理主体共商共议,共解决全市小区内车辆乱停乱放、乱搭乱建和物业费用收缴等矛盾纠纷1500余起。

### 案例分析

　　管理学认为，为符合现实发展需求，管理组织结构应该趋向"扁平化"或"扇平化"。扁平化管理理论具有科学性、实证性和可操作性，可以促进上下层之间的沟通和理解。FQ市根据全省城市基层党建观摩推进会的要求，推进街道管理体制改革，建立紧凑、干练的"扇平化"组织结构，精简街道内设机构和事业单位设置，变"向上对应"为"向下服务"。这种转变可以有效减少传统的街道科层结构管理模式下的管理层次，增加管理幅度，推动街道管理体制迈向新的台阶。扁平化管理理论源于新制度经济学，近年来逐渐向行政事业单位延伸，对街道管理体制进行组织扁平化管理的改革与探索具有十分重要的意义。

　　赋权理论是社会学和政治学领域的重要理论，重点在于促进弱势群体的参与和行动，以提高其对权力和资源的掌控。在城市基层治理中，赋权理论得到了广泛应用。FQ市制定《关于赋权乡镇（街道）对市直各部门及派驻机构的目标考核办法》，将市直部门考核的1/3权重交由街道考核，有效保障了街道在城市基层治理中的权力和地位，推动了基层治理的创新和治理效率的提高。赋权理论在城市基层治理中的应用，可以提高基层治理的效能和公众满意度，推动城市治理的创新和发展。从政治学理论来看，城市基层党建是基于党的领导和政治优势的，其推进需要政治意识和政治资源的支持和保障。政治学理论可以解释FQ市以全国城市基层党建示范县（市）建设为契机，通过党建工作，加强政治引领和政治监督，推进城市基层社会治理工作网络建设的理由。

　　此外，FQ市以全国城市基层党建示范县（市）建设为契机，还体现以下学科理论。社会学理论视角：城市基层党建是一种社会组织形式，其推进需要社会资源和社会共识的支持和保障。社会学理论可以解释FQ市加大对城市基层党建的支持力度的理由，即通过加强社会资源和社会共识的建设，推进城市基层党建系统的推进和区域协同。行政管理学理论视角：城市基层党建是一种行政管理工作，其推进需要行政资源的使用效率和行政能力的支持和保障。行政管理学理论可以解释FQ市构建横向到边、纵向到底引领下的城市基层社会治理工作网络的理由，即通过提高行政资源的使用效率和行政能力的水平，推进城市基层党建的组织和工作质量的提升。组织管理学理论：城市基层党建是一种组织管理工作,其推进需要组织资源和组织能力的支持和保障。组织管理学理论可以解释FQ市确保城市基层党建系统推进、区域协同、上下互动、共同发力的理由,即通过提高组织资源和组织能力的水平,确保城市基层治理工作的全面推进和质量的全面提升。

## 第三节
## "四建四进"创新党建引领治理新样板

近年来,XL县坚持问题导向,突出党建引领,探索"四建四进"模式,创新基层社会治理,形成党建引领下易地扶贫搬迁社会治理的"XL县样板"。2020年,全县建成4个安置点并搬迁入住6085人,入住率96.74%,搬迁群众融入安置点社区,生产生活和谐稳定。

### 一、"四建"体系强化服务管理

坚持将党的领导贯穿易地扶贫搬迁安置点社会治理全过程,建立健全组织体系、管理体系、服务体系和帮联体系,确保后续工作方向不偏,力度不减。

一是建立组织体系。成立县易地扶贫搬迁党建工作领导小组,建立领导体系,完善组织架构,统筹全县各级力量,研究解决突出问题。先后召开工作调度会11次,完善公共服务配套项目建设21项,解决搬迁群众重点难点问题27个。

二是建立管理体系。在500户以上的安置点单独设立社区,作为所辖镇(街道)的行政区划管理,县级集中安置点单独成立奋进社区,低于500户的纳入安置地所在村(社区)管理。某社区人财物配备比常规城市社区标准上浮30%,其他安置点相应增加干部职数和工作经费,抓实基础保障。

三是建立服务体系。在社区建成覆盖教育、卫生、治安和文化等便民利民和公共服务设施20余项。创新设立片区综合服务中心,将奋进社区和毗邻的村(社区)一并纳入其服务范围,逐项编制服务清单,公开办事流程,推动行政审批权力下沉。目前,能够现场办结事项3项,代办29项。

四是建立帮联体系。建立干部联系搬迁户制度,采取"一帮多、一帮一、多帮一"的形式,从全县抽调1600余名干部组成心连心队伍结对联系搬迁户。明确干部"搬迁前宣传动员、搬迁中联络协调、搬迁后巩固提升"三大阶段任务,确保干部每月至少入户走访1次以上,切实为搬迁群众解难题办实事。

## 二、"四进"家园促进融合发展

坚持问题导向,统筹各方资源,扎实推动"就业、文化、管理、政策"进家园,确保搬迁群众"搬得出、稳得住、融得入、能致富"。

一是促进就业进家庭。通过"县就业局+劳务公司"的方式,在社区设立就业服务中心,开展"七个一批"就业行动,实施"100%就业计划",累计开展就业集中培训11期1523人次,推动900余名搬迁群众至少掌握1至2门专业就业技能,带动543名搬迁群众在月薪4000元以上的岗位稳定就业,针对50岁以上的搬迁群众,采取"公司经营+群众务工"发展模式,通过在安置点周边流转土地发展产业,开发公益性岗位等带动700余人就业,搬迁家庭"一户一人"就业率达91.2%。

二是引领文化进小区。将某社区感恩广场作为县级广场文化活动分会场,每季度举办1次大型文艺活动,开通"村村通"广播,及时宣传党的政策。依托本地民族节庆,建好布依山歌、苗族跳月等文艺队伍,定期组织开展民族文化活动,促进各民族感情融合和文化凝聚。举办广场红色电影放映活动,每周集中播放1场,丰富社区群众精神文化生活。

三是引导管理进单元。每个单元选举产生1名楼长,作为群众代表参与社区管理,明确5项基本职责,形成"社区两委—社区管理队伍—楼长—搬迁户"四级网格管理体系。完善"天网工程",整合公检法司资源,加强社区综合治理和法律服务。建立健全小区居民公约,深入开展"亮家风、晒家训"等活动强化德育宣传,组织实施环境卫生、"文明家庭"等评比活动,引导群众自管自治。

四是推动政策进人心。梳理14类42项易地扶贫搬迁扶持优惠政策,采取发放政策汇编、发布公告、入户解说等方式进行宣传,确保各类惠民政策在社区落地见效。针对城乡居民待遇差异、家庭人口自然增长后住房刚需、子女教育等带来的实际问题,创新出台搬迁户殡葬政策、申请公租房和购买商品房优惠双重保障政策等系列配套政策,强化原有权益、住房刚需、后扶政策"三个保障",解决搬迁群众后顾之忧。

## 三、"一核多元"引领协同共治

通过建强基层堡垒,发挥社区党支部的领导核心作用,推进社区、社会组织、社会工作"三社联动",形成易地扶贫搬迁安置点多元参与协调治理格局。

一是多措并举建强社区党支部。从街道选派2名副科级干部分别担任社区党支部书记和第一书记,从其他社区选派政治素质高、工作能力强的4名党员干部到奋进社区工作,切实将党的政治优势转化为服务群众的工作优势。

二是充分发挥党建引领作用。以社区党支部为核心,建立健全多方参与治理机制。整合工青妇等群团组织资源,建立群团组织在县、乡镇、社区、单元服务的"四级网络",开展社区服务、扶贫济困等活动。及时组建物业管理团队,选举产生业主委员会,加强社区自治管理。引进社会工作专业人才和专业社工机构为社区开展精细化服务。

三是牢固树立为民服务宗旨。社区支部梳理出为民服务清单24条,公共管理职责20项,72个楼长随时传递群众诉求,便民服务体系延伸至每家每户,充分运用好文明实践站、脱贫夜校等阵地,定期组织学习,提高党员干部服务水平和带领群众致富能力,社区21名党员全部开展承诺践诺,通过"三亮一创"践行群众路线。

## 案例分析

近年来，XL县以问题为导向，以党建为引领，探索了"四建四进"模式，创新基层社会治理，形成了易地扶贫搬迁社会治理的"XL县样板"。这是有理由的：问题导向是基层治理的核心要求，是提高治理效能和公众满意度的关键。基于问题导向，治理工作更加实际、切实。XL县坚持问题导向，切实解决实际问题，提高了治理效能和公众满意度。党建引领是基层治理的重要保障和推动力量。在XL县，党建工作被强化，基层治理工作得到了制度化和政治化的有效保障。这有助于推进基层治理工作模式的创新和工作效率的提高。"四建四进"模式是XL县创新的基层社会治理模式，是基于实际问题和党建引领的探索。该模式实现了基层治理的全方位覆盖，进行了治理工作的全方位协调和整合，推动了基层治理的创新和发展。总之，XL县坚持问题导向、党建引领，创新"四建四进"模式，是基于实际需要和理论支撑的探索，有助于提高基层治理的效能和公众满意度，推动城市治理的创新和发展。它主要体现以下不同学科的理论原理：

首先，从社会学角度看，"四建四进"模式强调的是社区居民的主体地位和自治能力。社区居民在治理过程中发挥了重要作用，形成了基层民主自治的局面。

其次，从政治学角度看，该县坚持党建引领，既体现了党在基层治理中的领导作用，又实现了机构协同和资源共享，提高了治理效能。

再次，从经济学角度看，易地扶贫搬迁是一项重要的扶贫政策。通过该政策的实施，脱贫户可以获得更好的生产和生活条件，提高致富增收的能力。

最后，从管理学角度看，该县的治理模式体现了团队管理和项目管理的原则。通过建立专业团队和项目管理机制，提高了治理效率和质量。

综上所述，XL县探索"四建四进"模式，创新基层社会治理，形成易地扶贫搬迁社会治理的XL县样板，是多个学科原理的综合应用和创新。

## 第四节
## 加强党建引领基层治理

## 一、基本情况

为深入学习贯彻习近平新时代中国特色社会主义思想、党的十九大和十九届二中、三中、四中、五中全会精神及习近平总书记关于新冠疫情防控工作系列重要指示精神，LB县创新推进"社区吹哨、多方报到"，凝聚多方力量共同参与联防联控，取得疫情防控良好效果，有效推动城市基层治理工作，这一创新举措获得了人民网、中国共产党新闻网等中央级媒体点赞报道。2020年2月，LB县迅速印发方案将"社区吹哨、多方报到"工作机制固化下来，形成常态化、长效化机制，推动"五好小区"示范打造工作有力开展，构建形成了力量全介入、问题全收集、服务全覆盖、成效全评价的城市基层治理体系，进一步提升了LB县作为旅游县的管理服务质量和水平。

## 二、主要做法

### （一）优化指挥体系，工作调度有方

坚持分片联系、包区服务、驻区负责制度，县四大家领导班子主要负责同志及县委副书记分片联系指导社区，其他县级领导"一对一"联系服务小区，明确75个县部门包保70个城市小区。实行街道党工委领导干部包保社区工作机制，在街道层面明确专门机构和专职人员抓社区工作调度，通过下派社区专干到小区配强业主委员会，联合物管公司，成立小区功能型党支部，小区所有居住党员为功能型党支部的党员，听从小区功能型党支部的指挥调度，实行周一至周日无缝连续值班，全县83个机关企事业单位的4500余名党员干部到70个小区报到，推动形成"县级统筹全局、街道面上调度、社区一线指挥、小区点上战斗、部门支持配合"的治理体系，合力推进治理工作有序开展。

## （二）优化组织体系，工作推进有序

把整个城市区域划分为6个大网格、80个中网格、348个小网格，设立小区临时党支部35个，将党支部建进大网格、党小组建进中网格，让党的组织和工作有效覆盖到每一个居民楼道、村民小组和各类社会组织、民间团队，构建"社区党支部—小区临时党支部—楼栋党小组"组织体系。由201名社区"两委"、社区专业工作者、民警、老党员、民生监督员等人员任网格员，明确社区常务干部为网格长，负责对网格内群众基本信息等进行采集，全面提升社区管理精细化程度。全县所有机关企事业单位党员干部下沉到社区开展服务。设立小区党员先锋岗174个，每名党员联系10户左右群众，实现党员、干部参与基层社会治理干有抓手、做有方向、奔有目标，让党员、干部与群众直接"面对面"，构建紧密联系的党群连心服务网。

## （三）优化服务体系，工作落实有效

全面推广"阵地前移、服务靠前"模式，由各包保牵头单位积极帮助小区对物业办公场所进行改造升级，住建部门指导和支持各小区打造集管理、服务等多种功能为一体的一站式"党群服务站"。建立服务阵地管理制度，各前移便民服务站每天安排2名值班员及一名机动员，在接到居民区内紧急通知或来访来电反映时，值班人员须按照"三必到"工作原则（"5分钟内"社区值班人员必到场，"10分钟内"网格长必到场，"15分钟内"社区班子必到场），立即进行现场处理，对现场解决不了的问题，将持续开展跟踪督促并做好群众安抚解释工作。同时，按照"点面结合，先易后难，重点突破"原则，实行网格内工作周例会制和社区网格工作信息月报告制度，定期对问题信息进行汇总研判，彻底解决问题接收慢、化解不及时的问题，实现"干部多跑腿、群众少费心"，打通服务群众"最后1米"。

## （四）优化破题体系，工作措施有力

推行"问题收集—问题反馈—问题研判—督促落实—问题解决"闭环管理模式，明确各社区为吹哨者，负责各项工作的发起，及时将日常发现问题、群众反馈问题、包保单位排查发现问题汇总研判后上报，确保街道党工委第一时间接收问题和发现问题。明确YP街道为转哨者，每周四收集好各社区反馈的需求和问题，负责将有关需求和有关问题进行转发、转呈、分派给相应职能部门解决，发挥好"中转站"的作用。明确各小区包保单位、驻（住）小区的各级党组织、群团组织，以及非公企业和社会组织、自治组织、物业管理企业、广大党员和其他社会力量为应哨者,既要负责排查收集问题,也要负责协调解决问题。明确县纪委县监委、县委办、县政府办、县委组织部、县委政法委、YP街道党工委为督哨者,负责各项工作的调度、督促、检查和考核,对工作落实不力的提出责任追究意见和建议。

## 三、取得成效

### (一)有效发挥党组织主导作用

小区临时党支部建立以前,小区的物业管理、秩序维护、安全保卫等治理工作基本处于没人管、不想管、不敢管、管不好的境地。如,在YP街道ZJ园社区TL西苑小区,疫情防控开始时,仅有包括社区小组长、物业在内的不到5人倒班,存在任务繁重、工作人员不足、物资紧缺等困难,设立小区临时党支部之后,建立定人、定责、定岗机制,建立党群服务之家、县部门包保联系服务点两个平台,组建小区临时党支部、业主委、网格组三支队伍,有效破解组织保障、矛盾纠纷、环境卫生、疫情防控等多方面难题,改变了TL西苑小区昔日"杂、乱、旧"面貌。

### (二)有效提升小区治理水平

通过党员示范带头,加强宣传,影响带动多方力量"应哨"而来,广大党员、干部和群众深度参与小区治理、服务小区发展,解决了小区居民许多想解决而没有解决的难事、办成了许多想办而没有办成的大事。如,以ZJ印象小区为试点,成立综合治理工作小组,社区党组织牵头、党员业主带头,引导小区居民自我协商、自我管理、自我服务,有效解决车位严重不足、消防系统瘫痪、地下排污管道堵塞等突出问题,得到居民一致点赞。目前,各社区共收到排查12个问题,初步转哨31个问题,涉及单位17个。

### (三)有效增强为民服务能力

通过党建引领"社区吹哨、多方报到",听群众意见、让群众决策,群众参与感、获得感不断增强,自治热情得到极大激发,牵住了社区治理工作的"牛鼻子",使原本通过做工作还收效甚微甚至抵触反制的现象得到很大改观,让多方力量灵活组合、齐头并进,把力量拧成一股绳。如,10月份LB县召开2020年物业管理观摩评比会,先后对HL苑、JXJ苑、ZJ国际城等16个小区物业管理情况进行现场观摩评分,各物业公司之间相互交流经验,取长补短,共同探讨解决办法,给小区居民营造安全、和谐、宜居的生活环境。

## 四、经验启示

### (一)只有加强党建引领,小区治理才有力度

过去,党建工作与小区治理工作结合不紧,空对空两张皮,往往导致党建工作在小区治理中使不上力。通过推行"社区吹哨、多方报到"治理模式,真正让党的建设与小区治理实现良性互动,让党建成效转化为不断满足广大人民群众对幸福美好生活需要的强大动力,让小区党组织和党员真正"讲得话起、办得事成、喊得人拢",号召力、战斗力、执行力得到大幅增强,小区治理真正实现了有力有方、纲举目张。

### (二)只有紧扣群众需求,小区治理才有温度

群众对美好生活的向往就是我们的奋斗目标。小区治理中,如果党组织做的事与群众想的事不在一个频道上,所作所为在群众眼中就是无用功,做得越多,群众就越反感,越不买账。只有认真倾听小区居民的意见,把准居民最迫切的需求,以精准的服务满足群众迫切的需求,以贴心的服务温暖群众的身心,才能让小区治理更加契合群众的心愿,实现与群众需求的同频共振,从而让小区治理更加有人情味、更加有获得感、更加有满意度。

### (三)只有发动群众参与,小区治理才有广度

群众是小区的主人,小区治理得如何,关键要看群众支持不支持、参与不参与。只有最大限度地动员群众参与,最大限度地激发群众的智慧和力量,才能凝聚起小区治理的最大力量,推动小区由乱到治、由脏到美。因此,在小区治理中,党组织要注重建章立制,用制度激发群众,用制度服务群众,用制度凝聚群众,让"小区的事情小区商量办"成为最大共识,真正让小区在共同参与、共同治理中更加和谐,更加有序。

## 案例分析

加强党建引领,提升小区治理力度,是政治学与小区治理的有机结合。党建学科是研究党的学问、研究人民的学问,兼具理论性、实践性、时代性。党建学科是中国共产党在领导革命、建设、改革过程中,把马克思列宁主义政党学说的普遍原理运用于党的领导和党的建设实践而发展形成的一门具有中国特色的社会科学。在不同发展时期,不同发展环境,不同发展场域,充分明确党建学科的定位,加强党建与社区治理的深度融合,是当前一项十分重要而紧迫的任务。LB县创新推进"社区吹哨、多方报到"治理模式,真正让党的建设与小区治理实现良性互动,有效发挥党组织主导作用,有效破解组织保障、矛盾纠纷、环境卫生、疫情防控等多方面难题,改变了TL西苑小区昔日"杂、乱、旧"面貌。

历史唯物主义认为,人民群众是历史的创造者,是物质财富和精神财富的创造者,是历史的主体。人民群众是一个历史范畴,人民群众这个概念在不同的国家和各个国家的不同历史时期,有着不同的内容。但不论在任何情况下和任何历史时期,人民群众的主体,都始终是从事物质资料生产的劳动群众。LB县以ZJ印象小区为试点,认真倾听小区居民的意见,把准居民最迫切的需求,以精准的服务满足群众迫切的需求,以贴心的服务温暖群众的身心。成立综合治理工作小组,社区党组织牵头、党员业主带头,引导小区居民自我协商、自我管理、自我服务,有效解决车位严重不足、消防系统瘫痪、地下排污管道堵塞等突出问题,得到居民一致点赞,紧扣群众需求,充分尊重群众的主体地位,推动小区有效治理。

## 第五节

## 实行"村社合一"调动农民积极性

近年来,A州组织系统以全面提升农村基层党组织组织力为重点,把实施"村社合一"发展壮大村集体经济作为全面建强农村基层组织,系统提升其组织力、凝聚力、号召力、引领力的切入点和突破口,围绕规范组建、高效运行、科学管理等核心环节,突出破解认识不足、机制不活、能人难选、发展单一、管理混乱等问题,为巩固拓展脱贫攻坚成果,接续推进乡村振兴奠定了坚实的基础。在全省脱贫攻坚普查21.85万户样本中,集体经济组织有效带动脱贫摘帽居全省第一位。A州"村社合一"改革情况获得《中国组织人事报》头版刊登。

### 一、党委统筹,解决认识不足、推进不力的问题

针对各地在推进"村社合一"过程中存在重视不够、责任不实、推进不力等问题,州县乡三级党委从政策设计、领导责任、工作推进等层面,进一步加强统筹和指导。

一是完善政策设计。州委研究制定了《A州推行"村社合一"发展壮大农村集体经济组织的指导意见》,对"村社合一"集体经济组织的规范组建、职能职责、经营管理等10个方面内容进行了明确,制作下发了《"村社合一"组织组建的工作流程》,进一步细化组建步骤,规范组建形式,为村集体经济发展指明方向。

二是细化明确责任。为确保"村社合一"集体经济组织的规范组建和高效运营,州委对县(市)党委、乡(镇)党委、村级党组织和州县两级相关部门的责任进行了细化明确,加强工作指导,相互协调配合,形成上下联动、齐抓共管的格局,全力推动"村社合一"集体经济组织规范化建设。

三是强化推进落实。州、县两级抽调业务骨干组建工作专班,强化督促指导,总结提炼可复制、可借鉴、可推广的发展模式,确保有力推动农村基层治理、村级集体经济发展和"村社合一"改革等各项工作。

## 二、赋权放权,解决要素不足、机制不活的问题

针对各地在抓农村集体经济组织中缺乏相应审批权限,农村集体经济组织可经营内容范围窄、缺乏自主经营权等问题,州进一步加大赋权放权力度,整合发展要素,健全发展机制。

一是赋予身份权。各县(市)农业农村管理部门负责指导各村。建立健全农村集体经济组织,规范登记赋码,加载统一社会信用代码,颁发"农村集体经济组织登记证",赋予经营管理农村集体"三资"的权利,使其具有市场主体地位,享有相关法律、行政法规规定的经营自主权。

二是放活经营权。支持农村集体经济组织入股村内或周边龙头企业参与产业发展或参与其他市场主体联合发展产业。政府投入建设村属范围内的水利设施、教育设施、卫生设施、农业设施、文体设施,一事一议建成项目等,除国家法律法规有规定外,全部转交村集体经济组织经营管理。涉及国家投入资金的设施和项目,在不违反使用规定前提下,可由农村集体经济组织实施。

三是下放审批权。州将纳入整合范围的中央和省级财政涉农专项资金和项目审批权限完全下放到县,实行县级审批管理制度,农村集体经济组织能够承担的涉农项目和上级要求落实的公共服务资源,原则上优先以农村集体经济组织为主渠道承接实施,对农村集体经济组织兴办的经营性项目,开通绿色通道,简化行政审批手续,依法依规减免相关税费,免收各种证照类、管理类、登记类行政事业性收费。同时,全面梳理了州级15家部门共58项涉农政策下放到各县(市),多角度加大政策支持保障力度。

## 三、建强队伍,解决能力不足、能人难选的问题

针对部分村级党组织和集体经济组织发展缺能人、不会经营、不善管理等问题,A州探索通过自上而下选派、对外招聘引进、就地培养选拔等方式,进一步建强引领"村社合一"集体经济组织发展的能人队伍。

一是加强集体经济组织管理层建设。根据股份经济合作社经营管理机构要求,按程序设立了股东代表大会、理事会和监事会,通过从机关企事业单位中选派、从优秀外出经商或务工人员中引导、从社会上公开招聘引进懂经营、会管理的能人充实到"村社合一"集体经济组织的管理层中,1030名村党组织书记担任理事长,4678名村"两委"干部在集体经济组织中交叉任职,提高经营管理水平。

二是加强干部队伍建设。出台《A州选派机关企事业单位优秀干部担任村党组织书记的指导意见》，A州选派425名优秀干部到村担任党组织书记，支持鼓励各地从企事业单位选派优秀干部到村领创合作社，实现每个村保证有1名以上企事业单位干部参与合作社工作。建立县乡领导包村包社、干部到村到社任职常态机制，推动491名县级领导分别包保集体经济组织建设，50%以上乡镇干部在村在社工作。

三是加大农技人才支持力度。州成立由12名高级职称以上的专家组成的指导团队，以县（市）为单位，划片区重点围绕特色产业发展、农产品市场供应、坝区建设、庭院经济和"村社合一"发展等方面开展实地指导。整合1587名农技人才资源，成立农技服务小分队，确保每个"村社合一"集体经济组织有1名以上农技人员联系包保。

## 四、模式创新，解决渠道单一、发展受限的问题

针对各地在"村社合一"集体经济组织发展渠道单一、特色不多、"同质化"现象明显等情况，支持引导各地进一步探索创新"村社合一"集体经济组织的组织模式、发展模式和经营模式，提升发展成效。

一是优化组织模式。以"村社合一"为主体，结合发展需要，在集体经济组织框架下设立各类经营公司或产业项目部，鼓励其他企业、合作社、家庭农场等经营主体及农户带资自愿入股。

二是优化发展模式。积极引导和鼓励村级组织结合资源禀赋、产业优势，制定村级股份经济合作社发展规划，找准比较优势，因地制宜发展果蔬、茶叶、生态养殖、食用菌、中药材、乡村旅游、农村电商等产业。有效激活了村级集体经济发展主体、要素、市场，培育新的增长点。

三是优化经营模式。大力发展农村电子商务，支持村级集体经济组织建立电子商务终端，创建特色农产品线上销售窗口，组织进行网上销售及售后服务。优化提升供销服务，支持各地县级供销社农资公司以基层社为网络节点，设立农资连锁经营网点，推进"放心农资进万家"工程，帮助村集体做好产品包装、品牌打造、网络营销等，积极发展订单农业。

## 五、规范管理，解决管理混乱、风险突出的问题

针对各地"村社合一"集体经济组织在组建、经营中可能出现的经营管理混乱、集

体资产流失或被侵占等风险隐患,进一步加强源头管理和过程管控,确保集体经济组织持续规范健康运行。

一是规范集体经济组织章程。制定集体经济组织的章程,进一步明确股东的权利和义务、股权设置与股权变更、组织机构及其产生办法、议事规则、财务管理与收益分配等内容,用章程来规范集体经济组织运行。

二是加强集体资产和经营行为管理。在资产管理方面,建立农村集体"三资"经营管理、投资使用决策制度,防止出现资产流失和相关各方利益被侵占等情况。在经营行为管理方面,凡重大事项都提交集体经济组织成员大会或者成员代表会议讨论决定,农村集体资产实行对外承包、租赁经营的依法采取招标、公开竞投、公开协商等方式确定经营者,农村集体经济组织开展出租、发包、投资、转让、建设等经营活动的必须签订合同。

三是建立风险防控机制。建立完善权益保障、风险监管、审查审计等防控措施,定期将合作社村级财务收支、集体资产资源使用情况在村务公开栏予以公示,自觉接受村"两委"和社员(股东)监督,保障集体经济组织社员的知情权、参与权、决策权和监督权。

## 案例分析

A州组织系统以全面提升农村基层党组织组织力为重点,通过实施"村社合一"和发展壮大村集体经济等措施,系统地提升农村基层党组织的组织力、凝聚力、号召力和引领力。这种做法的理由如下:农村基层党组织是农村治理的重要主体,具有重要的组织作用。通过提升农村基层党组织的组织力,可以提高基层治理的效能和公众满意度,推动城乡一体化和乡村振兴的实现。实施"村社合一"和发展壮大村集体经济,可以推动农村基层治理的规范化和制度化,增强基层治理的科学性和有效性,有利于巩固拓展脱贫攻坚成果和实现乡村振兴。突出破解认识不足、机制不活、能人难选、发展单一、管理混乱等问题,有助于解决农村基层治理中的实际问题,提高治理效能和公众满意度。

这种做法体现了多种学科原理,包括:

一是政治学原理。通过提升农村基层党组织的组织力和推动基层治理的政治化,提高治理效能和公众满意度,促进城乡一体化和乡村振兴的实现。

二是经济学原理。通过实施"村社合一"和发展壮大村集体经济,推动农村经济发展和农民增收致富,有利于巩固脱贫成果和实现乡村振兴。

三是管理学原理。通过突出破解认识不足、机制不活、能人难选、发展单一、管理混乱等问题,解决农村基层治理中的实际问题,提高治理效能和公众满意度。

## 第六节
# "五个三"推进乡村治理体系试点建设

为认真贯彻落实中央和省、州关于乡村治理工作的决策部署，FQ市持续强化"全国乡村治理体系建设试点"的政治担当和责任担当，按照"党建为核心、自治为根本、德治为基础、法治为保障、产业为联结、要素为支撑"的总体思路，创新探索"五个三"（即：三级联动、三治融合、三业共进、三生同步、三重保障）党建引领乡村治理体系，全面推进乡村治理体系建设各项任务落实落细。

## 一、"三级联动"强领导，让乡村治理有魂

"三级联动"即：市级主导、镇级主抓、村级主攻。

一是市级主导当好"指战员"。按照"四个一"（一个方案抓实谋篇布局、一张清单强化要素保障、一套标准提供操作指南、一批示范推进典型引路）工作思路，成立由市委、市政府主要领导任"双组长"的乡村治理工作领导小组，工作专班常设在市委组织部，发挥组织优势调度各方资源，形成工作合力。制定出台《FQ市深化"五改五化五引导五教育"推进乡村治理体系建设试点实施方案》，明确30项保障措施和30项工作标准，为乡村治理绘蓝图、定标准、强保障，确保上下协同，共同发力。

二是乡镇主抓当好"战斗员"。以推进体制机制"破改立"为驱动，启动乡镇管理体制改革，推进"放管服"和"最多跑一次"改革向一线覆盖。依托脱贫攻坚网格合理划分村组网格1099个，整合"两委一队"1200余名干部在网格上定岗定责，形成了职能科学、运转有序、保障有力、服务高效的服务管理体制。进一步夯实乡镇作为乡村治理中心、农村服务中心、文化经济中心的"龙头"地位。

三是村级主攻当好"攻坚手"。全面加强党对农村工作的领导，制定完善村级党组织全面领导的村民自治组织、村务监督组织、村集体经济组织和群团组织的"1+4"组织体系和运行机制，用好村干部从严选任管理"双十条"，持续深化"农村火炬引擎"

工程推进"双培养",依托"一库一会一支部"将优秀农村青年培养成党员,将优秀青年党员培养成村干部,为打造"永不走的工作队"奠定基础。落实党员户挂牌3072户,完成2443名无职党员设岗定责,2739名党员承诺事项2263件,践诺1866件,充分激发党员在乡村治理中干好本职事、干成组织事、做好身边事、管好家庭事、参与公益事。

## 二、"三治融合"添活力,让乡村治理有序

"三治融合"即:自治、法治、德治融合。

一是创新自治实践,增强发展"内力"。深化"三组两榜一规一训一场一所"(三组:党小组、村民自治小组、村民监督小组;两榜:红榜、黑榜;一规:寨规;一训:家训;一场:文化广场;一所:卫生厕所)治理经验,让党组织领导下的自治组织延伸到农村"末梢";"红黑"两榜成为表彰先进、曝光后进的有力约束;简洁明了、群众认可、务实管用的村(组)规民约成为监督与被监督的道德准绳;"大姓"与"散娃"相结合的"家风家训"成为文明传承的精神归属;"一场一所"进一步补齐了农村公共服务设施短板。目前,全市913个村民组实现治理组织全覆盖、规范约束全覆盖、协商民主全覆盖。

二是拓展法治外延,坚定制度"定力"。全面推进FQ市推广新时代"枫桥经验"多元化解矛盾纠纷"112"模式向村组延伸,构建起"四个一"(每村一综治中心、一法律顾问、一调解队伍、一法律文化场所)和"三员两站"(人民调解员、人民陪审员、司法联络员、法官工作站、综治工作站)乡村公共法律服务体系。完善诉调、访调、检调、警调四机制,有效突破"调解—反悔—再调解—再反悔"的调解怪圈,构建形成依法、便捷、高效化解矛盾纠纷"大调解""大维稳"的新格局。同步推进"平安乡村"和"民主法治示范村"创建,加强"天网工程""雪亮工程"等法治基础设施建设。2019年以来,累计成功调解群众矛盾纠纷2730件,农村法律诉讼案件连续2年以25%的速度减少。依法打击"10·19""4·23"等农村黑恶势力组织犯罪,乡村法治实现从"有名"到"有实"转变。

三是丰富德治载体,凝聚精神"外力"。以"全国新时代文明实践中心试点"建设为契机,以"五引导五教育"德治引领为抓手,充分发挥"乡贤会""百人宣讲团""山地文艺轻骑兵"等队伍作用,持续引导农民感恩党的领导、父母的养育、邻里的互助、社会的关怀,养成良好的生产、生活、饮食、风俗和家庭教育习惯。建成59个村史馆,帮助群众留住乡愁、传承根脉,摒弃落后习俗和"等靠要"思想。身高不足1.2米的"袖珍男子汉"王华银,在"五引导五教育"的感召下"不当贫困户、争做追梦人",被评为第六届"全国自强模范",受到习近平总书记亲切问候。

## 三、"三业共进"增动力,让乡村治理有根

"三业共进"即:产业、创业、就业共进。

一是因地制宜选准主导产业。围绕产业革命"八要素",按照"定规划、画红线、领任务"要求和"经济作物上山、精品蔬菜下坝"思路,以40个坝区坝子和104个低效作物为主阵地,探索形成双公司+双订单+双保险+双支部"四双"模式,有效解决农村产业革命中产业选择、资金筹措、基础设施、产销对接、风险防范等方面存在的瓶颈问题,农业从"增产导向"向"提质导向"转变。工作经验得到上级领导批示肯定,并在《贵州改革》刊发。

二是因势利导扶持村级创业。以"村社合一""组社合一"改革为抓手,整合资金1500万元优先支持试点村、示范社发展壮大,完成全市59个行政村"村社合一"股份经济合作社规范组建。培育"组社合一"示范点10个,78128户农民变成股份经济合作社股民,带动7.96万户持续稳定增收,全市村集体经济收入10万元以上的有41个,100万元以上的2个,实现集体经济收入和群众增收"双促进"。

三是因户施策保障群众就业。持续拓宽企业吸收一批、公益性岗位兜底一批、产业带动一批、重大工程项目解决一批、有组织输出一批、务工地和返乡转岗一批、返乡人员创业一批"七个一批"就业渠道,在全市59个行政村,4个易地扶贫搬迁安置点组建劳务公司11家,采集建档立卡贫困劳动力28404人,因户因人施策实现就业21774人,有效解决了农民就业不足、农村发展"空心化"等问题。

## 四、"三生同步"美环境,让乡村治理有力

"三生同步"即:生产、生活、生态同步。

一是优化生产环境,把群众愿景变成发展实景。加快农业基础设施水网、电网、路网、讯网、冷链网、销售网"六网"工程建设,有效破解农业生产"靠天吃饭"的难题。全市耕地有效灌溉率达60%以上,建成200亩以上精品蔬菜保供基地20个、产地型冷库及分拣中心5座,农产品储藏能力大幅提升;新建产业路、机耕道等道路122.9千米,有效打通农户与田间地头"最后一百米"。

二是美化生活环境,把脏乱差变成生态宜居。以"五改五化"为抓手,先后投入资金6亿余元在全市普惠实施改厕、改电、改水、改圈、改厨和院坝硬化、屋檐沟硬化、村寨通道硬化、联户路硬化、村寨亮化工程,惠及5.3万户20.59万人。扎实推进"五引导五教育"思想提升行动,乡风文明蔚然成风,建成100个"十美"示范村寨;2019年3月,

获评"全国村庄清洁行动先进市",承办了全省乡村振兴暨农村产业革命农村人居环境整治现场会。

三是整治生态环境,把绿水青山变成金山银山。以建设"贵州省整县推进农村生活垃圾治理十个示范单元县(市)"为契机,以农村垃圾、污水"两集中"处理为抓手。按照"户分拣、寨集中、村收集、镇转运、市处理"处置模式,配套10座垃圾中转站、3190台运输车辆,农村生活垃圾无害化处理率达90%以上。围绕集镇工程化、村寨生态化、散户个性化"三化"原则和"大村寨、景区旁、通道边、水源地、河两岸"优先收集处理思路,建成污水处理项目95个,城镇污水处理率达88%以上。

## 五、"三重保障"重落实,让乡村治理有效

"三重保障"即:要素保障、督考保障、示范保障。

一是要素下沉保障基础。持续推进村级阵地建设标准化、干部报酬常态化、管理规范化、集体经济发展可持续化"四化"建设,对全市面积在500平方米以下的村级活动阵地进行改造升级;构建13档41级村干部报酬体系,提升离任村干部保障水平,实现退有所养;将村集体经济纯收益的30%作为村级干部奖励报酬,10%作为村民组长奖励报酬;常态化开展村级党组织党建工作评估全覆盖,村务监督委员会"实体化"规范村级"小微权力"运行,让村级组织有资金做事、有队伍办事、有阵地议事、有机制管事。

二是考核督导保障推进。推行"四个一"考核督导工作机制,实行"一月一调度、一季一推进、半年一观摩、一年一考核",让乡村治理工作"在一线发现问题、在一线制定措施、在一线推动工作、在一线检验成效",将督查调度发现的问题进行项目化分类管理、清单化揭短亮丑、责任化整改落实、公开化评议考核、整体化工作责任落实,措施具体,成效彰显。

三是示范引领保障成效。围绕"整村推进、整镇提升",开展"百寨示范、千寨推动、万户创建"工程,确定一村一标识一主题一品牌,以114个示范村寨带动985个自然村寨治理水平提升,以点带面、连线成片,实现万户积极参与创建的浓厚氛围,LP镇DT村、LC镇FXS村等12个村获评省"十百千"乡村振兴示范工程称号。通过示范创建、比武观摩、总结提炼,逐步形成乡村治理FQ市特色、FQ市实践、FQ市模式。

## 案例分析

FQ市持续强化"全国乡村治理体系建设试点"的政治担当和责任担当,采用"党建为核心、自治为根本、德治为基础、法治为保障、产业为联结、要素为支撑"的总体思路,创新探索"五个三"(即:三级联动、三治融合、三业共进、三生同步、三重保障)党建引领乡村治理体系,全面推进乡村治理体系建设各项任务落实落细,具有重大意义。乡村治理体系建设是推进乡村振兴战略的重要举措,是促进农村经济社会发展和实现乡村治理现代化的必然要求。采用"党建为核心"思路,可以提高基层党组织的领导能力和组织能力,推动乡村治理体系建设的协调性和高效性。形成"自治为根本、德治为基础、法治为保障、产业为联结、要素为支撑"的总体思路,可以推动乡村治理体系建设的全面、协调、可持续发展,有利于解决农村发展中的实际问题,推动乡村振兴战略的实施。创新探索"五个三"的党建引领乡村治理体系,强调了党建工作在乡村治理体系建设中的重要作用,有利于提高基层党组织的组织力、凝聚力和战斗力,推动乡村治理体系建设的深入发展。体现的学科原理如下:

第一,政治学理论方面。通过"党建为核心"的思路,充分发挥党组织的领导作用和政治优势,增强乡村治理体系建设的协调性和效能,有利于实现乡村振兴战略的目标。

第二,法学理论方面。通过"法治为保障"的思路,完善乡村治理体系建设的法律保障机制,提高治理体系的规范化和制度化水平,有利于维护社会稳定和公平正义。

第三,经济学原理方面。通过"产业为联结"的思路,推动农村产业发展与治理体系建设相结合,实现产业发展和治理体系建设的互动发展,有利于推动乡村振兴战略的实施。

第四,社会学理论方面。通过"德治为基础"的思路,强化公民道德建设和社会主义核心价值观的引领作用,促进社会和谐发展和乡村治理体系的可持续发展。

第五,管理学原理方面。通过"三级联动、三治融合、三业共进、三生同步、三重保障"的做法,推动乡村治理体系建设各项任务落实落细,提高治理效能和公众满意度,有利于实现乡村治理现代化。

## 第七节

# "四单"模式创新城市基层治理

构建党建引领下的城市基层治理体系,是推进国家治理体系和治理能力现代化的重要内容。今年以来,XL县以党建引领城市基层治理,坚持"民有所呼、我有所应",在全县9个社区创新实行"居民点单、支部派单、全员接单、组织晒单"模式,充分调动各方资源和力量参与社区治理的积极性和主动性,不断推动为民办事常态化、机制化,办好群众身边的操心事、烦心事、揪心事,有效提升了城市基层治理能力和为民服务水平。

## 一、居民"点单",广泛收集诉求

针对社区居民服务需求多元化的特点,畅通渠道,广泛征集居民意见和需求,实现居民"按需点单"。

一是群众会听民声。通过召开群众会、居民代表大会等方式,与党员群众面对面交流谈心,广泛收集群众困难需求。诚恳听取党员、居民代表等对小区开展城市基层治理工作的意见、建议。对能够现场答复的问题诉求全部现场答复,并明确办结时限。对社区层面解决不了的问题由社区党支部分析研判,建立台账,纳入派单计划。目前,共在各小区召开城市基层治理群众会40余次、居民代表大会52次,收集居民意见诉求120余条。

二是网格员访民意。实行"双向"包保网格模式,由9名县委常委领导+9名街道科级干部联系9个社区,22名其他县处级领导+40名社区常务干部包保56个大网格,105家机关企事业单位+172名网格长包保172个小网格,发动党员群众争当网格员,推进社区网格化管理。网格员每周深入小区开展1次"入户问需",第一时间掌握居民生产生活情况,全方位了解居民诉求。目前,共精准收集老旧小区环境卫生差、停车难等共性问题22个,其他个性问题267个。

三是主题日征民情。结合主题党日设定居民需求"征集日",将每月23日作为居民"点单"固定日,组建党员志愿服务队在各小区定点开展征集活动,多层面收集了解居民关心关注的难点问题及对当前小区治理的迫切需求。同时,在社区服务大厅、小区进出口、楼栋楼宇等地方设立居民意见征集箱,拓宽群众诉求表达渠道。目前,共在小区设立意见箱56个,各党支部结合主题党日开展"征集日"活动20余次,收集居民意见和建议180余条。

## 二、支部"派单",明确承办责任

各城市社区党组织根据征集到的居民需求,分类梳理清单,统一口径派单出件,确保服务事项精准落实到具体承办单位。

一是分类梳理诉求。依托社区党组织资源,建立民情民意集中处置机制,在社区设民情信息员,对各种渠道收集上来的群众需求及时统计汇总、分类梳理,制定政策法规咨询、矛盾纠纷调解、助困帮扶、爱心援助、事务代办等7类"菜单"。按照公家事、大家事、自家事进行"三事分流"界定责任类别,依照不同类型进行"派单"。目前,共梳理形成"公家事"32件、"大家事"58件、"自家事"76件。

二是确定承办单位。建立完善机关事业单位、企业党组织与社区党组织结对共建制度,依托社区网格化包保单位、志愿服务队力量开展联动服务。社区党组织根据支部党员、包保单位党员和志愿服务党员等事项承接主体的特点和专长,有针对性地派单,同时,结合党员的特长优势、服务意向和服务时间等,编制党员志愿服务项目清单,建立相应服务岗位,精准指派居民"点单"任务。目前,共梳理建立服务岗位30余个,承接"派单"任务150余件。

三是精准送达指令。结合新时代文明实践站点建设工作,充分运用信息化手段,加强"社区吹哨、部门报到"联动服务平台建设。采取线上线下相结合的方式"派单",建立微信群、QQ群,及时发布相关信息,对小区志愿者和党员"派单"。目前,共开展线上线下"派单"240余件。同时,结合新时代文明实践"环境整治大比武"等工作,推动在职党员到常住社区网格报到,亮身份、亮承诺,开展"双向认领、双向服务"活动560余次。

## 三、全员"接单",推动事项解决

组织包保单位、行业部门党组织、在职党员、网格员、志愿者、群众等根据自身优势、专业特长,对"三事分流"项目进行"接单",及时开展"个性化""组团式"服务,群策群力推动城市基层治理。

一是共商"公家事"。对居民"点单"涉及的市政设施建设、普法宣传、应急管理等社会"公家事",由网格化包保单位、行业主管部门共商对策,分别结合职能职责进行"接单",协同抓好包保网格日常事务,解决城市基层治理存在的困难和问题。目前,已有50余家单位参与"接单"。例如,县住房和城乡建设局指导76个小区完善业主大会和业主委员会建设,联合社区组织开展邻里节、美食节等小区活动,促进小区和谐发展;司法、公安等部门配合社区开展法治宣传、社区矫正、民事纠纷调解等工作73场次,深入推进法治社区、平安社区建设。

二是共议"大家事"。对小区存在的社区管理、文明共建、环境整治、公益服务、政策咨询等社区"大家事",引导在职党员、网格员共同商议解决办法,结合业务优势和自身特点进行"接单",认领"服务岗位",开展"项目化"共建和"清单式"服务,把在职党员从"8小时内岗位履职"延伸到"8小时外社会服务",做到真用心、真深入、真办事。事务办结后及时向"点单"居民反馈办理结果,确保事事有着落、件件有回音。目前,共有60余名网格员、320余名党员"接单",并按照时间节点推进服务。

三是共解"自家事"。对收集到的家庭矛盾纠纷、赡养老人、子女教育、门前卫生三包等居民"自家事",由社区和网格联合志愿者深入开展"菜单式""组团式"志愿服务活动,发动志愿服务队和广大居民群众参与小区卫生保洁、治安巡逻、文艺宣传、义查义诊等,形成"党员示范带头干"到"群众参与主动干"的良好格局。目前,全县9个社区共建立"志愿服务队"57支,350余名志愿者、890余名群众参与小区"接单"任务,"接单"事项340余件,已协调解决296件,社区开展好人好事推选350人(次),评选文明家庭和"好媳妇""好婆婆""好公爹"100余人(户)。

## 四、组织"晒单",营造共治氛围

社区党组织根据居民"点单"、支部"派单"、全民"接单"情况,建立完善工作机制,通过开展实绩"晒单"评比、公布成绩等方式,营造比学赶超的良好氛围,不断提高服务质量。

一是亮承诺。建立在职党员积分管理、考核激励机制，积极推动机关企事业单位在职党员深入社区网格开展承诺践诺活动。参与小区治理工作的每次积1分，在研究讨论小区治理工作中提出建议被采纳的每次积2分，带头开展志愿服务活动的每次积1分，月末对积分情况进行排名公示，将党员积分与考核评优、物质奖励等挂钩，激励在职党员多接单，接好单。目前，全县共有2604名在职干部到社区网格报到参与基层治理，550名党员晾晒承诺践诺事项1200余条，解决群众"操心事、烦心事、揪心事"847件。

二是亮服务。各小区基层党组织每周统计汇总小区党员、网格员"接单"任务及完成情况，月末在小区公开栏、微信群公示服务内容。采取"积旗制"方式对小区党员、网格员"接单"进行鞭策激励，完成1次"接单"任务积1面小红旗，对每月积累红旗前三名的党员、网格员，社区授予"服务明星"荣誉称号，在小区"荣誉墙"进行公示，发挥了激励先进、督促后进作用。目前，共对380余名小区党员、网格员"接单"情况进行公示公开，评选"服务明星"30余人。

三是亮实绩。社区党组织根据包保单位工作开展情况，及时将单位每月到包保网格开展走访、巡查、摸排、帮助解决实际困难问题等情况进行公示公开，接受群众评议监督。实行每月督查考核排名，对每月评比成绩排名后2位的网格进行通报，连续2次被通报批评的网格包保单位，报请县委进行处理。目前，已对一些单位开展工作情况进行实绩晾晒2次，有效增强网格包保单位工作责任心。

> 📁 **案例分析**

  需求导向理论是经济学的核心理论之一,即在结合社会需求和市场需要,有意识地引导并创造条件使员工调整知识结构和提高各种技能,满足外在需求的过程中,发挥自己的聪明才智、创造需求,成为适合现代社会发展的实用型人才,为企业创造更大的效益。XL县针对社区居民服务需求多元化的特点,将需求导向理论有针对性地迁移到城市基层治理中,畅通渠道,广泛征集居民意见和需求,形成"居民点单、支部派单、全员接单、组织晒单"治理模式。以此满足社区居民多元化服务需求,充分调动各方资源和力量参与社区治理的积极性和主动性,不断推动为民办事常态化、机制化,办好群众身边的操心事、烦心事、揪心事,有效提升了城市基层治理能力和为民服务水平。

  社会互动理论是指研究人与社会环境相互作用的规律与模式的社会学理论。从马克思主义观点来看,人是社会关系的总和,在生产生活中彼此交往、沟通,构成了现实中的社会互动,具有融合与复合的特点。城市基层治理是将社区居民的需求与社区治理的目标、主体、内容、制度进行高度的融合,形成一个兼具人民性、高度的复合性和高度的灵活性的复合治理系统。XL县从实现居民"按需点单",到按项目进行"接单",及时开展"个性化""组团式"服务,群策群力推动城市基层治理,形成了社区党组织根据居民"点单"、支部"派单"、全民"接单"情况,建立并完善工作机制。城市基层治理中社区居民与社区服务团体通过深度的沟通、互动,实现居民精准点单和社区支部的高效配单。

  此外,党建引领城市基层治理体系的建设需要遵循法律法规,保障公民的基本权利和利益。同时,治理过程中需要合法合规,加强法治意识和法律教育,推进社会治理法治化,体现的是法学视角。从教育学视角看,党建引领城市基层治理体系需要充分发挥教育的作用,加强社区居民的教育和培训,提高社区居民的文化素质,增强社区居民的公民意识和自我管理、自治能力。从历史学视角看,党建引领城市基层治理体系建设需要借鉴历史经验和教训,总结成功经验和不足,形成可持续发展的治理模式和理念。

# 第二章
## 产业发展篇

## 第一节

# 推行"三化"实现股份制合作社进农村

近年来,DY市在深化农村改革过程中,统筹资源资产,创新推进农村集体经济组织规范化、实体化、企业化发展壮大,实现全市所有109个村全部成立村股份制经济合作社,2020年前三季度,农村居民人均可支配收入达11430元,同比增长8.0%,有力地助推了产业发展和农民增收。

## 一、规范化组建

一是规范交叉任职。建立村"两委"班子成员和村股份制经济合作社管理人员双向人才流动机制。将村"两委"班子中的优秀人才推选进入村股份制经济合作社理事会、监事会,支持懂管理、善经营的村党组织书记依法担任村股份制经济合作社理事长,推选村股份制经济合作社优秀管理人才进入村"两委"班子。目前,全市共推选509名村"两委"班子成员担任村股份制经济合作社管理层人员,94名村党组织书记依法担任村股份制经济合作社理事长,实现村"两委"班子成员与村股份制经济合作社管理层交叉任职全覆盖。

二是规范决策机制。建立村股份制经济合作社理事会提议、村"两委"会议商议、村党员大会审议、村股份制经济合作社股民代表大会决议,重大决策上报乡级审核,决议结果公开、实施结果公开的"四议一报两公开"议事决策机制,确保村级重大事项决策的规范性。

三是规范操作流程。2020年8月,中共DY市委办公室、DY市人民政府办公室印发了《DY市深入推进"村社合一"发展壮大农村集体经济工作方案》,积极探索DY市推行"村社合一"发展壮大集体经济组织"1+18"运行新模式,更精细化、更深入全面地指导"村社合一"工作。市委、市政府牵头,多部门联合开展指导培训,将村股份制经济合作社组建的全过程细化成具体操作规程,共编印发放《指导手册》500余份。邀请专家面向全市驻村第一书记、村党组织书记、村"两委"干部等开展全覆盖培训,共举办专题培训班6期,培训722余人次,推动全市109个村党组织领办的村股份制经济合作社全部完成登记赋码。

## 二、实体化运行

一是全民持股。在完成农村集体资产清产核资工作的基础上,按照"一人一班"原则,推动村股份制经济合作社将归属村级的集体资产折股量化后平均分配给村民开展经营,并由合作社统一发放股权证明确法律地位,实现全民持股(原始股)。鼓励股民以土地、劳力、技术、生产机械、资金入股村股份制经济合作社经营(增发股),针对"原始股""增发股"实行"双分配"机制,既让股民享受普惠性的分红,也让为村股份制经济合作社发展做出更多贡献的股民获得相应收益,激发村民参与积极性,盘活村内资源。目前,村股份制经济合作社共确认股民身份8.82万户,32.52万人。量化资产总额4.15亿元,股本总额6898.61万元。

二是整合资源。选派193名农技专家,培养144名农村致富能手,充实基层发展力量。整合专项资金2000万元对脱贫村集体经济发展进行扶持。全市17个500亩以上坝区农田基础设施建设项目获奖补资金1724万元。同时,把政府投入建设在村范围内的闲置学校楼房、卫生室、大棚、厂房、文化活动室等资源性资产在明确国有条件下,将经营管理权下放给村股份制经济合作社,增加其可调配资源。将9个不在水源管理地和生态保护区的水库交由属地村社经营管理。

三是发展产业。紧扣农村产业革命"八要素",按照"宜农则农,宜工则工,宜商则商"原则,村股份制经济合作社统筹推动生产。科研、加工、销售、观光旅游等一二三产融合发展。目前,共有109个村股份制经济合作社发展茶产业、蔬菜产业、刺梨产业、食用菌产业、生态畜牧业及林下经济产业等特色优势产业50余个,其中102个村建有茶园。抓实"以销定产、以销促产"环节,紧盯北上广等市场,加强农产品的营销策划,开拓销售渠道,搭建产销平台,让村股份制经济合作社"有产业发展""发展好产业""销售在门口"。如,DY市LYH办事处DPS村实施"村企+社(社管委)企"模式,结合景区生态旅游,发展茶叶、绞股蓝、养蜂等多元产业,预计村集体年均增收100万元。

## 三、企业化发展

一是龙头企业带动。加快推进"放管服"改革,构建"亲清"新型政商关系,充分发挥市农投集团和市毛尖茶集团作用,加大招商引资和龙头企业培育力度,成功引进HD集团、WS集团等一批现代农业龙头企业。推进"龙头企业+村股份制经济合作社+农户"模式,推动产业发展,促进股民增收,有效提升村股份制经济合作社专业化水平。目前,全市引进培养的规模农业龙头企业达93家。如,DY市PL镇SLH村依托生态农业公司,发展铁皮石斛、白芨等中药材,带动该村群众增收110万元。

二是村级企业促动。着力在村股份制经济合作社基础上培育一批中小微村企,用于承接一些村股份制经济合作社没有资质承接的项目,扩展业务范围。目前,村股份制经济合作社旗下成立公司31家。如,DY市GH街道XY村作为城中村,不具备发展农业产业的优势,通过整合村内园林绿化、家政服务等资源,在村股份制经济合作社旗下成立XY百帮城市发展服务有限公司,承接城市服务业务,推动村级集体经济企业化、实体化运营,预计年均增收70万元。

三是党建引领联动。通过村党组织牵线搭桥,引导村股份制经济合作社依托茶产业、蔬菜产业、生猪产业等各类行业协会,举办发展交流会,相互交流经验,开拓发展思路,共享生产技术和销售方式,降低"单打独斗"的风险。深化"百企帮百村"行动,充分发挥民营企业资金、技术、市场、管理等优势,推动建立稳定持久的帮扶合作关系,实现村得益、民受惠、企获利的多边共赢格局。目前,共建立"三农"行业协会36家,举办村党组织发展交流会7次;全市225家市场主体参与"百企帮百村"攻坚行动,累计投入资金达2亿元。

## 📁 案例分析

  DY市在深化农村改革过程中,统筹资源资产,创新推进农村集体经济组织规范化、实体化、企业化发展壮大,实现全市所有109个村全部成立村股份制经济合作社。村股份制经济合作社对农村产业经济发展具有重要作用。一是促进农民集体经济发展。村股份制经济合作社可以将村民的农业资源和资金集中起来,形成规模效应,提高农民的经济效益。二是提高村民的组织能力。村股份制经济合作社可以提高村民自我组织的能力,增强村民的凝聚力和团结意识。三是促进农民素质的提高。村股份制经济合作社可以通过技术培训、管理培训等方式,提高农民的技能和管理水平。四是促进农村社会的和谐稳定,村股份制经济合作社可以促进村民之间的合作与共赢,增强社会和谐稳定的基础。体现的学科理论如下。经济学视角:村股份制经济合作社的创立符合市场经济的基本原则,即以市场为导向,以效益为中心,通过集中资源和规模经营实现经济效益的最大化。农业经济学视角:村股份制经济合作社的创立可以在农村地区推动集体经济的发展,提高农民的收入水平,促进农业经济的发展。管理学视角:村股份制经济合作社的创立需要完善的组织和管理机制,提高农民的管理水平和决策能力,从而实现资源的优化配置和效益的最大化。

  "亲清"新型政商关系指政府和企业之间建立起密切、清晰、公正的关系,既要有利益共享的"亲",又要有法律法规的"清"。具体内涵如下。亲:政府要重视和倾听企业家的意见和建议,为企业家提供政策支持和服务,为企业家创造公平、公正、公开的市场环境,鼓励企业家创新创业。清:政府要坚持依法治国,加强对企业的监管和执法,打击各类违法行为,保护企业的合法权益,维护市场秩序和社会公平正义。政府和企业之间要建立起互信、互利、互惠的关系,形成政商合作的良好局面,达到亲、清相结合的目的。DY市通过推进农村集体经济组织规范化、实体化、企业化发展壮大构建"亲清"政商关系,具体体现的学科观点如下:

  一是政治学视角。政商关系是政治和经济相互作用的产物,建立"亲清"政商关系需要政府在政治和经济的双重作用下,维护公共利益和市场经济原则的平衡。

二是经济学视角。政商关系是市场经济中的一种非正式制度,对市场经济的发展有重要作用。建立"亲清"政商关系需要政府在市场经济的框架下,保证公正竞争和市场规则的稳定性。

三是法学视角。政商关系需要建立在法律法规的基础之上,以保障政商行为的合法合规性;建立"亲清"政商关系需要政府在法治框架下,推动政商关系的规范化和制度化。

## 第二节
# "五聚焦"实现养羊产业"五个好"

近年来,SD县认真贯彻落实省委关于"来一场振兴农村经济的深刻产业革命"的统一部署,通过"以商招商"方式引进贵州JES循环农业有限公司,在ZH镇建设循环农业种羊加工一体化项目,大力发展"水家桑羊"产业,积极探索"1+7"飞地经济、入股分红、就业增收、带动发展等多种扶贫模式,带动贫困户实现增收脱贫,获得各级领导的高度认可。2018年,贵州JES循环农业有限公司落户SD县ZH镇,通过聚焦社会需求、聚焦群众增收、聚焦风险防控、聚焦生态保护、聚焦品质提升等"五个聚焦",投入1.23亿元发展"水家桑羊"集中养殖示范产业,实现养羊项目选择好、利益联结模式好、政企合作方式好、资源循环利用好、保护地方种群好"五个好",养羊产业蓬勃发展,群众稳定增收有保障。目前,"水家桑羊"养殖基地占地面积210亩,总建筑规模5.3万平方米,种羊存栏1.34万只,年出栏羊3.15万只以上。项目以"飞地经济"模式,将量化到镇、到村的扶持资金由"飞地"集中投入示范性养殖基地建设,利益覆盖全县6镇1街道68个脱困村,原建档立卡户5192户20327人。该基地是贵州省内最大的生态种羊养殖基地。

## 一、聚焦社会需求,养羊项目选择好

一是市场需求大。羊肉价格稳定,市场前景好,省内各大餐馆订单量为3万只/年以上,浙江、广东、上海等省外地区订单量达5万只/年以上,羊肉市场呈现出供不应求的局面。

二是销售价格高。据统计,羊肉价格普遍高出猪肉价格35~40元/斤不等,普遍高出牛肉价格20~30元/斤不等,且不论季节更替,羊肉始终能够一路走俏,走上消费大众的餐桌,稳定的价格加上市场的需求,为养羊产业提供了广阔的发展空间。

三是区位优势好。JES养殖基地位于SD县扶贫产业园,气候适宜,有充裕耕地和牧草资源,当地群众有着丰富的牧草种植、畜牧养殖习惯和经验,且靠近省道,离高速收费站仅2千米,园区基础设施完善、交通便利、区位优越,是发展养羊项目的理想选择。

## 二、聚焦群众增收,利益联结模式好

一是产品效益共享化。采取"公司+6镇1街道"的"1+7"飞地经济运作模式,以"龙头企业+村集体+合作社+农户"为抓手,带动合作社、农户发展种羊养殖产业,项目形成的种羊、厂房、设备等资产全部归属镇、村集体(脱贫户)所有,资产全部量化到项目涉及的镇、村和贫困户,实现6镇1街道的原建档立卡户共享项目效益,财政扶持资金投入所形成的资产滚动发展,永续利用。

二是兴农模式多元化。采取务工就业兴农模式,解决饲养员、技术管理员等为主的常年就业和以饲草种植、饲草收割等为主的季节性就业800余人,年人均收入3.6万元以上。采取牧草种植兴农模式,带动1.6万户农户发展饲草种植3.2万亩,实现年户均增收4500元。采取自我发展兴农模式,已带动5个村级合作社养殖种羊1000只以上,户均收入2000元。采取种羊"代养"兴农模式,公司通过签订协议将青年羊发放给县内具备代养条件的合作社进行"代养",代养期满后按照保底价回收育肥羊,每年可向公司代养两批山羊,年出栏商品羊200只,项目年净利润可达9万余元。

三是利益分红差异化。采取积分制实行差异化分红,每年召开一次民主评议会评定受益户,各镇(街道)对农户落实环境卫生整治、支持村级公益事业和村集体经济发展、遵守国家法律法规等进行评分记分。根据所得积分多少实行分红量化,再通过保底分红和效益分红两种方式把分红资金兑现到户到人。采取保底分红方式,公司按照政府投入资金的9%固定分红给脱贫村、脱贫户,其中8%归脱贫户,1%归脱贫村,参与分红的脱贫村原则上不低于3万元。目前,保底分红已覆盖脱贫户5192户20327人。采取效益分红方式,在保底分红的基础上,当项目净利润的70%超过政府投入资金总额的9%时,则按项目带动的脱贫户收益占70%、承包单位占25%、脱贫户所在村集体占5%的比例进行再分红,实现群众利益最大化。

## 三、聚焦风险防控,政企合作方式好

一是统一种羊、统一标准,包种羊存活。采取"政府+企业+村集体+贫困户"的模式,由政府统筹资金建圈舍、统一采购种羊以及安装配套设备等,种羊承包给龙头企业,龙头企业代为管理营运并签订协议,财政扶持投入资金所形成的资产归政府所有,在移交给龙头企业后,企业对山羊实施单独舍饲圈养、登记耳标号、检疫防疫、建立养殖档案并挂牌等,龙头企业负责承担该项目生产经营管理所有风险,保障种羊存活率。

二是统一技术、统一饲料,包养殖服务。政府指定专人为养殖技术联络人员,负责联络对接龙头企业技术人员,对羊在养殖的过程中提供技术指导、技术培训和防疫培训,保障种羊健康成长,并及时对外发布物资种类、防疫过程、产品质量等相关信息,让全产业链在群众监督下有序进行。对于与龙头企业签订代养协议的小型养殖合作社,技术服务人员进行半小时内视频电话技术服务和两小时内上门服务,有效降低养殖风险。

三是统一管理、统一销售,包底价回收。企业在承包集中饲养期内,只有经营权,养殖圈舍、库房、生活区等配套设施均由企业负责管理和修缮维护。种羊长成后,由龙头企业联系购买方按照保底价统一回收成羊,按最低保守价母羊1400元/只,公羊1800元/只,羔羊16元/斤,肉羊14元/斤测算,年收入可达4000万元左右,扣除各种成本费用3000万元左右之后,实现年净利润1000万元左右。

## 四、聚焦生态保护,资源循环利用好

一是排污设施科学运用。通过改水冲清粪或人工清粪为干式清粪、改无限用水为控制用水、改明沟排污为暗道排污以及固液分离、雨污分离的"三改两分"等有效措施,建成高标准养殖场,营造良好的饲养环境,强化种羊疫病防控,不断提高产能,减少环境污染,降低养殖废弃物处理成本。

二是粪便废物循环利用。充分利用境内荒山草坡和中低产田,采用"桑草种植→山羊养殖→羊粪培养食用菌→菌菇下脚料培育蚯蚓→蚯蚓养殖家禽→家禽产生的粪便加工成有机肥→有机肥用于还田种草"的多级循环利用模式,推进畜禽粪污无害化利用,新增畜禽粪便处理利用能力达10000余吨,有效遏制粪便乱排滥放。

三是作物秸秆应用尽用。各养殖合作社在养殖种羊的过程中,每年就近就地消纳苞谷秆、黄豆秆、红薯藤等农作物秸秆8000余吨,每户年均增收4500元以上,示范村畜禽粪污和秸秆综合处理利用率达90%以上,可替代化肥使用约450吨,使废物得到资源化利用。实现粪污废弃物零排放,变废为宝。同时,项目实现种植桑叶2000余亩,年产1000余吨。其中,企业示范基地1500余亩,年产7500余吨,并持续带动周边群众种桑种草,为项目提供低成本、高质量的青饲料。

## 五、聚焦品质提升,保护地方种群好

一是现代科学与产业发展相融合。把大数据和养羊产业深度融合,用物联网、云计算、人工智能等新技术手段不断构建绿色、循环、可持续发展的产业新业态,提升产业品质。同时,逐步创建和完善物联网+"云养殖"平台大数据库,让更多的人参与到项目建设中来,实现由传统养羊业向现代畜牧业转型升级。

二是杂交技术与基因保护相融合。将部分的贵州黑山羊与努比亚山羊品种杂交,实现外来基因和本地基因相结合,通过杂交技术,既保护贵州本地山羊种群原有的基因不遗失,又能够加快山羊本身的生长速度,在增加山羊体重的同时不改变肉质口感,使"水家桑羊"生产项目产生出更大的经济效益。

三是民族文化与品牌塑造相融合。以水族文化和生态旅游资源为载体,在移民安置点、景区、商场产品主销区开展产品推介,设立直销店,举办"水家桑羊"美食节,种羊(或商品羊)评比竞赛等活动,吸引各方游客品非遗、看民俗、关注"水家桑羊"、宣传SD县羊产业发展,通过广大群众的参与和监督,既能够塑造"水家桑羊"地方品牌,更有利于地方种群的保护与发展。

> **案例分析**
>
> SD县ZH镇,通过聚焦社会需求、聚焦群众增收、聚焦风险防控、聚焦生态保护、聚焦品质提升"五个聚焦",投入1.23亿元发展"水家桑羊"集中养殖示范产业,实现养羊项目选择好、利益联结模式好、政企合作方式好、资源循环利用好、保护地方种群好"五个好",养羊产业蓬勃发展,群众稳定增收有保障,充分体现了系统论、生物学理论、市场学原理等。分析如下:
>
> 一是系统论原理。SD县ZH镇发展"水家桑羊"集中养殖示范产业,坚持和运用系统的观点,通过聚焦社会需求、通过聚焦群众增收、聚焦风险防控、聚焦生态保护、聚焦品质提升"五个聚焦",从决策到实施,科学合理地指导"水家桑羊"的产业结构规划、调整,从生产到销售,从培训到技术落实等各方面都运筹帷幄,全面把握。
>
> 二是生物学理论。"水家桑羊"养殖,需要根据一定的生物规律,进行"水家桑羊"养殖的产业结构调整,选择适宜的优良品种,杂交技术与基因保护相融合,以增强适应市场的能力,迎接"入市"的挑战。
>
> 三是市场学原理。有无市场,是检验结构调整是否成功的唯一标准。没有市场,就没有效益。调整结构,首先要树立市场观念,全面搜集分析国内、国际市场信息,确定发展的方向。
>
> 四是生态学原理。SD县ZH镇通过聚焦生态保护,注重生态环境的恢复和保护,采取资源循环利用的方式,既保护了当地的生态环境,又促进了产业的发展。
>
> 五是风险管理原理。SD县ZH镇通过聚焦风险防控,注重项目的风险评估和管控,选择有发展前景的项目,并通过政企合作的方式共同承担风险,从而降低了项目的风险,有助于保障项目的可持续发展。
>
> 六是质量管理原理。SD县ZH镇通过聚焦品质提升,注重提高产品的质量和附加值,从而提高了产品的市场竞争力,有助于推动产业的升级和品牌的建设。

# 第三节
# "五个三"推动佛手瓜产业提质增效

近年来,HS县深入践行农村产业革命"八要素"和农业"五个三"要求,将佛手瓜产业作为全县推进乡村振兴的主导产业来抓,制定《HS县产业结构调整 佛手瓜产业实施方案》,建立县、镇、村三级联动机制,破解了深石山区产业发展难题,为发展特色精品蔬菜种植、调减低效种植、石漠化治理、水土保持建设和助民增收致富的现代山地高效特色农业提供了样本。

## 一、主攻三大市场,当好"市场拓展员"

HS县始终以市场需求为导向发展佛手瓜产业,积极拓展"三大"市场,助推佛手瓜卖得出、卖得好。

一是拓展省内市场。认真组织产销对接工作,成立农产品销售公司。用好销售队伍,制定佛手瓜销售奖励办法,搭建佛手瓜销售平台,完善"农校对接""农超对接""农社对接"等产销机制。发展订单农业,积极对接贵州省石板、扎佐两大批发市场,与6家销售档口达成HS县农特产品代销合作协议,并将佛手瓜销售至省内13所高校和多个省直机关食堂等。通过建立长期定向采购合作机制,持续推进佛手瓜进机关、进学校、进医院、进超市、进批发市场、进社区、进企业等,全面巩固拓展县内及省内市场。

二是拓展省外市场。积极到深圳、东莞、佛山、湖南、重庆等地开展市场拓展工作,目前在广州开设5家直营店,与省外50余家一级批发市场档口、9家二级批发市场档口达成农产品代销合作协议。紧紧抓住佛手瓜基地被列为上海市外延蔬菜生产基地、粤港澳大湾区"菜篮子"基地的契机,推进"黔货出山",保障供应链稳定。

三是拓展军营市场。通过销售专班、农村经纪人队伍的努力和贵州省蔬菜策团的帮助,佛手瓜产品进入驻港部队餐桌。贵州首批供应驻港部队9吨价值5万余元的蔬菜运往广州,其中HS县的2.5吨绿色佛手瓜一道运往驻港部队军营。2020年以来,佛手瓜供不应求,销往北京、上海、广东等地,出口到越南等国家,实现产值约2亿元。

## 二、提高三化水平,当好"技术指导员"

HS县以提高"三化"水平为突破口,助推佛手瓜产业提质增效,稳步推进佛手瓜做大做强做优。

一是提高标准化水平。制定《HS县佛手瓜产业技术规范》《佛手瓜病虫害绿色防控田间管理、分级包装指导手册》等,为培训农民、规范种植等建立了统一标准,并形成了一支以专业技术人员为主,乡土人才为辅的农技培训队伍,通过集中培训、实地指导等方式开展规范化种植技术培训。参加和举办省、州、县各类蔬菜产业技能大赛等,通过"以赛促教、以赛促学",促进全体务农劳动者综合素质、专业化水平和创新能力全面提升,展现农业技能人员的专业化、标准化水平。

二是提高规模化水平。立足于该县深石山区的喀斯特地貌特征及水利灌溉设施还不够完善等实际情况,通过试点示范和多年实践,最终选择"佛手瓜"作为深石山区主导产业在全县推广,在HS县一乡镇东部深石山区建成了8千米长的佛手瓜产业带,辐射带动全县发展佛手瓜种植5.2万亩,其中深石山区3万亩,年产量达15万吨。从2007年发展至今,佛手瓜已从庭院种植发展成规模种植,实现"小摔瓜"向"大产业"转变。

三是提高品牌化水平。充分投入畜禽粪污资源化利用、秸秆综合利用、有机肥替代化肥等项目资金,支持农民积造有机肥,进行绿色种植,不断积累HS县佛手瓜绿色产品良好口碑。积极探索品牌富农、品牌强农的发展之路,通过龙头企业、农民专业合作社等申报"三品一标"认证,建设标准化基地,并通过传统媒体和新媒体全方位开展宣传推介,全力打造"HS县佛手瓜"绿色优质农产品区域品牌。

## 三、用好三大销售主力,当好"产销对接员"

HS县紧紧抓住三大销售主力,做到产销对接多元化,切实提高农产品流通效益。

一是用好龙头企业力量。坚持党政系统化推进与主体市场化经营有机结合,推广"龙头企业+合作社+农户"模式,通过组建县级平台公司、引进龙头企业、扶持合作社等,鼓励经营主体参与市场竞争,利用市场手段解决产业管护、产销对接、产品加工等实际难题。引进龙头企业参与产业链环节,创新实施"五统一分"管理模式(统一种植品种、统一栽培管理技术、统一采收处理、统一加工、统一销售、分户管理),减少中间流通环节,降低种植成本,增加群众收益,激发群众产业发展的内生动力。

二是用好农村经纪人队伍。抓住基层党组织这个"牛鼻子",在 HS 县 XH 镇佛手瓜核心种植区域,联合成立了佛手瓜产业园区党支部,定期研究产业发展规划和发展举措,发挥党建引领作用。同时抓住"能人"这个"领头雁",把农村经纪人作为新型职业农民的重要力量,持续加大培养力度。2020 年 9 月,HS 县农村经纪人培训班开班,重点围绕佛手瓜等本地优势农产品的质量标准、品牌打造、产品营销等开展教学指导,共有 100 余名农村经纪人参加培训。

三是用好网络电商平台。HS 县借力网络电商平台进行线上线下同步销售,现已在微信小程序、微店、拼多多、淘宝等开设网店,并陆续在抖音、快手、今日头条等进行优质农产品视频推介。2020 年 7 月,该县首次和阿里拍卖平台合作网上拍卖佛手瓜,并开展"HS 县好瓜邀你前排吃瓜"领导直播带货活动,20 分钟拍下 HS 县佛手瓜 570 吨,货值近 120 万,不仅实现了贵州农产品的第一次大宗拍卖,也开启了 HS 县农特产品交易新模式。

## 四、推动三产融合,当好"融合服务员"

HS 县始终坚守发展现代高效农业路径,加快推动农业产业"接二连三",发展形成了以佛手瓜为主要农产品的山地高效特色产业。

一是优化种养品种结构。邀请省农业农村厅、省农科院 6 名专家长期蹲点提供技术服务,开展新品种、新模式、新技术试验示范,探索实施了一套菜菌"三季四收"的高效种植模式(三季:"春白菜+小白菜+食用菌"各一季;四收:"佛手瓜+春白菜+小白菜+食用菌")。经济效益明显,为山区农户开辟了多元化增收的新路径,实现了深石山区发展高效农业的目标。

二是深化精深加工。充分发挥龙头企业带动作用,提升佛手瓜深加工产品的附加值,引进企业研发佛手瓜面条并上市。不断增加佛手瓜深加工设施,延伸产业链,推动佛手瓜面条、榨菜、泡菜相继面市。

三是推动农旅深度融合。整合佛手瓜产业优势,依托民族文化优势等资源,发展乡村体验旅游。以 XH 镇 NY 村为例,2020 年以来,共接待周边地区游客 5000 余人次到佛手瓜产业园区观光旅游,采摘鲜果,体验农耕文化。

## 五、强化三个保障,当好"保障护航员"

HS县以市场需求和产业发展需要为导向,切实强化"三个保障",为佛手瓜产业发展提供坚实后盾。

一是加大资金支持。加大涉农资金统筹整合力度,撬动社会资本、金融资本投入佛手瓜产业。目前,全县投入各级各类资金2.37亿元发展佛手瓜产业。

二是强化科技服务。围绕"专家、干部、群众"三个群体,邀请蔬菜种植技术专家及县级技术人员、种植养殖能手等开展专项培训,引导群众自主发展生态立体循环农业。建立健全县、镇、村三级农技服务体系,农技人员分片包保开展技术指导,每年每户瓜农培训3次以上,确保熟练掌握生产技术,提高商品率,目前累计培训农民3800余人次。

三是完善农业设施,充分利用中央和省州部门帮扶资金、广州南沙区东西部协作对口帮扶资金等优势资源,多方筹集产业发展资金,并帮助完善佛手瓜园区配套设施建设。目前,投入资金4220.5万元,先后建成园区型冷库1个,产地型冷库10个,佛手瓜交易市场3000余平方米,钢架大棚2980平方米。同时,还配套建设水电设施、喷灌设施、水池水窖等,助推佛手瓜产业进一步发展。

## 案例分析

产业经济学,是应用经济学领域的重要分支。在经济学领域产业结构调整包括产业结构合理化和高级化两个方面。那么什么是产业结构调整?为何要推进产业结构调整?如何推进产业结构调整呢?从理论上来说,产业结构合理化是指使各产业之间相互协调,有较强的产业结构转换能力和良好的适应性,能适应市场需求变化,并带来最佳效益,具体表现为产业之间的数量比例关系、经济技术联系和相互作用关系趋向协调平衡的过程。HS县深入践行农村产业革命"八要素"和农业"五个三"要求,将佛手瓜产业作为全县推进乡村振兴的主导产业来抓,制定《HS县产业结构调整佛手瓜产业实施方案》,核心做法是着力围绕"产业结构调整"做文章。这一经典做法是有效推动HS县产业结构系统从较低级形式向较高级形式转化的有力抓手。一般来说产业结构演变遵循由低级到高级的产业结构演变规律。HS县建立县、镇、村三级联动机制,破解了深石山区产业发展难题,为发展特色精品蔬菜种植、调减低效种植、石漠化治理、水土保持建设和助民增收致富的现代山地高效特色农业提供了样本,是产业结构进一步转型升级的重要体现。

需求导向,亦称"需要导向",是经济学领域的重要议题。HS县以市场需求和产业发展需要为导向,切实强化"三个保障",为佛手瓜产业发展提供坚实后盾,有效推动了当地产业结构的转型和农业产业发展。具体做法为:

一是加大资金支持。加大涉农资金统筹整合力度,撬动社会资本、金融资本投入佛手瓜产业。

二是强化科技服务。充分发挥龙头企业的带动作用,提升佛手瓜深加工产品附加值,引进企业研发佛手瓜面条并上市。

三是推动农旅融合。通过整合佛手瓜产业优势、依托民族文化优势等,发展乡村体验旅游。

HS县坚持以满足消费者/市场需求为导向的发展理念,提供符合市场需求的产品和服务,非常符合市场发展规律,最终得到客户的认同。随着市场导向时代变革的到来,HS县以市场需求和产业发展需要为导向、为中心,很显然非常符合这一时代变革大势,从加大资金投入、强化科技服务、推动农旅融合三方面谋划生产经营活动的安排。总体来说,HS县相对于过去以企业为中心的旧观念而言,逐步转向以市场需求和产业发展需要为导向,大大提高了供给与服务质量。

　　农村一二三产融合是推动农村发展的有力抓手,也有效丰富了农村经济发展理论。农村一二三产融合,是以农业为基本依托,通过产业联动、产业集聚、技术渗透、体制创新等方式,将资本、技术以及资源要素进行跨界集约化配置,使农业生产、农产品加工及农产品市场服务有机地整合在一起,创新生产方式、经营方式和资源利用方式,最终实现农业产业链延伸、产业范围扩展和农民增加收入。紧紧围绕优化种养品种结构、深化精深加工、推动农旅深度融合,使之成为农村发展的有力抓手,也丰富了农村经济发展理论。

## 第四节

# 探索实践农村产业革命精准打法七条

## 一、改革背景

A州自然资源丰富,气候优势明显,交通体系完善,物流通达,农业产业发展的基础条件具备。近几年来,A州积极响应省委、省政府的号召。紧扣"五步工作法",落实"八要素"。以农业供给侧结构性改革为主线,持续在思想观念、产业发展方式和工作作风上抓具体抓落实,农业产业结构调整取得了很大的成绩。然而,当前产业发展中仍存在龙头企业不强、产业基地规模化程度不高、市场竞争力薄弱等突出问题,一定程度上制约了农业产业高速发展。为补好短板,更好地指导开展农村产业革命工作,A州坚持以问题为导向,在对过往实践获得的经验做法充分研究、梳理、归纳、提炼后,形成了A州探索实践农村产业革命精准打法七条(以下简称"精准打法七条"),作为可借鉴、可复制、具有自身特色的经验打法,在A州大力推广,为助推经济和社会发展贡献力量。

## 二、主要做法

### (一)突出科学规划,解决选什么、种什么的问题

一是A州一体往前推。以"坝区平地粮蔬果、坡地荒地经济林、山林山坡养畜禽、庭院经济广覆盖"为调整方向,树立A州"一盘棋"思想,形成州县一体推的工作格局。

二是立足传统选产业。选定茶叶、蔬菜等传统产业作为主导产业进行培育,突出"一县一业""一村一品"。

三是瞄准需求选单品。选择适应性强、市场前景好的佛手瓜、荚白、百香果等特色品种进行试验推广,逐步发展成为A州特色优势单品。

### (二)突出党政领导,解决谁来干、怎么干的问题

一是州级专班作战。组建12个产业发展工作专班,从产业规划到落地见效,有针对性地深入研究、解决问题,推动发展。

二是县、乡、村三级发力。县委书记牵头研究制定具体工作措施,乡镇党委书记加强对村组、企业的指导,村级党组织推动发挥"组管委""事管委"作用。

三是发挥合作社作用。出台推行"村社合一"指导意见,明确合作社承担起组织生产、组织农民、协调农民的责任,发挥其促进生产、销售的作用。截至2020年10月底,A州完成规范组建"村社合一"村级股份经济合作社1278个,实现行政村全覆盖。

### (三)突出龙头培育,解决规模化、产业化的问题

一是狠抓龙头企业的培育引进。在扶持本地龙头企业的同时,对外招引一批实力强、品牌亮、影响广的龙头企业,引领产业发展。截至2020年,A州有国家级龙头企业4家,省级龙头企业140家,新增审定中省级龙头企业38家,引进农业签约项目70家,签约资金84.59亿元,到位资金15.15亿元,已开工项目65个。

二是大力推广农业产业化联合体。积极构建以龙头企业为引领、农民合作社为纽带、农户为基础的现代农业产业经营体系,解决分散农户经营面临的市场对接和社会化服务难题。

三是打造规模化产业基地。统筹整合资金,支持引导龙头企业建立规模化、标准化种养基地,推进产业聚集发展。截至2020年10月底,A州打造了产业规模化、标准化蔬菜生产基地57.93万亩、中药材基地4.34万亩,有21个蔬菜生产基地入选粤港澳大湾区"菜篮子"生产基地认定名单。

### (四)突出标准建设,解决有品无牌、市场竞争力弱的问题

一是制定生产技术标准。围绕主导产业,制定绿色或有机产品标准化生产技术规程和产品质量标准。

二是建立农产品溯源体系。优先将"两品一标"农产品纳入追溯范围,推动农产品可追溯工作。截至2020年10月,A州134家"两品一标"企业全部入驻国家农产品质量安全追溯管理信息平台,打印合格证或者追溯码252家次。

三是着力打造区域公共品牌。打造茶叶、刺梨等特色产业区域公共品牌,不断提高该地区农产品市场占有率和竞争力。

### (五)突出目标市场,解决谁来卖、卖给谁的问题

一是政府搭建平台销。加强产销信息收集和发布,通过举办展销会、建立直营店或展示店,打通销售关键节点。开展订单合作,加强"农企""农校""农超"等对接。2020年以来,A州销售到粤港澳大湾区的蔬菜和茶叶达75.19万吨,销售额达37.04亿元;"校农结合"农产品采购量达1.03万吨,采购金额达1.507亿元;蔬菜进入超市5.96万吨,金额达3.78亿元。建立省内专柜59个,粤港澳大湾区直营店或专柜27个。

二是依托龙头企业销。充分发挥州、县两级平台公司和供销社的带头示范和兜底保障作用,每年组织州内龙头企业举办或参办展销会、推介会,提高该地区农产品知名度和市场影响力。截至2020年10月,州、县两级组织开展或参加的线上线下促销推介活动共297次。

三是线上拓展渠道销量。出台促进电子商务发展的措施,依托电商平台,引进苏宁易购、拼多多、天猫优品等国内外知名电商服务企业,打通产品销售路子,不断拓展线上销售渠道,推动"黔货出山"。

### (六)突出利益联结,解决怎么联、可持续的问题

一是入股分红联结。推行"龙头企业+农户""合作社+农户"模式,以土地、资金、技术入股企业或合作社,农户年终参与分红。

二是契约订单联结。农户与企业、合作社签订销售订单,形成稳定购销关系,龙头企业为农户提供种苗、农药、化肥、栽培技术等。合作社上联龙头企业,下联农户,确保覆盖全部脱贫户,实现利益共享。

三是就业务工联结。鼓励经营主体返聘流转土地的脱贫户到基地的生产、加工、流通各环节劳动务工,促进脱贫农民变为农业产业工人,获得长期性工资收入。

四是返租倒包联结。引导龙头企业、合作社流转农民土地,建设产业规模生产基地,返租倒包给农户生产、管理,以领管领种获得稳定收入。

### (七)突出示范引领,解决学什么、怎么学的问题

一是打造样板树典型。通过现场观摩等方式,推动各产业主体在比中学、学中赶、赶中超,形成"比学赶超"的浓厚氛围。

二是强化培训推技术。采取"因岗定培""以工代训"等培训模式,积极发挥各级技术力量,深入田间地头开展培训,让农民在农村产业革命中现学现用。

三是能人带动做示范。鼓励支持乡村本土人才回流,从土地流转、融资担保、贷款贴息、税费减免等方面给予创业支持,发挥其示范带动作用。

## 三、主要成效

### (一)经济成效

通过推广运用"精准打法七条",12大特色优势产业2020年第三季度完成总产值402.03亿元,较2019年12大特色优势产业全年总产值350.76亿元,增加51.27亿元,12大特色优势产业2020年全年完成总产值454亿元,超2019年完成值103.24亿元,经济成效显著。

### (二)社会成效

"精准打法七条"出台,推广应用后,得到了省政府领导、州委主要领导的批示与肯定,先后在人民网、《贵州改革情况交流》、贵州日报社"天眼"客户端、"众望新闻"、《黔南日报》、"黔南政研"等中央、省、州级刊物、电子媒体、微信公众号刊载和报道,通过多渠道、大力度宣传,在A州广大干部、群众中掀起了学习"精准打法七条",投身农业产业发展的热潮。

### (三)生态成效

通过推广"精准打法七条",推动了产业由"粗放式"向"集约式"发展,提高了单位产量产值,缓解了资源约束压力。特别是制定了生产技术标准,应用科学、绿色生产模式,降低了农药、化肥等农业投入品的使用,减少了对有益生物的伤害和环境污染,协调了经济发展与环境保护之间的关系。

## 四、总结

"精准打法七条"是A州在推进农村产业革命工作过程中探索形成的经验打法,对于农业产业的改造和升级,纵深推进农业产业发展具有很大指导意义。通过推广运用,2020年该州的农业产业发展取得了显著的成效,证明"精准打法七条"具有可复制可借鉴可推广价值,为实现乡村产业振兴、农民增收致富奠定了坚实基础,为全省农业产业发展增添了典型样板。

## 📁 案例分析

A州探索实践农村产业调整精准打法七条,即"突出科学规划,解决选什么、种什么的问题;突出党政领导,解决谁来干、怎么干的问题;突出龙头培育,解决规模化、产业化的问题;突出标准建设,解决有品无牌、市场竞争力弱的问题;突出目标市场,解决谁来卖、卖给谁的问题;突出利益联结,解决怎么联、可持续的问题;突出示范引领,解决学什么、怎么学的问题"。精准打法七条的提出,是为了解决农村产业调整和发展中遇到的问题,实现农村产业的可持续发展,分别体现以下学科理论:

一是"突出科学规划",体现了规划学和农业规划的理论,需要遵循规划学的原理和方法,结合当地的自然环境、社会经济条件和市场需求,制定科学规划方案,以确保农业产业的可持续发展。

二是"突出党政领导",体现了政治学和领导学的理论,需要遵循党和政府的指导方针,发挥领导干部的作用,推动农业产业的调整和发展。

三是"突出龙头培育",体现了产业经济学和农业经济学的理论,需要发挥龙头企业在农业产业发展中的重要作用,带动农业产业的转型和升级。

四是"突出标准建设",体现了市场营销学和质量管理学的理论,需要建立科学的标准体系,提高产品和服务的质量、竞争力。在农业产业调整和发展中,"突出标准建设"需要运用市场营销学和质量管理学的理论,建立科学的标准体系,提高产品和服务的质量及竞争力,满足市场需求。

五是"突出目标市场",体现了市场营销学和国际贸易学的理论,需要确定目标市场和销售策略,拓展销售渠道,提高产品的竞争力和附加值。

六是"突出利益联结",体现了社会学和人力资源管理学的理论,需要加强不同利益主体之间的联结和协调,形成利益共同体,推动农业产业的调整和发展。

七是"突出示范引领",体现了教育学和技术创新的理论,需要借助示范项目和创新技术,提高农业产业的生产效率和经济效益。

## 第五节

# "321"种植模式引爆蔬菜产业革命

近年来,A州认真贯彻落实省委决策部署,牢牢把握农村产业革命"八要素",认真践行"五步工作法",围绕农民"怎么种"、要素"怎么优"、产品"怎么卖"等问题,通过优化布局调整产业结构,构建不同海拔地区蔬菜高效种植接茬栽培技术体系,大力推广蔬菜年亩产值达3万元、2万元、1万元的"321"高效种植模式。2020年,A州共推广"321"高效种植模式,蔬菜种植达18.4万亩,产量达201.4万吨,产值达38.46亿元,产值较常规栽培方式高21.89亿元。

## 一、优化布局调结构,解决"怎么种"的问题

一是"一盘棋"抓规划。立足资源禀赋,从州级层面强化统筹,把具有本土特色优势和广泛群众基础的蔬菜产业作为主导产业。统一规划蔬菜产业发展目标和布局,高位统筹、协调推进"321"高效种植模式。其中:"3万元"模式主要在低海拔600米以下,年平均气温18.2℃以上的LD、SD、LB、PT等4个县种植,采用"菜—稻—菜"和"菜—菜—菜"一年三季四收模式推广种植3万亩,平均亩产值分别达30450元、31300元。"2万元"模式主要在中高海拔700米以上的DY、FQ、DS、GD、HS、LL、CA、CS等县市种植,采用"菜—菜—菜"一年三季三收模式,平均亩产值22000元。"1万元"模式主要在中高海拔700米以上不宜推广"2万元"模式的区域,采用"菜—菜"一年两季三收模式,推广种植3万亩,平均亩产值达12600元。

二是"压茬错峰"优栽培。紧扣季节气温变化,筛选不同生态区蔬菜特需种类和品种,科学搭配茬口、播种期、定植期及配套技术,确保在同一个地块上前后两季蔬菜从种植到采收时间刚好能错开,充分高效利用土地,A州不同海拔地区蔬菜高效种植接茬栽培技术体系基本形成并得到有效推广。同时,结合A州部分地区气候优势,合理安排种植茬口及品种,把蔬菜种植时间与其他地区错开,实现产品错峰上市,确保

产品价格效益最大化。比如,每年的3—5月以及10—12月,贵州省茄果类和瓜豆类蔬菜市场紧缺、价格高。但省内其他地区无法生产。而A州LD、PT、SD等低海拔地区具有天然的气候条件,可以形成比较优势,通过选择适宜品种,配套地膜加小拱棚等栽培技术,推广"早果菜—水稻—秋冬果菜"等模式,A州种植面积达1万亩,实现第一季早果菜在3—5月上市,第三季秋冬果菜在10—12月上市,平均亩产值达31300元。

三是"一坝一策"调产业。把坝区作为蔬菜产业结构调整的主战场,将蔬菜产业结构调整作为A州323个74.97万亩重点坝区产业结构调整的重要内容之一,按照"一个坝区、一个方案、一名县领导、一个技术团队、一个以上经营主体"的"五个一"包保责任制,做好蔬菜产业跟踪指导服务,确保"应调尽调",区域"提上来、稳得住、有效益","321"高效种植模式在坝区产业结构调整中得到大力推广。

## 二、要素保障强支撑,解决"怎么优"的问题

一是技术服务专业化。统筹用好各级农业专家、涉农科研院所、科技特派员等资源和力量,完善技术服务体系,组建蔬菜"321"高效种植模式技术专业团队,为蔬菜产业"量身定制"技术服务,实现每个合作社和坝区技术服务团队全覆盖。采取"因岗定培""以工代训"等培训模式,积极发挥县级农技服务团队、乡村农业技术人员、农业企业技术员、农村"土专家""田秀才"、农业科技特派员等技术力量作用,组建技术团队13支120人,深入田间地头开展技术技能培训90次,及时解决技术困难和问题。

二是政策扶持精细化。制定并印发了《农业产业化龙头企业扶持奖励办法(试行)》,鼓励企业争创省级以上重点龙头企业,获得国家级、省级龙头企业的,州农业农村局分别奖励10万元、5万元,对当年获得绿色食品、有机食品认证和农业农村部地理标志登记认证的农产品生产主体分别给予2万元、4万元、6万元奖励;坝区发展蔬菜产业且集中连片在500亩以上,亩产值达到8000元以上可申请省级奖补资金。出台政策鼓励大专院校、科研院所和专业技术人员、农技人员到坝区创办领办农业企业、合作社,推动技术优势转化为产业优势。

三是资金投入多元化。以规模化、标准化蔬菜基地建设为抓手,建立完善蔬菜种植多元化投入机制,采取整合各种涉农资金、积极协调对口帮扶资金、争取上级财政扶持等方式,全力支持"321"高效栽培种植模式的推广运用。目前,A州共整合各类涉农资金1.54亿元,撬动其他社会资金5.94亿元投入蔬菜产业发展;州蔬菜产业发展领导小组协调广州市对口帮扶资金5500万元用于粤港澳大湾区蔬菜保供基地建设;积

极组织各县(市)开展项目申报,争取到省级财政扶持资金2249万元建立标准化蔬菜基地。此外,A州共建成冷库157个,总库容量25.4万吨,拥有冷藏运输车辆企业47家,车辆279辆,形成了A州覆盖范围广、运营成本低、使用效率高的集"冷藏、运输、加工、销售"为一体的冷链物流配送体系。

## 三、产销对接连市场,解决"怎么销"的问题

一是订单生产。成立领导小组,专门研究蔬菜产销对接薄弱环节和问题,及时收集和分析市场信息,组建产销专班抓具体、抓深入。坚持以销定产、以产定销,围绕基地找订单,围绕订单找基地,力推农产品进学校、机关食堂、加工企业等,形成订单生产良性互动。以GY市定点帮扶CS、LD等县为契机,加强与GY市农投集团合作,将LD县、CS县、XL县、HS县建成GY市菜篮子基地,抢占GY市生鲜农产品市场。抢抓广州东西部协作帮扶机遇,引入广州江楠、粤旺集团、珠江源等企业入驻发展蔬菜产业,DY市LM镇基地、XL县湾滩河基地、CS县赤象贸易供港基地、DY市毛尖基地等21个基地2.07万亩获得供粤港澳"菜篮子"蔬菜基地认证,辐射带动A州销往粤港澳大湾区蔬菜74.54万吨,1个基地(1500亩)获得上海市外延蔬菜生产基地认证。12个县(市)在对口帮扶城市均开设1个以上展销展示窗口,通过参加每年举办的"广交会""深交会""辣博会"等,组织优质蔬菜进行展示展销,A州蔬菜市场知名度得到不断提升。

二是农超直供。建立"农超对接"产销对接机制,将超市作为蔬菜基地对接的主要对象,采取"超市+合作社+农户+基地"的模式,超市和合作社签订意向性收购协议书,合作社负责组织农户进行生产,并向超市直供蔬菜产品。在各大超市设立销售专柜、销售专区等,使生鲜蔬菜产品快速进超市,走向市场。2020年A州组织开展农超对接会24次,州内56家大型超市与生产企业均签订了供货协议,扩大了产销对接覆盖面。

三是平台直销。用好州、县级国有平台和供销社转型后的实体经营平台,做大做强州内市场,积极拓展省内及周边市场,拓展A州农特产品、生鲜产品销售渠道。推动州农投公司下属子、分公司平台与GY市北站等大型省属国有企业的合作,搭建电商平台,推动A州蔬菜线上销售。目前,A州建成县级农村电子商务公共运营服务中心11个,乡镇、村电商服务站111个,易地扶贫搬迁点电商服务站44个,脱贫村电子商务服务网店近496家,电商平台销售量从2017年的0.9万吨提高到现在的5.8万吨,蔬菜

网络销售比例得到进一步提高。

"321"蔬菜高效种植模式的推广实施,使得A州农村产业革命中蔬菜产业发展有了强有力的科技支撑,为A州持续推进乡村振兴、促进农民增收作出了积极的贡献,为全省推广"321"高效模式树立了样板。

## 案例分析

　　A州认真贯彻落实省委决策部署,牢牢把握农村产业革命"八要素",认真践行"五步工作法",围绕农民"怎么种"、要素"怎么优"、产品"怎么卖"等问题,通过优化布局调整产业结构,构建不同海拔地区蔬菜高效种植接茬栽培技术体系。这是实施农村产业革命、推动农业现代化、促进农村经济发展的重要举措。通过围绕农民如何种植、要素如何优化和产品如何销售等问题,优化布局和调整产业结构,构建不同海拔地区蔬菜高效种植接茬栽培技术体系,可以提高农业生产效益,促进农业可持续发展,实现乡村振兴。具体体现的学科理论如下:

　　一是通过优化布局和调整产业结构,实现资源配置的优化和效率提升,促进农业生产效益的提高,体现农业经济学理论。

　　二是构建高效种植接茬栽培技术体系,提高农业生产的技术含量和效率,体现农业技术创新学理论。

　　三是围绕产品如何销售等问题,探索适合当地市场的营销策略和模式,提高产品的市场占有率和附加值,体现市场营销学原理。

　　四是通过构建不同海拔地区蔬菜种植接茬栽培技术体系,充分利用不同地理位置的优势和特点,实现资源的合理利用和优化配置,是地理学学科理论的体现。

## 第六节
# 开展农业全产业链创新助民增收

2019年9月,州委深改会研究出台《A州关于加快供销社转型深入推进农村产业革命工作方案》以来,A州供销社系统立足500亩以上坝区建设,以优质大米、辣椒为主要产业,通过建基地、抓产业、促增收、助扶贫,全系统共成立农业供应链公司18家,领办和参股农民专业合作社22个,建设农产品基地8.3万亩,其中优质稻1.2万亩,辣椒6.3万亩。

## 一、以助民增收为导向,查问题找短板,出台改革创新方案

A州供销社系统在推进农村产业革命过程中,州供销社党组通过广泛深入调研发现,产业虽有一定规模,但助民增收、企业发展效果不明显。主要原因如下:

一是大部分农产品以初级农产品销售为主,分拣包装不规范,产品同质化严重,附加值低,生产、加工、销售为一体的农业产业链尚未形成。

二是因农产品生产、供应、销售分别属于不同的市场主体,各环节信息缺乏沟通,管理不统一,产品质量无法保障,产业难以做大做强。

三是农民在农产品加工销售环节参与度不够,没有享受到延伸农业产业链带来的红利,增收效果不明显。

为解决问题,2019年12月,州供销社出台《A州供销社开展农业全产业链开发创新纵深推进农村产业革命实施方案》,在全系统开展以优质稻、辣椒为主的农业全产业链改革创新,打通种植、采收、分拣、加工、包装、销售等为一体的全产业链条,重点抓好深加工和线上线下销售。

## 二、以深加工为重点，开展全产业链改革创新，补足补强短板

### （一）完善产业发展基础设施，以农产品加工连接生产和销售端，形成产、加、销为一体的农业全产业链，提升农产品附加值

一是州供销集团子公司贵州佳穗绿产公司按标准化在DY市KK县通过土地流转建立有机稻谷种植基地1600亩，订单种植3000余亩，配套建成绿色防控体系和烘干设施，依托广州对口帮扶资金1000万元建成日加工200吨稻谷的"飞地兴农"大米加工厂进行精米加工，形成产、加、销一条龙的优质大米全产业链。

二是DS县、FQ市两县市供销社率先垂范，大力发展辣椒产业，建成辣椒基地6.3万亩，并配套建成预冷库和分拣车间，实行统一分级分拣、统一品牌包装、统一对外销售，提升市场定价权。

三是FQ市供销社在LC镇建成日烘干能力120吨的辣椒烘干厂，对未出售的辣椒及时烘干处理；DS县供销社依托特色农产品加工园，生产油泼辣椒、七彩辣椒酱等，提高辣椒附加值。

### （二）发挥系统双线运行优势，实行行政链长负责制和企业集团经理负责制，有效解决农产品全产业链各环节间信息缺乏沟通，管理不统一，质量无法保障的难题

一是实行链长负责制，州级成立由供销社主任担任优质大米产业链链长，集团公司经理负责产、加、销为一体的优质稻产业发展领导小组，县级成立由供销社主任担任辣椒产业链链长和总经理负责实施的辣椒产业发展领导小组，由链长对产业负总责，牵头研究产业链发展各环节工作，协调相关职能部门，实行全链统筹。通过整合资源，双线运行，强化各环节企业负责人责任，形成以销定产、以产促销全链条无缝对接机制。

二是通过建立各环节内控制度，落实岗位职责，建立管理台账，实行责任倒查，建立从田间到餐桌全程质量控制体系，使产品来源可溯、责任可究，打造一二三产业深度融合、各环节紧密联结的全产业链。

### （三）广泛吸纳农民群众参与生产、加工、销售各环节，使群众能享受延伸产业链带来的红利，实现增产增收

一是农民通过流转土地、就近务工、产业溢价增加收入。

二是州供销粮油贸易公司负责实施的"飞地兴农"大米加工厂项目连接10个脱贫村1316户5347人，对项目实行保障分红，确保脱贫村脱贫户增收。

三是在优质大米、辣椒加工生产中，就近吸纳群众到工厂上班，让农民变工人，实现增收。

四是通过全产业链改革创新，各企业积极在线上线下开展销售，助力消费帮扶，在开设帮扶超市、推进农产品"七进"工作中吸纳群众参与，增加农民收入。

## 三、全产业链创新初见成效，助民增收作用明显，获得充分肯定

### （一）农业基础设施得到完善，农业全产业链基本形成，农业附加值得到提升

州供销社下属佳穗绿产公司核心基地通过完善配套设施，实行有机种植，被认定为粤港澳大湾区菜篮子保供基地，"凯粒香"品牌大米在2020年5月通过有机认证，获评"贵州好粮油"荣誉称号，州供销粮油公司日加工200吨稻谷的"飞地兴农"项目带动项目区订单稻谷收购价从2017年的1.4元/斤提高到1.9元/斤，深加工后每斤增1.5元，亩均增收1200元。DS县、FQ市两县级供销社供销的辣椒全部达到无公害生产标准，FQ市朝天椒正在申报农产品地理标志。FQ市辣椒烘干厂日烘干辣椒120吨，共烘干辣椒650万斤，每斤增收1.5元。DS县加工油泼辣椒、七彩辣椒酱15万斤，其附加值大大提升。

### （二）行政链长和企业集团总经理负责制的双线运行机制，打通了产业链各环节，产品质量得到保障，发展潜力大

一是通过链长全链条统筹，系统内外资源得到整合。州、县供销社协调优质水稻、辣椒订单共8万余亩，争取到DY市水稻绿色高质高效行动项目资金400万元用以完善基地设施，协调东西部对口协作资金建成"飞地兴农"大米加工厂，建立了省、州农业部门和相关科研院所的专家库，为产业发展提供技术保障。

二是由集团总经理负责，落实各市场主体等在农业投入品、水稻种植、大米加工、产品销售等各环节职能职责，严格按制度监管、按规范运作，建成全程质量可溯体系，确保产品质量。

三是群众积极参与农业全产业链各环节,助力农民群众增收致富,成效显著、作用明显。

## (三)通过建基地、产品深加工、线上线下销售,产业帮扶助民增收取得明显效果

一是州供销社建成的东西部协作"飞地兴农"日加工200吨稻谷的大米加工厂项目,直接连接10个脱贫村1316户5347人,按6%保障分红,户均增收730元。

二是大米加工厂、辣椒烘干厂和农产品加工园、州供销社黔货名品惠民超市、DS县兴农产品专区、各县市电商兴农馆和站点积极为周边群众提供就业岗位,全年就业群众达2万人次。

三是产业发展带动农产品价格提升。KKB区订单收购3000余亩稻谷,每斤高0.4元,户均增收2000元;辣椒产业带动群众5万人以上增收,户均增收4000元以上,项目覆盖区群众实现全部脱贫。在"六稳""六保"工作中,州供销社佳穗绿产公司、供销粮油贸易公司分别被列为全国、全省疫情防控重点保障企业。

州委书记在十一届州委常委会第198次(扩大)会议强调:近年来,A州供销合作社系统不断在改革创新上迈出重要步伐,尤其是在发挥本系统优势服务脱贫攻坚、助推农村产业革命、助力农民群众增收致富方面成效显著、作用明显,值得充分肯定。省供销社党组书记、主任批示:A州供销系统认真贯彻落实中央领导对供销合作社的指示批示和中华全国供销合作社第七次代表大会精神,在参与500亩坝区建设,推进农村产业革命,助力脱贫攻坚中成效明显,值得肯定。下一步,A州供销社系统将持续开展农业全产业链开发创新,以科技为先导,不断延长产业链,打造农业新业态,在总结成功经验的基础上,在全系统复制推广,为纵深推进农村产业革命打下坚实基础。

## 案例分析

  A州结合实际情况制定出台《A州关于加快供销社转型深入推进农村产业革命工作方案》，A州供销社系统立足500亩以上坝区建设，以优质大米、辣椒为主要产业，通过建基地、抓产业、促增收、助发展，全系统成立农业供应链公司。出台该工作方案的目的是加快推进农村产业革命，促进农村经济发展。在A州，农村产业转型升级的关键是要发展现代农业，实现产业链的完善和优化。A州供销社系统以优质大米和辣椒为主要产业，立足于500亩以上坝区建设，通过建立基地、抓住产业、促进增收、助力发展，全系统成立农业供应链公司，旨在推进现代农业建设，促进农村经济的发展。具体体现的学科理论如下：

  首先是农业经济学理论。通过建立现代农业产业链，实现优质大米和辣椒等农产品的产业升级和优化，提高农业的生产效益和经济效益。

  其次是供应链管理学原理。通过建立农业供应链公司，实现各个环节之间的协同合作，提高生产效率和降低成本，提高产品的市场竞争力。

  最后是环境科学原理。500亩以上的坝区建设，需要考虑环境保护和生态平衡的问题，以推进农业可持续发展。

## 第七节

## 打造数字产业平台推动数字经济快速发展

近年来,随着互联网信息技术的进步和经济的发展,传统消费模式正在被逐步改变,以数字技术为载体的数字产业迅速崛起,数字经济与实体经济融合,已成为当下经济发展主题。LB县围绕"数化万物、智在融合"的目标,大力发展地方数字经济,向着数字旅游、数字城市快速挺进,促进数字经济和实体经济融合发展。

## 一、基本情况

LB县通过平台公司(LB县金鑫旅游服务有限公司)与华创体系(云码通数据运营股份有限公司)合资成立A州云码通数字产业运营有限公司,搭建A州数字经济城市运营中台及基于中台的旅游应用场景"黔云通"平台,以旅游产业为突破口,充分利用LB县旅游名气吸引不同要素,形成聚集效应,充分运用大数据手段,实现旅行交易、酒店订房、饮食消费、停车场缴费等订单、消费行为数据汇聚中台和安全有效管理,推动形成A州统一的数字资源、资产。以数据为关键要素,以"创新驱动、融合发展、市场主导、重点突破、开放共享、安全规范"为发展原则,以"数字产业化、产业数字化、数字化治理"为发展主线,打破行业领域信息壁垒,为地方政府调控经济提供精准的决策依据,为一二三产业实体企业提供全方位、精准化、智能化的数据分析服务,赋能实体企业生产发展全过程,推动大数据与实体经济融合发展,大力发展数字经济,把一二三产导入高质量、可持续发展轨道,促进地区经济又好又快发展。

## 二、主要做法

通过建设数字经济运营中台,运用互联网、大数据手段,充分整合地方涉旅相关产业数据资源,形成A州相统一、互联通、可运营、可扩展的有效资产,初步形成"1+N+

3"的数字产业体系,推动关联行业快速发展、提质增效。

### (一)建设"一个中台",管理各行业数据

将"黔云通"平台及运营中台全部迁移部署至A州数据中心,分批上线接口管理中心、数据中心、运营中心等板块,通过接口规范与能力封装,实现多行业、多场景、多系统的融合管理,突破产业资源及服务统一整合的技术阻碍,实现A州内各行业、多维度数据在本地数据中心的安全存储和有效管理。

### (二)依托"N个系统",汇聚各行业数据

借助LB县旅游品牌效应,充分利用旅游产业在人流、物流、资金流的巨大吸附能力,引导旅行票务、酒店餐饮、智能停车、超市购物等行业将本行业系统统一接入中台,聚合各行业、各领域数据资源。目前,已通过聚合电子发票、全城旅游票务、诚信商户、明码实价、智慧停车等系统线上服务,实现数据的互联互通和数据共享。已连接OTA(携程、美团等)和旅行社227家、酒店62家、餐饮企业42家,连接智慧停车场10个、停车位1068个,完成线上总销售额2400万元。

### (三)构建"三大体系",服务各行业发展

一是构建商户信用体系。推动政府监管平台与中台联通,运用互联网、信息技术等手段对酒店、餐饮等行业的商户开展监测,在线证据保全源头追溯,实现对行业全流程实时在线监管,构建A州诚信商户体系。

二是建立市场动态分析体系。构建中台行业监测监管体系,对一二三产各行业的运行情况进行可视化管理,积极探索为政府行业管理部门科学研判行业发展态势、实施宏观调控提供支撑,为实体企业瞄准本地市场,抓好产销对接,实现供给均衡,提供数据分析服务。

三是构建金融服务体系。运用大数据、人工智能、区块链等技术手段,深度挖掘行业交易行为等数据,建立企业的交易风险识别和新型信用评估模型,搭建"银企对接广场",向小微企业提供有效的金融服务。

## 三、取得的成效

通过打造数字产业中台,有效整合数据资源,促进数据新要素价值释放,促进信

息技术与实体经济融合渗透,加快传统产业向网络化、数字化、智能化、绿色化转型,形成经济增长新动能,推动经济发展质量变革、效率变革、动力变革。

### (一)充分激发市场活力,有效提升经济效益

一是降低企业运营成本。通过回收线路规划权利,深化运营手段创新,各互联网商佣金比例降低约20%,提高游客过夜率15%,有效保护本地实体企业发展。

二是增强企业经营能力。通过向城市生活场景的延伸及新零售模式的搭建,延展区域交易业态,提升企业增值收益约15%。改善旅游单一收入结构,改变过于依赖门票经济的现状,推动单一门票经济向复合型经济转变,实现盘活存量、做大增量的目标,游客人均消费提高15%。

三是解决企业融资难题。依托创新的场景金融服务,有效解决金融服务实体企业的"关键一公里"的难题,促进地方经济数字化的转型,中小企业融资额度提升20%。

### (二)优化市场发展环境,有效提升社会效益

一是助力地方维护市场秩序。推动数据、资金、服务落地LB县。一方面,提高政府对资源的聚合及掌控能力,便于政府履行监管职能;另一方面,规范商户间交易行为,使各交易环节"有(数)据可依",为构建"数字化旅游胜地",提升全县数字化水平奠定技术基础。

二是助力优化地方营商环境。构建更加公平透明的营商环境,吸引外来优质商户入驻,丰富产业结构,构建良性竞争环境,刺激地方企业及经济健康快速发展。

三是助力企业提升市场竞争力。通过为企业提供数字化服务工具,改善消费者线下服务体验,提升产业服务水平,降低运营成本,简化服务流程,提升企业市场竞争力。

### (三)推动形成数字联盟,助力各行业创新发展

一是从消费互联到产业互联的互联网模式创新。"黔云通"有别于重点服务C端(消费者端)的传统消费互联模式,致力于服务区域内B端(企业端),通过第三方互联网支付工具,聚合景区、酒店、餐饮及交通等交易主体,构建区域旅游产品资源池,打造区域内针对B端的统一资源供给、交易结算的核心枢纽。

二是从单一旅游行业向跨行业融合的创新。一方面从传统旅游向全域旅游创新。以LB县AAAAA级景区为核心,连接并带动相关酒店、餐饮、交通、零售、租赁等

行业的发展,实现旅游资源共享、流量互引。如:平台通过LB县AAAAA级景区门票线上运营权,对景区门票线上价格及政策进行调整,引导OTA(线上旅游服务商)及旅行社业务运营方向,推动景区从门票单一销售策略向"景区+酒店+餐饮"组合销售策略转变,实现单一门票收入向多元运营收入转变,LB县AAAAA级景区自2020年9月以来线上订票率从4.39%提高至90%以上。另一方面从全城旅游向数字城市运营的创新。改变当地原有服务流程与模式,实行全线上服务,构造政府、"黔云通"与商户三者的服务与数据相互连通的数字化服务体系,延展交易业态,打破行业壁垒,平台上各企业均成为某种商品销售的触及点,推动更多本地优质资源向外输出,形成"新零售"模式。

三是从传统金融到场景金融的服务模式创新。依托"黔云通"平台改革传统的服务模式,转变和探索大数据和人工智能技术支持的场景金融服务方式,将数据采集、资料收集、风险评估由线下人为操作转变为线上系统自动实现,通过系统获取真实交易数据及支付数据,形成企业数字资产,构建区域化创新场景金融服务,解决中小实体企业融资难的问题。

四是从静态数据向实时数据收集的创新。依托已构建的数据流通及资金流通通道,通过组织各区域商户在平台交易,获取真实交易数据及行为数据,将传统线下数据收集转变为系统实时收集,确保数据的实时性和真实性。

五是从传统线下服务向数字化服务的创新。依托"黔云通"后端技术开发能力,通过科技赋能实体企业,为景区、酒店、餐饮及交通提供实时的数字化服务工具,降低运营成本,简化服务流程,实现线下服务线上化、碎片服务集约化、传统服务信息化、粗放服务规范化,有效提升行业服务效率。如:在景区提供分时预约、人脸识别等数字化服务,有效改善景区拥堵,提升景区管理服务水平。

六是区域碎片化信息项目的整合运营模式的创新。"黔云通"平台聚合"全城票务""智慧停车""诚信商户""电子发票"等数字化项目,打造项目统一入口,建立项目互通共融、数据互相关联的模式,全面提升LB县数字化水平。比如,聚合"智慧停车""诚信商户""电子发票"信息,实现游客停车、就餐、开票"一键解决"。

## 四、经验启示

### (一)发展数字经济必须发挥好政府引导和企业主体作用

数字经济是一个大生态、大系统,涉及各行各业。打破行业壁垒,实现行业数据信息的互联互通,政府要充分发挥引领者作用,制定行业激励机制和制度规则,积极引导各行业领域重视和参与数字经济发展。数字经济是市场经济的组成部分,企业是市场经济的主要主体,是数据的生产者和承载体,需要各行业企业发挥主体作用,主动融入,按照规则共享数据资源。

### (二)发展数字经济必须破解体制机制障碍

数字经济建立在各行业各领域数据信息互联互通的基础之上,没有信息互联互通的行业环境,就形不成高度整合、无缝对接的数据资产。针对数字经济发展中遇到的问题,要从体制机制入手,采取积极有效措施,进一步破解部门分割、力量分散、资源不能共享等问题,建立适应数字经济发展的政策体系,配套建立政策制定及落实机制,建立完善数字经济开放合作体制机制,充分保障各行业信息互联互通。

### (三)发展数字经济必须紧紧依靠专业人才

技术支撑数字经济是在运用大数据手段的基础上开展的,因此要加强5G技术、大数据、通信网络等关键性基础设施建设,为数字经济发展提供完善的信息基础条件。目前在大数据、人工智能等新兴领域,尚缺乏既了解传统实体经济运作流程,又能够在细分垂直领域深度融合新一代信息技术进行数字化的跨界专业人才。同时,还要加强专业人才培养,为发展数字经济筑牢人才支撑。

## 案例分析

A州通过建设数字经济运营中台,实现了多行业、多场景、多系统的融合管理,突破了产业资源及服务统一整合的技术阻碍,并通过聚合各行业的数据资源,形成了数字产业体系,推动了关联行业的快速发展、提质增效。其中,A州采取的核心做法包括:建设"一个中台",管理各行业数据;依托"N个系统",汇聚各行业数据;构建"三大体系",服务各行业发展,包括商户信用体系、市场动态分析体系和金融服务体系。A州建设数字经济运营中台,实现多行业、多场景、多系统的融合管理,突破了产业资源及服务统一整合的技术阻碍,这些核心做法体现了以下学科观点:

一是信息科学观点。建设数字经济运营中台和依托"N个系统"汇聚各行业数据,体现了信息科学观点。数据是数字经济的核心资源,对数据的管理、分析和应用是数字经济发展的关键。建设数字经济运营中台和"N个系统",能够实现数据的互联互通和共享,为各行业提供数据支持和分析服务,推动数字经济发展。

二是通过构建"三大体系",服务各行业发展,体现了经济学观点。数字经济是产业升级的重要方向,数字经济的发展需要各行业的支持和服务。构建商户信用体系、市场动态分析体系和金融服务体系,能够为各行业提供支持和服务,促进各行业的快速发展和提质增效。

三是建设数字经济运营中台,实现多行业、多场景、多系统的融合管理,体现了管理学观点。数字经济的发展离不开统一的管理平台,以实现各行业数据的互联互通和共享,提高数据的价值和利用效率,推动数字经济的快速发展。

四是构建商户信用体系,为政府行业管理部门科学研判行业发展态势、实施宏观调控提供支撑,体现了社会学观点。

数字经济的发展需要政府、企业和社会的共同参与,只有形成良好的产业生态,才能推动数字经济的健康发展。

# 第三章
# 城乡法治篇

# 第一节

## LD县创新"1151"工作机制管党治警

在2019年全国公安工作会议上,习近平总书记强调,要坚持政治建警、全面从严治警,着力锻造一支有铁一般的理想信念、铁一般的责任担当、铁一般的过硬本领、铁一般的纪律作风的公安铁军。结合近年来队伍管理中暴露出的党建工作弱化、主体责任压力传导不到位、领导干部的表率示范作用发挥不好以及执法管理权力没有得到有效监督等问题,LD县以问题为导向,以改革破题开局,不断擦亮"制度利器",推动"管党治警"向纵深推进,探索建立"一个领导干部责任架构""用好一个信息化平台""抓好五项监督职能制度建设""推动各项工作稳步提升"的"1151"管党治警工作机制。

## 一、"三条推动"压实责任

一是推动"一岗双责"落到实处。近年来,LD县一直致力于破解"一岗双责"履行不力,责任落实力和执行力逐级递减等顽瘴痼疾,推动公安工作和队伍建设全面发展,着力破解履行"一岗双责"不到位,只重视职权,仅将职务当成参与决策的身份,没有准确认识其所承载的党风廉政责任的分量,在管人、管思想问题上认识有偏差,担心管多了越位、害怕管严了得罪人造成的"中梗阻现象"等问题。创建了"三层四级"领导干部管理框架,将工作岗位分为管理、综合、窗口岗位三个层级,干部队伍分为局领导、中层干部、民警、辅警四个层次,实行三级捆绑层级传递管理制度,推动形成一级抓一级、层层抓落实的生动局面,汇聚起管党治警的强大合力。

二是推动队伍管理信息化。为实现队伍管理与公安业务工作同频共振、两不误双促进,自主研发LD公安队伍动态化监督管理平台,构建"理想信念、责任担当、过硬本领、纪律作风"四大板块,将教育整顿、党建工作、队伍管理、执法规范、目标绩效等内容融入其中,根据工作实际研发系列评价模型,着力以一个直观、便捷、系统的信息化平台,提升队伍监督管理质效。

三是推动制度管党治警、管权治吏。充分释放制度力量,强力推进制度建设。按照"制度之要在精细,制度之效在执行"的原则,进一步压实法治、政工、督察、派驻纪检组、指挥中心等五个职能部门监督责任,不断完善监督体系,形成用制度管权管事管人的工作格局。目前,政工方面通过建立"党建1+6+N"工作机制进一步压实管党治警主体责任,法治建立"所队派驻法治员""规范办案时限""刑事案件受立案工作规范"等制度不断降低执法风险,督察方面通过《日常行为管理记分办法》,不断改进工作作风,指挥中心方面通过建立"严格执行重要事项请示报告制度",不断严明党的政治纪律、组织纪律和工作纪律,确保政令畅通。

## 二、"三个切实"主动破题

一是切实抓牢"监督责任",破解监督难题。"压力传导"监督。为让"以上率下"层层推进,确保监督责任传导到"神经末梢",制定印发了《关于落实全面从严治党治警主体责任的实施方案(试行)》及两清单,进一步明确述职述廉内容,强化结果运用。"以下看上"监督。推进管党治警主体责任向所队、向支部延伸,形成纵向到底、横向到边的责任网络,把监督责任层层分解到人,通过干部评价情况看分管领导干部"一岗双责"履行效能,通过干部问题看分管领导干部问题,真正实现"守土有责、守土负责、守土尽责"。"抓早抓小"监督。把纪律和规矩挺在前面,抓早抓小抓经常,制定《LD县公安局日常行为管理记分办法》,对于一些刚露头的小问题和司空见惯的"小毛病"早提醒、早教育。

二是切实织牢"数据铁笼",打造监督利器。聚焦"关键少数"盯紧人。通过将"一岗双责"数据化、数字化,建立岗位定责、人员履责、领导督责、系统考责、党委问责等环环相扣的责任落实链条,压紧压实监督责任。过程监督常态化。通过设立督察、法治、党建三个专人专管岗位,通过人工与系统相结合、线上与线下相结合,实现了各项工作可追溯可查询。比学赶超争进位。科学设定任务标准、完成时限、工作督办、审核把关等前置条件,对于未完成或质量不高的任务系统自动扣分并记入民(辅)警个人目标绩效档案,实现"问题、目标、结果、绩效"四结合,做到队伍管理和业务工作"两结合""双促进"。

三是切实树牢"制度刚性",永葆制度活力。完善监督措施,推动精准监督。按照"废、改、立"的原则,对现有各种规章制度进行一次全面梳理,对于不能发挥作用的,坚决予以废除,已经不适应形势和任务需要的,结合实际修订完善,将所有制度汇编成一本务实、管用、好用的制度手册。整合监督力量,提升监督效能。进一步明确法治、政工、督察、派驻纪检组、指挥中心的责任边界,形成党委抓总、权责明确、协同高效的新时代大监督格局,通过情况互通、信息共享、工作联动等工作制度,将全面从严治党治警向纵深推进。延伸监督触角,提升所队监督能力。选配各室所队教导员为督察专员,由督察大队负责推动,通过以点连线、以线扩面,有效推动全局监督工作全面发展、整体发展。

## 三、"三个转变"提质增效

一是党建工作转变。以习近平新时代中国特色社会主义思想为引领,牢牢把握"对党忠诚、服务人民、执法公正、纪律严明"总要求,坚持以党建工作为"纲",以治警、育警、强警为"目的",将党建工作全面融入队伍建设各个层面,着力在党内教育、党内约束、党内锻炼、党内关爱上下功夫,助推党建工作成效向现实战力转化,使基层组织更加坚强有力,党内生活更加严格规范,抓基层、打基础、抓党建、促队建的工作格局渐趋成型。

二是工作作风转变。初步养成了在监督下工作、生活的良好习惯,养成了法治思维和理念,自觉在法律授权的范围内开展执法办案、行政管理工作,"不敢""知止"氛围在全县公安机关初步形成;机关工作作风明显转变,无故迟到、早退、缺勤、串岗等现象得到遏制,工作自觉性增强;作风建设取得较大进展,做到了按制度办事,靠制度管人:充分发挥"头雁效应",先学一步、学深一层、先改起来、改实一点,以"关键少数"带动"绝大多数",一级抓一级,层层抓落实,切实形成"领导带头、全警参与、上行下效、整体推进"的良好局面,使全体民(辅)警进一步明确了什么该做,什么不该做,保证了已解决的问题不反弹,易出现的问题早防范,有效巩固了作风转变成果。

三是队伍形象转变。逐步形成警容风貌从监督部门一家抓到全局共同抓的格局,各所队内务管理进一步规范,树立良好的人民警察形象。将监督延伸到每个服务窗口,通过投诉电话公示和视频动态督查,促进民辅警服务水平的提升,群众对公安机关的满意度明显提高,将监督向执法环节延伸。从接出警、受立案、强制措施的实施情况进行执法监督,倒逼民警执法进一步规范,努力实现在每一起案件办理、每一起案件处理中,让人民群众感受到公平正义。

> **案例分析**

　　LD县以问题为导向、以改革破题开局,推动"管党治警"向纵深推进,主要是为了提高党的领导水平和全面从严治党治警的能力,加强对公权力的制约和监督,进一步保障人民群众的安全和幸福。这种工作机制的实施,可以有效地推动各项工作成效的稳步提升,促进全县公安工作的快速发展。具体而言,这种工作机制体现了以下学科管理:

　　一是政治学。坚持和加强党对公安工作的领导,以及增强各级领导干部对公安工作的责任和担当意识,从而实现全面从严治党治警。

　　二是组织学。建立科学合理的领导体制,健全和完善工作机制,建立"一个领导干部责任架构",从而实现公安工作的高效开展。

　　三是信息学原理。用好信息化平台,提高数据的采集、分析和应用能力,为公安工作提供科学依据和指导,从而实现智慧公安。

　　四是法学原理。通过建立健全的监督制度,防范和打击违法犯罪行为,保障人民群众的安全和幸福,从而提升公安工作的法治化水平。

　　五是社会学原理。通过加强对公权力的制约和监督,增强公众对公安工作的信任和支持,从而体现人民群众的主体地位。

## 第二节

# 加强政法智能化试点建设

党的十八大以来,以习近平同志为核心的党中央高度重视政法智能化建设。2018年中央政法工作会议召开,习近平总书记作出重要指示,要将智能化建设列为政法工作"四大建设之一"。在2019年中央政法工作会议上,习近平总书记又再次强调要推动大数据、人工智能等科技创新成果同司法工作深度融合。在2020年中央政法工作会议上,中央领导明确提出"要高标准统筹推进政法智能化建设,防止重复建设、低水平建设。加快推进跨部门大数据办案平台建设,打造一体化网上办案的高速公路"。党的十九届四中全会明确了推进国家治理体系和治理能力现代化的奋斗目标。党的十九届五中全会提出了到2035年基本实现社会主义现代化的远景目标,明确了要基本实现国家治理体系和治理能力现代化,人民平等参与、平等发展权利得到充分保障,基本建成法治国家、法治政府、法治社会。具体到政法工作方面的要求就是政法工作现代化。

2019年以来,A州政法委以政法智能化试点建设为契机,打通政法各部门信息壁垒,不断提升执法效率和质量,取得明显成效,为推进政法智能化建设提供了有益经验。2019年6月,A州被贵州省委政法委正式确定为政法智能化建设试点地区,随后该项工作在GD县、XL县正式实施。随着试点应用不断深入,"智能辅助办案系统"和"跨部门大数据办案平台"的智能化办案优势逐渐显现,民警普遍反映系统"管用、适用、好用"。

通过系统信息共享、协同办案、规范办案,执法质效明显提高,基层干警办案能力显著提升。一套完整的工作机制,一批系统操作应用技术骨干,系统的充分应用和技术固化,对于规范A州刑事司法、防范冤假错案、提升司法公信力将发挥重要作用。广大干警也从"要我用"到"我要用",系统从"能用"到"管用""适用""好用",为在全省推广政法智能化系统提供了可评估、可复制、可推广的"A州样本"。与试点工作同步,A州围绕"涉案财物电子移交,基本实现网上办案单轨制"和"庭审时物证展示电子化"

的建设思路和理念进行了积极探索和尝试,建成并投入使用了集物证、涉案财物、卷宗管理为一体的CS县、XL县"三中心平台"。延伸政法智能化建设的宽度和广度。2020年3月,省委常委、政法委书记在CS县调研时对"三中心平台"建设工作给予了充分的肯定。

2020年4月28日,全省政法智能化建设现场观摩会在XL县、GD县成功召开。省、州各级领导对A州试点工作予以充分肯定,省委政法委就试点工作及观摩会召开工作向A州委政法委发来感谢信。会后,为落实好州委书记在全省政法智能化建设现场观摩会上的讲话精神,州委于5月9日召开州委常委会,专题传达学习现场观摩会精神,研究审议贯彻落实意见,明确"1+4+N"(1:刑事案件智能辅助办案系统和政法跨部门大数据办案平台深度融合应用;4:网上执法办案"单轨制"试点、跨部门涉案物品集中管理平台建设、政务110服务平台提质升级、政法公共服务平台智能化建设;N:围绕智能化建设重点,拓展开展系列子项目建设,助推城市社会治理现代化)。A州政法智能化建设目标任务,要求A州政法部门要高度重视,持续高质量推进政法智能化建设,推动A州政法智能化建设由"试点"向"样板"转变。A州在深入推进政法智能化建设中,积极探索推进网上办案单轨制,以此为支点,带动提升A州政法智能化水平。

2020年10月,省委政法委正式明确在A州范围内启动刑事案件罪犯电子交付执行网上单轨制试点工作。A州勇立潮头,大胆探索,切实按照州委书记"各地勇于探索、积极作为"的要求抓住历史机遇,积极探索简单刑事案件网上全流程使用电子卷宗单轨制运行,着力推动网上办案单轨制试点工作,实现新时代政法工作质量变革、效率变革、动力变革,为全省推广网上办案单轨制提供"A州实践"。目前,先后吸引了江苏省南京市、广西壮族自治区贵港市、遵义市、安顺市、黔东南州、仁怀市等省内外地区政法系统到A州考察学习政法智能化建设工作。

## 一、先行先试,大胆探索促思维变革

一是及时制定方案。为深入贯彻落实全省现场会精神,根据省委政法委、州委的安排部署,州委政法委拟定《A州加快推进政法智能化建设工作方案》,明确XL县、GD县、FQ市、DY市作为网上执法办案"单轨制"试点县(市),全面开展试点工作。

二是强化组织领导。围绕"1+4+N"目标任务,根据工作职责及分工,组建五个专项工作组,进一步明确任务、细化措施、压实责任,确保各项工作推进无缝对接、精准调度,形成智能化建设更强合力。A州各级各政法单位,及时调整充实领导小组(工作专班),进一步加强对智能化建设的组织领导,扎实推进各项工作。

三是打破思想壁垒。为打破传统纸质办案的思维方式和工作方式,实现网上办案单轨制思维转型,州委政法委按照省委政法委安排部署,建立A州政法智能化建设试点工作会商制度,多次组织政法各单位召开专题会议,统一思想、抢抓机遇,以时不我待精神,积极探索推进政法智能化建设。2020年6月24日,XL县成功通过办案平台向检察院推送"XL县王某坤危险驾驶案"电子卷宗,县检察院7月2日使用电子卷宗向法院提起公诉,县法院于7月9日通过远程视频开庭方式完成了该案审理判决,成为全省首起"单轨制"案件,通过"首例"的成功实践倒逼传统办案思维从"双轨制"向"单轨制"源头转型。

## 二、蹄疾步稳,真抓实干提改革步伐

一是强化考核评价。将政法智能化建设列入平安A建设考评,加大考核分值权重,构建纵横向考核体系,以考核力促工作推动。

二是强化技术保障。加强与州大数据局、贵州讯飞公司、北京华夏电通等通力合作,共同探索人工智能、大数据等新技术应用,推动构建业务全覆盖、网络全互联、资源全共享、系统高效应用、信息安全可靠的政法智能化体系等,确保技术支撑保障到位。

三是强化资金保障。将A州政法智能化建设"1+4+N"等大数据资源共享平台建设项目,列入A州"十四五"政法重点建设项目申报。积极申报2021年省大数据发展专项资金项目入库项目,目前已完成项目入库,并获得省委政法委大力支持。积极争取将单轨制试点、政法专网建设等纳入A州贯彻落实省委数字经济"六个重大突破"的重点事项,通过多渠道申报和争取,确保建设经费保障到位。

四是强化业务培训。采取"走出去、请进来"方式,通过邀请研发公司技术人员到现场开展培训,选派业务骨干到省州参加培训,加强小教员培养,确保系统应用能力水平不断提升。积极组织开展政法智能化建设"大练兵"活动,7月28日至8月7日,A州中级人民法院开展分系统、分流程的业务系统操作应用培训,A州法院法官助理和书记员通过视频会议的方式参与了集中培训,并分别组织了实战考核。通过系统讲解固基础、考核锻炼无问题的方式,所有参训干警对相关应用操作了然于心,信息技术应用能力和刑事案件办理智能化辅助应用水平得到了切实提升。

五是强化人力保障。根据州委政法委主要领导安排部署,面向A州遴选智能化建设人才,充实到州委政法委智能化建设专班,进一步强化政法智能化工作队伍建设。

六是强化调研指导。按照"符合实际,按需建设"的要求,组织开展大调研工作,组织州直政法各部门、大数据局、公司技术人员等,深入基层办案单位及州直政法部门,开展专题调研,了解基层需求、存在问题等,进一步完善"1+4+N"建设方案,强化建设针对性、措施精准性和整体性,力求智能化建设更加贴近实战和服务实战,最大限度实现与现有业务系统融合建设、融合应用,确保智能化在提升执法规范化水平及政法工作能力水平上取得新的更大成效。XL县、GD县、FQ市、DY市作为单轨制试点单位,积极探索,通过危险驾驶等简单案件单轨制办理,为A州乃至全省实现执法办案单轨制提供了样板和支撑。

目前,DY市、FQ市、XL县、GD县分别启动部分案件单轨制办理。截至2020年10月底,A州政法机关共使用电子卷宗单轨制网上协同办案119件,其中DY市43件(均是危险驾驶案),FQ市18件(10件危险驾驶案、1件被盗案、3件盗窃案、2件强制猥亵案、2件非法持有枪支案),XL县37件(36件危险驾驶案、1件强奸案),GD县21件(17件危险驾驶案、1件妨害公务案、1件抢劫案、1件容留介绍卖淫案、1件强奸案)。

## 三、勇毅笃行,勠力同心积试点经验

A州作为政法智能化建设和网上办案单轨制的试点地区,深知推行网上办案单轨制必然面临形形色色的问题和困难,但始终坚信"办法总比困难多"。相信事物发展的道路是曲折的,但前途是光明的。如何有效推动网上办案单轨制?从调研情况来看,关键在于顶层设计和思想转变,衍生出来的主要问题就是法检公的协作合力问题会直接影响单轨制的实现与否。从实践情况来看,主要在于电子卷宗的制作推送与办案人员的业务操作能力问题。按照"各地勇于探索、积极作为"的要求,A州勇立潮头,大胆探索,在推进网上办案单轨制试点过程中,获得了一些经验,但也还存在不少问题和短板。A州严格按照省委政法委《关于开展刑事案件罪犯电子交付执行网上单轨制试点工作的通知》要求,进一步深化跨部门大数据办案平台的实际应用,提高政法机关网上协同工作质效。

一是围绕"提质扩面增效"的目标,持续推进"一系统一平台"深度融合应用,在全面应用基础上,就如何提升电子卷宗制作水平和质量、如何推动基层办案能力和案件办理质效上见成效进行积极探索。

二是持续推进政法大数据资源共享平台项目建设。为推动"单轨制"办案模式,解决目前跨部门办案平台不能同步传输案件音视频证据等问题,全面开展政法专网建设，搭建联通 A 州各级政法部门的政法专网，实现数据实时传输。结合单轨制办案需求，建立 A 州音视频数据库和跨部门涉案物品集中管理中心（平台），为推进网上执法办案"单轨制"提供硬件保障。

三是以政务 110 平台提质升级为抓手，推动政法综治大数据平台和其他数据平台数据共享，促进政法综治大数据平台应用，推进社会治理现代化。

"花若盛开，蝴蝶自来。"州委政法委将严格按照省委政法委的安排部署，紧紧抓住政法智能化建设的时间窗口和重要机遇期，坚持以只争朝夕的劲头、实事求是的态度，一抓到底，久久为功，继续全面整体加快推进政法智能化建设，全力以赴探索网上办案单轨制工作模式，确保按要求高质量完成试点任务，实现 A 州政法智能化建设"陌上花开"，力争为贵州乃至全国政法智能化建设贡献"A 州实践"的生动模式。

## 案例分析

A州政法委以政法智能化试点建设为契机，打通政法各部门信息壁垒，不断提升执法效率和质量，取得明显成效，为推进政法智能化建设提供了有益经验。其重要性体现如下。有利于实现信息的共享和互通，能够提高执法效率和质量，避免信息孤岛和重复劳动，从而有效推进政法智能化建设。政法智能化建设需要对数据进行整合和管理，通过试点建设，政法委实现了数据的整合和集中管理，为政法各部门提供了数据支持和数据分析服务，从而提高了执法效率和执法质量。政法智能化建设需要依托先进的技术手段，通过试点建设，政法委积极探索和应用新技术，如人工智能、大数据等，为政法各部门提供技术支持和创新应用，从而取得了明显的成效。核心做法主要体现的学科原理如下：

第一，综合治理是一种系统化的治理方式，强调需要综合运用法律手段、管理手段和技术手段等多种手段，综合治理社会问题。政法智能化建设作为综合治理手段之一，可以帮助政法机关更加高效、精准地管理案件信息，从而提高办案效率，维护社会稳定和公共安全，将"政法智能化建设列入平安建设考评"体现的是综合治理的学科理论原理。

第二，推动"政法智能化建设和网上办案单轨制的试点"体现了信息化和智能化技术在政法领域中的应用。通过建立智能化的信息系统，实现对案件信息的全面、实时、精准管理，提高办案效率和质量。同时，单轨制的试点也体现了简政放权和优化营商环境的原则，简化了企业和群众的办事流程，减少了时间成本，提高了司法公正和服务水平。这一举措旨在打造更加高效、便捷、公正的政法服务体系，为经济社会发展提供坚实的法治保障。

第三，推动"政法智能化建设和网上办案单轨制的试点"还体现了信息共享与协同的原则和理念。通过建立统一的信息平台，各级政法机关可以更加方便地共享和交流案件信息和办案经验，提高协同作战效能，提高整个司法体系的运转效率和质量。同时，这一举措也符合推进数字中国建设的要求，是促进数字技术与实体经济深度融合，推动经济高质量发展的重要举措。

## 第三节
## 构建"督查六法"闭环机制提升实效抓落实

近年来,贵州省A州坚持把抓督查抓落实放在更加突出位置。创新推行"两清单""三反馈""一回访"工作法,着力构建调度研判、精准督查、反馈通报、整改落实、回访暗查、考核奖惩六环相扣的"闭环体系"和"落实链条",持续解决督查、检查、考核工作中的形式主义、官僚主义突出问题,切实增强督考工作的针对性、时效性、实效性、权威性,充分调动和激发各级、各部门干事创业、争先进位的积极性、主动性、创造性,有效推动了中央、省、州各项重大决策部署落地、落细、落实。

### 一、调度研判"明方向"

建立州委、州政府重点工作调度研判机制,明确具体的调度研判内容、标准和流程,对重要会议议定事项、重要文件明确任务、领导重要指示批示拉单挂账、定期调度,认真研判各级、各部门落实工作的真实性和可靠性,督促各项重点工作按既定时间表、路线图扎实推进,并梳理出未按时间节点完成或久拖未办结的事项,客观分析问题产生的原因和症结,从中明晰A州重要工作推进落实的"中梗阻",将其纳入每月实地暗访的重点督查内容,确保问题底数清、督办方向明。

### 二、精准督查"挖问题"

按照"数量精、途径精、内容准、效果准"的原则,对重点督查事项统一研究、统一安排、统一组织,避免出现重复督查,切实减轻基层负担。坚持召开督查行前培训会,统一督查内容、口径、标准和流程,确保督查直面问题、直击要害、直达痛点。杜绝形式主义老路,坚持采取不发通知、不打招呼、不听汇报、不要陪同,直奔基层、直到现场,时间随机、地点随机、对象随机的"四不两直三随机"方式,对推进滞后、落实不力的重点工作开展"点穴式"督查,确保把问题找实、把根源挖深、把群众期待摸准,为整改落实提供精准靶向。

## 三、反馈通报"知不足"

坚持摸清情况与看透问题并重,结合日常调度和实地督查发现的问题,梳理形成见人、见物、见事,有时间、有现象、有数据的问题清单。坚持揭露问题与帮助指导并重,及时帮助分析出现问题的原因,提出解决问题的措施建议、整改要求及整改时限,形成建议清单,以便被督查对象对标对表抓好整改落实。坚持督查反馈与情况通报并重,对于督查发现的问题第一时间向具体经办人现场反馈,突出问题及时向所在地党政主要负责人反馈,整体情况及时向州直行业主管部门和州委、州政府领导书面反馈,对特别重大的问题在A州范围内进行通报,切实推动问题整改落实。

## 四、整改落实"补短板"

坚持目标导向、问题导向、结果导向,坚持"严"字打头、"实"字着力、"深"字托底,紧盯整改责任落实、问题整改推进、长效机制构建情况,督促被督查对象压实整改责任,建立整改台账,强化整改措施,实行"挂号建账、对号结账、销号下账"管理模式,认真按照问题清单及建议清单对标对表补短板,持续用力抓整改。巩固提升求长效,推动问题整改"见底清仓、销号清零",确保整改任务"事事有着落,件件有回音"。

## 五、回访暗查"防敷衍"

加大整改落实情况"回头看"力度和频度,对一些突出问题,出其不意杀"回马枪",核查反馈的问题是否真整改,机制是否真建立,效果是否真突出,是否能够举一反三、全面彻底整改。回访暗查突出深入群众,通过与当事人面对面交流,摸清摸透实际情况,真正了解群众诉求是否解决,办理结果群众是否满意,同时突出深入一线,对被督查对象提报的各种材料,到现场逐一核实,对关键数据重新提取,对关键环节重新查验,重点看解决措施是否全部落实到位,是否存在应付差事"走过场"的现象。对无法去现场调查的事项,通过查看相关文件、会议记录、领导批示、办理手续等文字资料来确定是否落实到位,着力确保督查回访的科学性、客观性和真实性。

## 六、考核奖惩"动真格"

按照"督查就是过程考核"的理念,将督查事项办理情况纳入目标任务考核范围,对落实不到位、未在规定时限完成目标任务的,予以通报和督促整改、限时办结,并在年终目标绩效考评中予以扣分,形成抓落实的倒逼机制。对拖拉推诿、敷衍塞责等导致督查考核事项办理不及时、不到位的单位和个人,予以通报批评;对督查考核事项落实不力或者完成质量较差、影响整体工作的部门(单位)及其主要负责人,提请州委、州政府分管领导进行约谈;对督查考核事项不办理或经多次督办仍没有实质性进展,造成重大不良影响的,提请纪委监委按照有关规定对相关部门或单位主要负责人进行问责。问责处理结果实行公开曝光,作为考核、评价干部的重要依据。通过构建"决策—督查—落实—考核—奖惩—用人"完整链条,做到有督考就有情况反馈,有督考就有结果运用,使督考工作的权威进一步强化,达到了以奖惩传导压力、激发动力的目的,有效确保了党委、政府重大决策和重要工作部署的贯彻落实。

## 案例分析

A州坚持把抓督查抓落实放在更加突出位置。"着力构建'调度研判、精准督查、反馈通报、整改落实、回访暗查、考核奖惩'六环相扣的'闭环体系'和'落实链条',持续解决督查、检查、考核工作中的形式主义、官僚主义突出问题",主要体现的是管理学中的PDCA循环理论。PDCA循环理论是管理学中的经典理论,全称为Plan-Do-Check-Act(计划—执行—检查—行动),也称为"矫正循环"。这个理论强调在不断循环的过程中进行优化,以达到不断改进的目的。与PDCA循环理论相比,上述"闭环体系"和"落实链条"中的六个环节也是一个循环的过程,不断地进行优化以达到解决形式主义、官僚主义问题的目的。具体来说:

首先,调度研判、精准督查、反馈通报、整改落实、回访暗查、考核奖惩这六个环节相互衔接、相互促进,形成一个完整的管理循环,以有效解决督查、检查、考核工作中的形式主义、官僚主义问题。因此,这种闭环体系和落实链条的构建体现了PDCA循环理论,即不断循环、不断改进、不断优化的管理理念。

其次,这种闭环体系和落实链条的构建也体现了绩效管理的理念。绩效管理是一种注重结果的管理方式,强调对目标的制定、对绩效的监测和对绩效的评估。闭环体系和落实链条的构建,也是对绩效管理的一种具体实践。通过调度研判、精准督查、反馈通报、整改落实、回访暗查、考核奖惩等一系列环节,可以对各项工作的进展情况进行实时监测,及时发现和解决问题,确保工作目标的实现。

再次,这种闭环体系和落实链条的构建也反映了全面从严治党的要求。全面从严治党强调以制度建设为重点,建立科学、规范、有效的制度体系,严格落实各项制度规定。闭环体系和落实链条的构建,强调各个环节之间的衔接和互动,形成一套严密的制度体系,助力全面从严治党的实施。

最后,闭环体系和落实链条的构建还体现了现代管理的思想。现代管理强调全面系统地管理组织和组织成员,以实现组织目标。闭环体系和落实链条的构建是一个系统化、全面化的管理模式,它把督查、检查、考核工作分解为多个环节,每个环节都有具体的任务和责任,这有利于更有效地实现目标,提高管理效率,增强执行力。

综上所述,闭环体系和落实链条的构建体现了PDCA循环理论、绩效管理的理念,也符合全面从严治党的要求。这种体系的建立,可以帮助有效解决督查、检查、考核工作中的形式主义、官僚主义问题,提升工作效率和质量,推动工作的顺利进行。

## 第四节

# 智慧司法服务平台建设与推广

## 一、背景概述

习近平总书记在2019年1月召开的中央政法工作会议上强调,"要深化公共法律服务体系建设,加快整合律师、公证、司法鉴定、仲裁、司法所、人民调解等法律服务资源,尽快建成覆盖全业务、全时空的法律服务网络"。为深入贯彻落实习近平总书记重要讲话精神,满足人民群众对公共法律服务建设的新要求、新期待,着力解决A州法律服务资源发展不充分、分布不均衡等突出问题,州司法局按照"普惠均衡、便捷高效、智能精准"原则,以解决A州公共法律服务资源分布不均衡为重点,突出信息技术与公共法律服务体系建设的紧密融合,创新推进A州智慧司法服务平台建设与推广应用,实现法律咨询、法律服务、法律事务"掌上学""掌上问""掌上办",让A州各族群众特别是偏远的山区群众足不出户就能办事、办成事。

## 二、构架构建

A州智慧司法服务平台主要呈现四个特点:

一是覆盖全业务。平台整合A州律师、公证、人民调解员、司法所、司法鉴定等法律服务资源,覆盖法治宣传、法律服务、法律援助、行政执法、行政复议等司法行政便民服务的全部业务内容。

二是体现全流程。平台设置多个视频咨询窗口,在线解答法律咨询、办理法律事务相关事宜,同时提供在线提交书面申请等功能。接入A州脱贫大数据库,共享脱贫大数据,经济困难群众无须提供经济困难证明,让群众足不出户就能在线办理所有业务。

三是打造全时空。平台打破时间、空间限制,让法律服务实现"一掌通办"。同时,为了满足基层农村法律服务需要,特别是解决部分群众不会使用智能手机的实际困难,A州司法行政机关已在A州109个乡(镇)1337个村(居)设立公共法律服务网络窗口。人民群众在村(居)网络窗口即可享受高效便捷的法律服务。

四是做到可视化。平台基于通信技术的快速发展,打造独具特色的可视化网络法律服务场景。人民群众可"面对面"咨询法律事项、申请办理法律事务,真正做到即时、高效、便捷。

## 三、工作成效

A州智慧司法服务平台的构建与推广应用,得到省委政法委、省司法厅、州委政法委领导的高度重视和关心厚爱,他们多次亲临一线指导工作。在上级领导和州大数据局、州农业农村局等兄弟单位的大力支持下,A州智慧司法服务平台从2020年初提出构架到现在已经多次功能升级,真正实现了法律服务"一掌通办",政治效益、社会效益与经济效益日益凸显。

一是A州智慧司法服务平台成为全省政法智能化建设的创新样本。A州智慧司法服务平台是全国首个覆盖全业务、全流程、全时空、可视化的法律服务综合平台,根据省委政法委安排部署,A州智慧司法服务平台2020年4月28日在全省政法智能化建设现场观摩会上成功展示,受到与会领导高度肯定。

二是A州智慧司法服务平台受到中央媒体的广泛关注。2020年6月18日,《人民日报》第四版在"第一落点·加强法治乡村建设"系列报道板块中以《律师在线解心结——一场被远程化解的邻里纠纷》为题,报道GD县DX镇DX村人民调解员通过A州智慧司法服务平台连线律师,成功化解一起邻里纠纷的新闻事件。中央电视台社会与法频道、《法制日报》(2020年8月1日更名为《法治日报》)、澎湃新闻、新华网、《法制生活报》(2023年6月30日更名为《贵州法治报》)等媒体对A州智慧司法服务平台的创新建设与推广应用作了宣传报道。

三是A州智慧司法服务平台受到人民群众和基层干部欢迎。A州智慧司法服务平台具备出具法律意见书、线下人民调解自动存档等功能,从沟通应用的单一性平台升级到沟通应用与智能辅助相结合的综合性平台。自2020年10月功能全面升级以来,群众通过A州智慧司法服务平台开展法律咨询1328人次、办理人民调解260件、申请法律援助98件,推广应用取得初步成效。

## 四、创新经验

A州智慧司法服务平台的建设与推广应用,引起广泛关注,不是因为运用高科技的技术手段,而是真正把成熟的信息技术与司法行政工作业务场景有机结合。创新成果与中央全面依法治国委员会办公室提出的法治乡村建设思路相契合,与欠发达地区法律服务资源分布不均衡相适应,开辟了一条基层法律服务体系信息化建设的创新路径。

一是坚持系统思维。明晰职能定位,突出信息技术为业务工作服务这个核心,不炒作信息技术概念,真正把钱花到刀刃上,以人民群众满意不满意、方便不方便、实用不实用作为工作的出发点和落脚点,系统谋划智慧服务平台的功能设计、技术支持和后台管理,与其他地区单纯的调解软件、学法软件有明显区别。

二是坚持问题导向。公共法律服务体系信息化建设要真切回应基层干部群众的诉求,真正帮助干部减轻工作压力、提高便民服务水平。A州智慧司法服务平台在GD县、XL县、XA县深度试点、反复酝酿、集思广益,充分听取基层司法行政干部、人民调解员、律师、公证员以及部分群众的意见和建议,充分考虑服务平台推广应用可能存在的问题和困难,不断完善和丰富功能设置,满足了具体实践要求。

三是尊重客观规律。政法智能化建设目前在学术界有争议,有专家认为,目前我国法律不完善,法律实务形成的案例不足以指导未来案件的审理、办理工作,以当前法律和以往案例作为数据支撑的政法智能化建设必然导致更多的错案错判。A州智慧司法服务平台去除案例数据化的弊端,主要构建法律服务主体和服务对象的网络沟通场景,服务水平、价值判断、法律适用依旧依赖律师等服务主体自身的综合素质,尊重了法律服务工作的客观规律,有效避免了信息技术无法进行价值判断的不足。

> **案例分析**

　　一方面，推动"智慧司法服务平台建设与推广"体现了信息化和服务型政府的理论原理。首先，信息化理论认为，在数字化和网络化的时代，信息技术已经成为推动现代社会发展的重要力量。智慧司法服务平台的建设和推广，就是在充分利用信息技术的基础上，提升司法服务的质量和效率，实现智能化的司法服务。这符合信息化理论的核心思想，即通过信息技术的应用，提升组织的生产力和管理效率，推动社会的发展。其次，服务型政府理论认为，政府应该以服务为中心，以公民、企业和社会组织的需求为导向，提供优质、高效、便捷的公共服务。智慧司法服务平台的建设和推广，正是以满足司法服务对象的需求为目标，通过信息技术和数据化手段，提供更加智能、高效、便捷的司法服务。这体现了服务型政府理论的核心思想，即政府应该注重公共服务的质量和效率，以满足公众的需求，提升政府的公信力和形象。

　　另一方面，推动"智慧司法服务平台建设与推广"体现了计算机科学、信息科学、人机交互、数据挖掘等学科原理。首先，计算机科学是智慧司法服务平台建设的核心学科，涉及平台的软件设计、系统架构、网络安全、数据库管理等多个方面。平台的功能、性能、稳定性和可扩展性都离不开计算机科学的支持。其次，信息科学是智慧司法服务平台建设的重要支撑学科，包括信息处理、信息传输、信息储存、信息安全等方面。平台需要对大量的司法信息进行处理、储存和传输，同时对信息进行保密和安全的保护，这都需要借助信息科学的理论和方法。再次，人机交互是智慧司法服务平台建设的重要考虑因素，平台的界面设计、使用体验、交互效率等都需要考虑人机交互的原理。所以，人机交互学是智慧司法服务平台建设需要依托的重要学科。最后，数据挖掘是智慧司法服务平台建设中的重要技术之一，通过挖掘大量的司法数据，发掘其中的规律和趋势，为司法决策和服务提供支持和参考。故而，数据挖掘学是智慧司法服务平台建设的重要支撑学科。

# 第五节

## 人民法院"两个一站式"建设项目

近年来，A州中院认真贯彻落实党中央的系列会议精神，始终坚持司法为民、公正司法的工作主线，扎实开展一站式多元解纷机制建设和一站式诉讼服务中心建设，全面落实案件繁简分流，有效提高社会矛盾纠纷化解效率，不断提升营商环境法治化建设水平，深入推进审判体系和审判能力现代化，实实在在为群众提供了优质、高效的司法服务，建成了设施完善、软件规范、功能齐全、特色鲜明、成效显著的诉讼服务中心，打造了全省法院"两个一站式"建设的标杆。

## 一、项目概况

2018年5月前，受条件所限，州法院诉讼服务中心在不到20平方米的狭小办公区，只设置了两个服务窗口，一个立案一个移交上诉卷宗，完全不能满足日常工作需要，当事人或代理人常常排着长队。2018年5月后，州法院迁移到新办公地点，高度重视司法服务，科学设立相关标准，于2019年8月30日，印发《关于建设一站式多元解纷机制一站式诉讼服务中心的实施方案》，同年11月29日印发《关于建设一站式多元解纷机制一站式诉讼服务中心的实施办法（试行）》，统筹两级法院诉讼服务中心建设，全面提升诉讼服务水平，通过不断强化司法为民工作理念，坚持"面向群众、面向基层、面向实际"的原则，认真落实各项服务举措，紧跟时代进步节奏，把握社会发展趋势，进一步建立健全诉讼服务体系，持续优化诉讼服务，通过升级诉讼服务中心，集宽敞明亮的诉讼服务大厅、快捷顺畅的网络诉讼服务体系、诉讼服务热线于一体的一站式多元解纷机制和一站式诉讼服务中心，增强了法院解决纠纷和服务群众的能力，实现了从简单的诉讼服务中心到一站式多元解纷、一站式诉讼服务的跨越。

## 二、主要做法

### （一）一站式多元解纷机制

一是健全机制建设。目前已与信访、司法、公安、劳动人事、卫生、工商联、保险、银行等十余个政府部门和行业组织对接，建立诉调对接和纠纷化解平台，奠定多元解纷基础。优化升级多元化纠纷解决机制"112"模式，在推进乡村振兴、城市治理方面形成了涵盖2个诉调对接措施、2个纠纷化解组织、2种服务方式、1个示范抓手的人民法院诉源治理的"2221"模式，有效实现矛盾纠纷预防在源头、化解在当地，取得了机制运作成本低、纠纷化解效率高的良好效果。

二是优化司法资源配置。坚持走精英化、专业化道路，通过调整党组班子分工，加强两个一站式建设人、财、物保障，配齐配强司法资源，从民商、执行等部门共抽调16名人员充实诉讼服务中心工作力量，在诉讼服务中心组建诉调对接中心、速裁组、送达组、保全组、鉴定组等团队，现诉讼服务中心工作人员有46名，是全院人数最多的部门。

三是完善"分调裁审"。建立健全机制，制定《关于案件繁简分流优化司法资源配置的实施办法（试行）》，并开发"自动分案系统"，由系统自动识别案件繁简并分转案件，实现"繁案精审、简案快审、诉前必调、诉中转调"的效果。

### （二）一站式诉讼服务体系建设

通过建立厅、网、线为一体的立体化诉讼服务中心，为人民群众提供诉讼全程业务一站通办、一网通办、一次通办的诉讼服务。

一是加强诉讼服务信息化建设。1.完善诉讼服务网建设。打造依托大数据、云计算、人工智能、物联网等信息技术，贯通大厅、热线、网络、移动端通办诉讼全程业务的"智慧诉讼服务"新模式。扩展网上服务功能，全面应用"中国移动微法院"，打通当事人身份认证通道，提供网上引导、立案、交费、查询、咨询、保全、庭审、申诉等，为人民群众提供诉讼服务全程业务一网通办服务。2.开通网上缴费退费。与农行和州财政局沟通对接，开通网上缴费退费功能，方便当事人。制定《网上交退费工作规范》，并按照本院《诉讼费用退费及追缴办法（试行）》的规定做好胜诉退费和败诉诉讼费追缴的工作。自2019年6月17日开通以来，2019年共网上交费1339件，3641838.62元，2020年1829件，4558373.77元。3.开展网上立案和跨域立案。设立网上立案、跨域立案共用窗口1个，由1名专门人员负责，配备专门内外网电脑、平板电脑、打印机各1

台。依据A州中级人民法院《关于跨域立案工作的若干规定(试行)》,在跨域立案系统和网上智能法院系统基础上,进行优化升级,窗口整合,与最高人民法院的"中国移动微法院"手机微信小程序进行对接,完善相关功能。自2019年12月中旬起,依托"中国移动微法院"小程序,通过移动微法院网上立案22件、跨域立案8件。另外,自2017年开始,州法院已经在A州实行跨域立案工作,制定前述"若干规定",并与第三方公司合作开发内网跨域立案系统,实现A州法院一审民事、行政案件立案远程办理和二审民事、行政案件跨层级办理。总共实行一审跨域立案115件,二审跨域立案1980件。目前,二审跨域立案工作仍在开展,并不再移送一审纸质卷宗。4.实行网上信访。客观、准确、及时登记录入信访系统,对信访事项进行甄别,属于"诉"的事项,分流到相关部门限期办理;属于"访"的事项,进行信访复查,向信访人反馈意见;不属于本院管辖的,告知向有管辖权的法院或有权处理机关反映;信息不全无法甄别的,材料留档备查;信访人既不是案件当事人、当事人近亲属或案件利害关系人,也不是委托代理人的,或者已经最高人民法院裁决或已经信访终结的,告知不予受理。2019年至今,网上信访共办结案件461件。5.开展网上电子阅卷。设立电子阅卷室1间,配备管理人员1名,负责提供全院一、二审民商案件、行政案件的电子阅卷服务,民事、行政审判业务不再提供纸质阅卷。配备3台自助查询电脑、3台打印机,制定《电子阅卷规则》,规范服务工作。安装A州法院系统档案查询系统。当事人或者委托代理人需查询档案时,由管理人员联系对接并授权,实现电子阅卷,申请人有复制案件材料需要的,可打印提供纸质材料复印件。方便当事人或委托代理人阅卷,减少法官与助理的工作量。

二是实行审判辅助事务集中的高效办理。1.成立送达组,开展集中送达工作。由3名法官助理或者书记员组成,人员从诉讼服务中心现有人员调配,再从法警队抽调1名法警,负责全院民事、行政一审案件原告、被告的首次送达,之后程序的送达由审判业务庭负责。2.集中保全、委托鉴定事务和执行审查集中办理。在诉讼服务中心新增设立保全、委托鉴定服务窗口,统一接收申请保全、委托鉴定材料。配备1名窗口人员,由诉讼服务中心负责诉前保全、执行前保全、诉中保全的审查,保全执行、委托鉴定、执行异议、执行复议的审查,执行信访等工作。3.辅助性事务面向社会购买服务。为建立集约型服务中心,最大限度发挥有限的司法资源作用,将辅助性事务通过招投标程序面向社会购买服务。由本院提供办公场所,第三方公司提供人员及相关装备、技术,入驻本院。将卷宗扫描、装订等辅助性事务通过购买社会化服务方式外包;按照本院制定的《诉讼材料随案同步生成扫描归档办法(试行)》《电子卷宗制作使用规定(试行)》,开展好诉讼材料的随案生成、上传和卷宗扫描、装订归档工作。目前,已扫描上传759576页,装订8437案。

## 三、主要成效

已建成集诉讼服务大厅、诉讼服务网、诉讼服务热线为一体的立体化诉讼服务体系,为人民群众提供诉讼全程业务一站通办、一网通办、一次通办的诉讼服务,为当事人和诉讼参与人提供了全方位的诉讼服务。

整体格局上"导诉服务区、立案服务区、调解服务区、信访服务区和综合服务区"五个功能区改造完成;依托大数据、云计算、人工智能、物联网等信息技术,贯通大厅、热线、网络、移动端通办诉讼全程业务的"智慧诉讼服务"新模式也已成熟,并能做到融合网上交退费、网上立案、跨域立案、网上信访、网上电子阅卷等功能为一体,提供审判以外的一网通办诉讼服务。同时,成立送达小组负责送达,实行集中保全、委托鉴定事务、审查集中办理,通过外包卷宗扫描装订等解决"案多人少"难题。诉讼服务中心内部宽敞明亮,标识清晰,设施齐备,功能分明,具有文化特色鲜明、信息化程度高、服务优质温馨等特征,是建设和服务水平较高的诉讼服务场所。2019年,根据最高人民法院诉讼服务中心体系质效评估系统显示,某中院诉讼服务中心体系质效评估排名位居全省第一。

州法院诉讼服务中心因一站式多元解纷诉讼服务体系建设成效显著,先后被某地精神文明指导委员会、中共某地直机关工作委员会评为"州级文明窗口";被评为某法院系统先进集体,荣获集体三等功;诉讼服务中心被评为某法院系统创新示范项目;1人获得最高人民法院全国法院先进个人称号;11人受到州级表彰;1人当选为贵州省第十二次党代会代表。2020年7月28日,A州中级人民法院获评为"全国法院一站式多元解纷和诉讼服务体系建设先进单位",并被最高人民法院在全国通报表扬。

## 📁 案例分析

人民法院扎实开展一站式多元解纷机制建设和一站式诉讼服务中心建设，打造"两个一站式"建设项目，主要目的在于提升司法服务质量和效率，落实以人民为中心的发展思想，实现智能化、便捷化、高效化的司法服务。这体现了服务型政府理论的核心思想，即政府应该以服务为中心，以公民、企业和社会组织的需求为导向，提供优质、高效、便捷的公共服务。同时，这也涉及多个学科原理，包括信息科学、计算机科学、人机交互、心理学等。

首先，信息科学和计算机科学是打造"两个一站式"建设项目的重要支撑学科。这些学科在平台的软件设计、系统架构、网络安全、数据库管理等方面都提供了重要的理论和方法，保障了一站式多元解纷机制和一站式诉讼服务中心的信息化和数字化建设。

其次，人机交互是打造"两个一站式"建设项目的重要考虑因素。为了改善司法服务的用户体验和提高交互效率，需要考虑人机交互的原理，优化平台的界面设计、使用体验等，提升用户的满意度和参与度。

再次，心理学是打造"两个一站式"建设项目的重要参考学科。一站式多元解纷机制和一站式诉讼服务中心都涉及司法服务对象的心理需求和情感体验，因此需要借助心理学的理论和方法，通过沟通、引导、协商等方式，提高司法服务对象的参与度和满意度。

最后，打造"两个一站式"建设项目还涉及法学和司法实践的原理。一站式多元解纷机制和一站式诉讼服务中心都是基于法律体系和司法实践的，需要遵循法律原则和程序，保障司法公正和合法性。

因此，法学和司法实践的理论和方法在此过程中也是不可或缺的。打造"两个一站式"建设项目的目的在于提高司法服务的效率和质量，使司法服务更加便捷、高效、智能、人性化。总之，在这个过程中，多个学科原理相互交织，相互支撑，共同推动着司法服务的不断升级和优化。

## 第六节

# 坚持"四个突出",实现"五个转变"

"七五"普法以来,A州围绕打造民族地区创新发展先行示范区,以宪法及相关法律和党内法规为重点内容,以国家工作人员和青少年为重点对象,以"法律七进"活动为重要载体,以落实国家机关"谁执法谁普法"责任制为重要抓手,以法治文化建设和法治创建活动为切入点,坚持"四个突出",推动普法工作实现"五个转变",夯实全民守法群众基础。

## 一、坚持"四个突出"

### (一)突出普法工作保障机制建设

及时制定A州"七五"普法规划,调整充实A州普法工作领导小组,听取专题工作报告,明确职责分工,建立健全了党委领导、人大监督、政府实施、政协支持、部门负责、社会参与的普法工作机制和经费保障机制。

### (二)突出基层法治宣传队伍建设

一是组建了百人"七五"普法讲师团和千人法律讲习员队伍,以"新时代农民(市民、工人)讲习所""新时代文明实践中心(站)"等为阵地开展法治宣传宣讲,传播法治理念。

二是与贵州民族大学长期合作,先后共招募了560余名法学专业学生组建大学生普法志愿者队伍,派驻到12个县(市)负责到各社区(村、居)上门入户开展巡回法治宣传。

三是全面推行农村法治宣传教育专员制度。结合乡村振兴工作,明确驻村"第一书记"和工作人员同时担任各村和社区法治宣传教育专员,经培训后负责所驻辖区的普法工作。

四是由州委政法委牵头,司法、团委、民政等相关部门协作,组建了州、县(市)两级青年普法志愿者队伍,大力开展"法治文化基层行"服务活动。

### (三)突出以宪法为核心的国家法律法规和党内法规学习宣传

一是深入学习宣传习近平总书记全面依法治国新理念新思想新战略,推动在知行合一上下功夫。

二是坚持把学习宣传宪法摆在首要位置,落实领导干部宪法宣誓制度。

三是大力学习宣传国家基本法律法规。

四是强化党内法规学习宣传。

### (四)突出重点对象的法治宣传教育和培训

一是聚焦"关键少数"的学法用法,建立国家工作人员旁听庭审制度,坚持A州干部职工年度在线学法和统一考试制度,参学参考人数从2016年的64103人增加到2020年的108758人。

二是突出"重要多数"的法治教育,家庭、学校、政府、社会"四位一体"的青少年法治教育格局得到进一步强化。

三是关注其他群体的法治宣传,开展了"非公企业普法行""防治疫情、法治同行"等不同主题的专项法治宣传活动。

## 二、实现"五个转变"

### (一)推动落实国家机关"谁执法谁普法"责任制要求,使普法工作实现了从协调部门"独唱"向职能部门"合唱"转变

A州各级各部门在加强干部职工法治教育培训的同时,积极面向社会公众开展法治宣传。

一是结合部门业务推进开展法治宣传。

二是建立宣传警示教育基地等开展法治宣传。

三是发布典型案例进行法治宣传。

## （二）加强法治文化建设，使普法工作实现了从"说教式"宣传向"渗透式"宣传转变

为充分发挥"文化和民"润物无声的作用，启动了"一村（社区）一法"法治宣传栏建设等工作，先后建成了W县清莲湖法治文化公园等一批基层法治文化阵地。A州广播电视台的《12讲法》、《A日报》的"平安"等栏目成为地方法治宣传的品牌栏目。启动了"一县一影"微电影普法行动，5年来组织创作并播出《一路同行》《重生》等法治微电影和《无声的国歌》《宪法的力量》微视频及《法律人人要学》MV等68部法治文化作品并广泛展播，先后有6部作品在近年的全国法治动漫微电影展播评比中获奖，有7部作品在全省首届"我与宪法"微视频展播评比中获奖，抽象的法律法规通过群众乐于接受、易于理解的形式来演绎，寓"法"于各种文化活动之中，让群众在潜移默化、耳濡目染中受到法治教育。

## （三）加强新媒体新技术的运用，使普法工作实现了从"平面式"向"立体化"转变

一是打造地方普法网络集群进行普法。A州依托政务微信开通州、县（市）两级普法微信公众号，相关部门单位在门户网站、政务微信中设置法治专栏，及时发布新法解读、典型案例等法治类信息。

二是借助新技术实施云上普法。某县研发"法律E家"平台搭建了全省首个农村电子普法站，并进行标准化推广建设，让群众可远程向法官、律师、公证员视频咨询法律问题；HS县研发"法律E点通"手机App，让基层干部群众有了"掌中法律宝典"，有法律问题可随时点击；州司法局搭建的"法治黔南·智慧司法"云平台开办了"远程普法课堂"，可实现州、县（市）、乡、村四级联动，开展农村"法律明白人"培训、"法律进校园"法治宣讲等活动。

三是运用城乡公共场所电子显示屏普法，多渠道向群众推送各类法律知识。

以上举措的实施使普法实现了从传统摆摊设点发放资料宣传向多种渠道、多种手段、多种方式协同推进转变。

## （四）推动法治宣传与法律服务相结合，使普法工作实现了从"展示灌输"向"服务运用"转变

一是加快公共法律服务体系建设。在县（市）建设有公共法律服务中心、镇（乡、

街道)有工作站、村(社区)有服务室,让群众能就近咨询和解决日常生活中的法律问题。

二是全面推行党政部门和一村(社区)一法律顾问制度。目前已基本实现全覆盖,法律顾问结合参加决策会议、帮助审查协议、参与矛盾纠纷调解处理等工作,通过提出法律意见书、指导依法建章立制等开展法治宣传。

三是在乡村振兴中实施精准普法。实施"148"法律援助精准助农工程,围绕确保脱贫户不因涉法问题返贫"一个目标",实施法律素质提升等"四大行动",为脱贫群众提供免费代理各类案件等"八项服务",帮助群众解决生产生活中具体的涉法问题。4年来共培训了农村"法律明白人"18.6万余人,为困难群众办理法律援助案件13059件,提供法律咨询38181人次,调解民间纠纷43061件,共计为脱贫群众免除各类法律服务费用达7524.8万元。学用结合,让群众切身感受到了法律才是真正的"靠山",从而更加信仰法治。

### (五)法治宣传与法治实践相结合,使普法工作实现了从"单一宣传"向"依法治理"转变

一是持续推进法治政府建设。从依法全面履行政府职能、完善依法行政制度体系、推进行政决策科学化民主化法治化、全面落实"三项制度"等方面入手,全面开展法治政府建设及示范创建活动。

二是持续推进行业依法治理。按照"放管服"要求,以深化政务公开、优化公共服务、清理权责清单和证明事项等为切入点,深入开展"依法治校示范学校"创建等行业和部门依法治理活动,服务和保障民生。

三是持续推进精神文明建设和基层民主法治创建。5年来A州共命名628个州级精神文明单位(包括窗口、校园、乡镇等在内),建成8个国家级、82个省级、95个州级民主法治示范村(社区),建成116所州级依法治校示范学校等。以地方依法治理为主体、行业依法治理为支柱、基层依法治理为基础的多层次多领域依法治理不断深化。

通过"七五"普法,A州法治宣传教育工作机制进一步健全完善:以宪法为核心的国家法律法规和党内法规在A州得到了广泛学习宣传,干部群众遇事找法、办事依法、解决问题用法、化解矛盾靠法的法治观念明显增强;全体党员党章党规意识和国家工作人员运用法治思维和法治方式的能力明显提高,政府部门行政复议案件纠错率和行政诉讼案件败诉率总体呈下降趋势;A州刑事案件发案率逐年下降,社会面大局稳定,各族干部群众法治建设的获得感、幸福感、安全感明显增强;守法光荣、违法可耻、崇法向善、循法而为的社会氛围正在形成。

## 案例分析

　　A州以落实国家机关"谁执法谁普法"责任制为重要抓手,以法治文化建设和法治创建活动为切入点,坚持"突出普法工作保障机制建设、突出基层法治宣传队伍建设、突出以宪法为核心的国家法律法规和党内法规学习宣传、突出重点对象的法治宣传教育和培训",推进法治建设,完善法治保障体系,提高公民法律素养,增强全社会的法治意识和法治信仰。同时,推动普法工作实现"五个转变"。这些转变的理由在于提高普法工作的效率和质量,使公民更好地了解法律,提高法律素养,牢固树立法治信仰,促进法治建设的进程。这体现了服务型政府理论的核心要求,即以公民为中心,以服务为导向,为公民提供优质、高效、便捷的公共服务。同时,这也涉及多个学科原理,包括法学、社会学、心理学等。具体分析如下:

　　首先,法学是推进法治建设的重要支撑学科。法律是法治建设的基础和核心,法学的理论和方法在法治建设中发挥了重要的作用。开展以宪法为核心的国家法律法规和党内法规学习宣传,可以提高公民的法律素养,牢固树立法治信仰,促进全社会的法治化进程。

　　其次,社会学也是推进法治建设的重要支撑学科。法治建设需要社会的支持和参与,社会学可以提供对社会结构、社会组织、社会行为等方面的分析和理解,为法治建设提供重要的参考和支持。

　　最后,心理学也是推进法治建设的重要支撑学科。法律意识和法治信仰的形成涉及公民的心理需求和情感体验,因此需要借助心理学的理论和方法,通过法治宣传教育和培训,引导公民形成正确的法律意识和法治信仰,增强对法治的认同和支持。

　　综上所述,推进法治建设需要多个学科的支持和参与,其中法学、社会学、心理学等学科的理论和方法都是不可或缺的。

## 第七节
## "三全"构建标准化执法办案

2020年以来,DY市紧盯执法办案环节的顽瘴痼疾,把执法办案管理中心建设作为深化执法规范化建设的突破口,借助大数据科技和信息化手段,打造执法办案标准化的"生产车间",不断提高执法质量、执法效率和公信力,努力让人民群众在每一项执法活动、每一起案件办理中都能感受到社会公平正义,实现智能化、规范化、一体化执法办案新格局。自2020年8月建成投入运行以来,全市共办理各类案件303起,处理违法犯罪嫌疑人383人,实现案件办理"零差错"和执法安全事故"零发生"。10月13日,A州执法规范化建设工作现场会在DY市召开,DY市执法办案"一体化运行"模式获A州人民政府副州长、州公安局局长的高度肯定并在A州学习推广。

## 一、全信息执法办案

一是智能化指挥调度。为一线民警配备4G执法记录仪、350兆数字集群对讲机和警务通。与民警个人信息绑定,每个执法单位配备工作站,健全使用工作制度,突出接报警情"全量录入",接到群众报警实时录入接处警系统,音视频资料存档备份,作为案件档案的组成部分。在市指挥中心搭建4G执法记录仪远程管理控制平台,远端控制摄录、实时调取画面、直接协助沟通,纠正民警不规范行为,同时运用人脸识别功能及时精准获取出警对象信息资料,支撑一线执法。

二是一体化案件审讯。建成集办案、案件管理、涉案物品管理、健康检查、心理矫治、律师会见、合成作战及智能辅助等功能于一体的"一站式"办案中心,科学设置信息采集室、办案区、辨认室、讯(询)问室、物证室等40个功能间,使用面积2522平方米,安全防范装置、报警监控和同步录音成像设备全覆盖,明确全市所有刑事案件和裁决拘留的行政案件全部进驻中心办理,实行统一登记、统一人身检查、统一信息采集、统一实施看管、统一监控办案、统一安全管理等"一站式"集中管理,通过智慧办案管理系统的音视频同步传输功能，审讯指挥员实时观看到审讯画面，听到审讯对话，查阅电子笔录，进行精准指导，实现办案规范化、审讯便捷化、授权自动化、职能前置化。

三是集约化物证管理。涉案财物由执法办案管理中心统一登记、储存、管理，建成集涉案物品管理、未破案检察管理于一体的功能室，附属涉案车辆集中管理，运用物联网技术、大数据处理技术构建智能、安全、规范的涉案财物追溯管理平台，在涉案财物动态流转中实现对封装、保管、移送、退还等环节的涉案财物物联化、作业标准化和管理智能化。聚焦标准化封装，建立电子身份、标准化存放、随案处理提醒、出入授权检测、涉案财物处理等关键环节，为公、检、法"一体化"涉案财物管理及远程示证提供坚实保障。

## 二、全流程服务保障

一是法治指导前移。法治大队进驻执法办案管理中心办公，统筹中心运转。全流程参与中心案件办理。法治民警与办案民警案前会商，充分利用智能辅助办案系统的取证指引、证据链判断等模块功能，制作"一案一提纲"，并在后台参与审讯，全程协助指导，实现"案前有会商、审讯同步上、程序严把关"。同时，检察官入驻办案中心，提前介入，提供咨询，引导依法依规侦查取证，形成"一盘棋"，下好"先手棋"。

二是合成作战支撑。整合情报、网安、刑侦、法治力量和资源，组建合成作战专班，实现5分钟集结，发挥专业警种优势，为办案提供跨警种、跨平台信息深度挖掘。对重大案件涉案人员的基本信息、社会关系、活动轨迹、社会资源等大数据进行分析研判，为一线办案部门侦查破案、深挖犯罪提供强有力的信息支撑。同时，建立前方讯问人员与后方合成作战中心的即时联系，实现需求即时满足、指导意见即时推送，从源头上落实对执法核心要素的规范化、精细化管理，形成法治引领、问题导向、改革创新的管理新模式。比如，受害人王某某在期货App投资理财被诈骗107万元巨款，DY市成立专案组全力侦破案件，最终在HN省XZ等地抓获该诈骗团伙6名主要嫌疑人并押解回DY，带入执法办案管理中心办理。法治大队同步上案，指明审讯方向，中心启动5分钟集结合成作战机制，迅速获取犯罪嫌疑人活动轨迹、社会关系等信息资料，实时推送给办案民警，审讯工作迅速突破，案件高质高效完成证据收集，形成证据链，为快侦、快捕、快判奠定了基础。

三是医疗检验同步。在执法办案管理中心配置检验室，配备先进医疗器械，与专业医疗机构合作，医务人员进驻中心，将嫌疑人血压、胸片等五项健康体检工作引进到中心,体检时间由原来的1~4小时缩短到20分钟,避免了嫌疑人在体检途中可能出现的脱逃、自伤和自残等执法风险隐患,破解了嫌疑人员"体检难"问题,提升了办案效率,实现"一站式"办案。

## 三、全闭环监督管理

一是系统化监管。实行指挥长每日调度工作机制,指挥长对当日接处警逐一电话回访,检查纠正接处警执法过程不规范、不作为、乱作为、慢作为等问题,同时对受立案情况进行监督。强化信访案件评查,及时信访接访、督导跟踪、分析研判、梳理问题,在督促责任部门和责任人进行整改的同时,向执法办案部门进行通报,举一反三,自查自纠。设立监督投诉平台,24小时在线接收手机短信、微信举报投诉,受理民(辅)警在执法办案中是否公正规范、推诿扯皮、有警不接、有案不查,在服务群众中是否存在"吃、拿、卡、要"等情况反馈意见,及时查处民警违法违纪问题。

二是专业化监管。设立检察官联络室,将检察监督触角延伸到执法办案一线,推进检察机关侦查监督活动由事后监督向实时、动态监督转变,促进执法办案质量与法律监督效果"双提升"。法治部门将执法监督前移,消除执法活动各环节的盲区,堵住漏洞,避免滥用强制措施或案件降格处理或不处理等人情案、关系案的发生。坚持专业力量介入开门评案,由市委政法委执法监督科、市司法局及律师事务所对案件办理质量进行评查,对评查出的问题逐一梳理,及时提出整改建议,建立健全长效机制,提升案件办理工作质效。建立执法办案部门交叉评案机制,每月组织案件点评会,评选"最优案件""最差案件",以案说法、以案促学。全市规范化执法办案水平以及执法效能、执法质量和执法公信力明显提升。

三是可视化监管。紧紧围绕"警情、案件、人员、财物、卷宗、场所"六大核心要素,依托智慧办案管理平台、3D定位可视化子系统、一体化运维管理子系统对执法办案活动全过程实现智能化管理。157个高清监控摄像头实时监控办案中心的任何一个部位,实现360度无死角、无盲区,执法民警与嫌疑人的一言一行、一举一动全留痕、可追溯。全程监督民警办案程序、行为,保障行为人人身安全及必要饮食,以硬件倒逼软件,以环境塑造行为,使规范执法成为民警的刚性约束和自觉行动。

## 📁 案例分析

  A州构建全信息执法办案、全流程服务保障、全闭环监督管理的"三全"标准化执法办案,是指在执法办案过程中,通过信息化手段实现全流程的监督和管理,同时提供全流程的服务保障,达到全程标准化执法办案的目标。其中,"全信息执法办案"是指通过信息化手段实现执法办案的全程信息化管理;"全流程服务保障"是指在执法办案的全流程中,为当事人提供全方位、全过程的服务保障;"全闭环监督管理"是指通过监督和管理机制,实现对执法办案全过程的全面监督和管理。采用这种执法办案模式的理由在于提高执法效率和质量,保障当事人的合法权益,提升司法公正度和信任度,促进社会稳定和谐。这种执法办案模式体现了信息技术、管理学、法学等多个学科的原理。具体分析如下:

  首先,信息技术在全信息执法办案和全流程服务保障中发挥了关键作用。信息技术的应用,可以实现执法办案的全程信息化管理,提高执法效率和质量,同时为当事人提供全方位、全过程的服务保障。

  其次,管理学在全闭环监督管理中发挥了关键作用。通过建立完善的监督和管理机制,可以实现对执法办案全程的全面监督和管理,保障司法公正和合法权益。

  最后,法学作为执法办案的核心支撑学科,也对这种执法办案模式有着深刻的影响。通过全流程标准化执法办案,可以提高执法的规范化和标准化水平,同时保障当事人的合法权益,促进司法公正,提高信任度。

  综上所述,构建全信息执法办案、全流程服务保障、全闭环监督管理的"三全"标准化执法办案,是一种旨在提高执法效率和质量,保障当事人的合法权益,提升司法公正度和信任度的执法办案模式。这种执法办案模式涉及信息技术、管理学、法学等多个学科的原理,要求通过信息化手段实现全程信息化管理,建立完善的监督和管理机制,提高执法的规范化和标准化水平,同时保障当事人的合法权益,促进司法公正度和信任度的提升。

# 第四章
# 改革创新篇

# 第一节

## 探索"12345"脱贫攻坚普查工作机制

2020年,HS县被列为贵州省开展国家脱贫攻坚普查综合试点县。为全面做好综合试点各方面工作,切实为全国全省在完善普查方案、积累普查经验等方面提供有力借鉴,HS县先试先行,围绕普查任务和指标要求,探索形成了"12345"工作机制,得到中央和省、州认可并进行推广。

### 一、吃透"一套体系指标"

围绕脱贫攻坚普查综合试点66个到户指标、58个到村指标和42个到县指标,对7000余名县镇村干部、网格员、普查引导员开展普遍培训,到户指标主要反映贫困群众"两不愁三保障"实现情况、政策落实情况和帮扶责任到位情况。到村指标主要反映村级基本公共服务水平、基础设施完善程度、经济发展水平、基层党组织战斗力等方面。到县指标主要反映基本公共服务水平、政策享受等方面。围绕这些重点内容,将普查指标逐一分解到业务部门,各部门对照业务指标逐一落实,全力做到底数清、档卡清、政策清。将试点村全员人口划分为建档立卡户、建档立卡边缘户、非建档立卡边缘户、失联户、易地扶贫搬迁户、举家外出户6个农户类型,采取分类管理,精准掌握第一手信息数据,核准普查数据底册。围绕建档立卡户清查摸底内容,对6类人群各类档卡资料进行更新完善,实现应收尽收、佐证有力、规范统一,做到"线上线下"数据"账账相符"。开展村级排查、镇级核查和县级比对,逐一对所有农户采取"三看"(看居住环境、看生活状况、看精神面貌)、"四问"(问人口、问收入、问政策、问变化),全方位清查农户所享受的到户政策,针对薄弱环节进行再巩固,确保所有政策不落一户、不落一人,全部落实到位。

## 二、突出"两个导向"

一方面,紧扣过程导向。进一步夯实帮扶成效、全面核实档卡资料、落实氛围营造、抓实成效宣传,确保脱贫攻坚的过程扎实、结果真实。严格按照习近平总书记精准扶贫、精准脱贫的要求,围绕"三精准""三保障""三落实",抓实党政线、帮扶线、业务线、监督线"四线责任",多轮次开展脱贫成效"回头看",确保实现工作务实、过程扎实。另一方面,坚持结果导向。盯紧责任、政策和工作"三落实",对所有建档立卡户"两不愁三保障"和县、村指标实现程度进行再核准,将建档立卡户享受过的教育、医疗等方面的帮扶内容进行系统编辑,生成"二维码"挂牌上墙,广泛接受群众监督,确保脱贫结果真实,经得起历史和人民检验。

## 三、强化"三个支撑"

一是强化基本公共服务支撑。重点围绕巩固贫困村出列、贫困户脱贫的主要指标,找准有力支撑,动态补齐短板,持续巩固提升。围绕安全饮水、通村通组串户路、卫生室、幼儿园、垃圾处理等民生保障基础设施,深化贫困村"六个有"、30户以上自然村寨"六个一"机制,健全和完善管护措施,农村基础设施从用得好向管得好转变;进一步健全金融服务站、通村客运班线、村级电子商务配送点等设施建设,补齐配套设施,确保各项设施运行正常、持续稳定发挥作用,使群众能持续享受到优质的基本公共服务。同时,进一步完善图书馆、文化站等文化服务设施,不断推动群众生活从基础服务需求向精神文化需求转变。

二是强化产业就业支撑。深化"八到户五到人"成果,把农村产业革命作为稳定增收的压舱石,围绕佛手瓜、百香果等现有产业做大做强,确保稳定增收;围绕优质米、中药材等六大特色主导产业培育引进新产业,大力发展休闲农业与乡村旅游。不断开拓增收新路子。大力推行"村社合一",所有建档立卡户全部加入合作社,完善利益联结,全面实现产业发展成果村集体与群众共享,不断夯实贫困群众订单收购保底金、土地流转收租金、项目投资分股金、吸纳务工领薪金四条增收渠道。目前,全县村级集体经济年收入100万元以上的村有20个左右,其余村年收入均达到10万元以上。把就业作为致富的最有效途径,全县400余家企业可提供2.6万个就业岗位,巩固和提升建档立卡人口"一户一人"以上就业率;支持特色手工、小商品等密集型产业进驻扶贫车间,建档立卡人口实现在家门口就业。

三是强化基层党建支撑。细化"一任务两要点三清单",加强以村党支部为核心的基层组织建设,强力推进"强基工程",培养一支"不走的工作队"。抓好村干部、党员、致富带头人"三支队伍"建设,巩固和提升党组织书记和农村致富带头人集中轮训和学历提升培训成果,从农村致富带头人、退役军人中选派村级党组织书记,年底前全部实现村党支部书记学历达中专以上,充分发挥"头雁效应"。全面落实"四个不摘",将驻村工作队就地优化为乡村振兴工作队,持续将党支部建在产业链上,创建一批联合产业党支部,夯实产业发展的基层引擎,巩固基层党建基础。

## 四、关注"四个变化"

一是关注教育保障变化。通过上学期末与新学期义务教育阶段在校学生数据对比,动态掌握人数增减变化,有针对性地开展控辍保学工作。对学前教育、义务教育、高中教育、高等教育和职业教育等阶段建档立卡家庭学生教育扶持措施落实情况进行动态跟踪,确保变化后及时享受相应资助政策。

二是关注医疗保障变化。持续落实家庭医生签约服务一月一走访制度,及时掌握建档立卡家庭成员身体健康状况,对发生大病的家庭成员,及时开展大病保险报销、医疗救助、大病集中救治,对往年有慢性疾病的建档立卡家庭持续开展救治,防止返贫致贫。

三是关注住房变化。对老旧木房以及地质灾害发生较多地区的家庭房屋进行重点监测,对因不可抗力造成房屋受损、影响安全使用的,及时纳入老旧房整治,确保住房安全有保障。

四是关注饮水安全和其他基础设施变化。建立健全饮水及其他基础设施运行管护机制,落实常态化监测工作机制,对自然灾害等不可抗力原因导致饮水及其他设施受损的,及时修补到位。对气候变化等原因可能带来的季节性缺水、水质下降等问题进行动态监测,制订应急预案。对已经建好的电、路、信等基础设施运行不正常、受损的,及时修补到位,全力确保运行稳定正常、持续发挥作用。

## 五、做到"五个统一"

一是统一指挥。成立了由县委、县政府主要领导任双组长,县四家班子分管或联系领导任副组长的领导小组,明确分管副县长任办公室主任,负责统筹全县普查试点相关工作。同步组建HS县脱普办,负责普查试点日常工作。构建了统一指挥、协调联动、高效运行的工作机制,形成了全县上下"一盘棋"、齐抓共管的良好局面。

二是统一战法。对照省普查内容和指标,出台《HS县脱贫攻坚普查(试点村)工作方案》,按照"以点带面、统筹推进、全面铺开"的原则,在4个试点村按照清查摸底、质量核查、信息录入、档卡资料更新完善、县级督导和巩固提升、组织验收等6个阶段进行。

三是统一标准。紧紧围绕"两不愁三保障"、饮水安全等重点内容,对照普查标准,对数据质量不明显、存在下降风险的指标进行深入分析研判,逐一制定巩固措施,推动形成发现问题、解决问题的长效机制。

四是统一责任。制定《HS县脱贫攻坚普查试点村包保帮扶工作方案》等,按照"县级领导包村、部门包组、干部包户"的方式,明确包保责任、工作要求,确保派到村的各级领导干部、工作人员均以普查工作为核心,人人手上有任务,人人肩上有责任。

五是统一结果。按照实事求是的原则,逐一对照指标,修改完善相关系统、档卡资料。认真分析普查数据,深入研究、科学研判,持续加大攻坚力度,确保脱贫成效切实得到群众认可、经得起历史检验,最终实现群众说的与客观存在的,系统录入的、墙上挂的、袋里装的相一致,为有效衔接乡村振兴奠定坚实基础。

## 📁 案例分析

HS县被列为贵州省开展国家脱贫攻坚普查综合试点县。为全面做好综合试点各方面工作,切实为全国全省在完善普查方案、积累普查经验等方面提供有力借鉴,HS县先试先行,围绕普查任务和指标要求,探索形成了"12345"工作机制。这些做法为了更好地了解和评估各级政府和基层组织的实际情况和工作重点,以便制定针对性的政策和措施,推动各项工作的开展和提高公共服务水平。同时,通过对不同层级的指标进行分类和划分,可以更好地反映各级政府和基层组织的工作职责和侧重点,从而更有针对性地开展工作。

其中,村指标主要反映村级基本公共服务水平、基础设施完善程度、经济发展水平、基层党组织战斗力等方面,这些指标涉及社会、经济、政治等多个学科的原理和方法。例如,评估村级基本公共服务水平需要考虑人口数量、教育水平、医疗卫生状况等因素,这涉及社会学和医学等学科的原理和方法;评估经济发展水平需要考虑村级产业结构、人均收入等因素,这涉及经济学等学科的原理和方法。而县指标主要反映基本公共服务水平、政策享受等方面,这些指标也涉及社会、经济、政治等多个学科的原理和方法。例如,评估县级基本公共服务水平需要考虑人口数量、教育水平、医疗卫生状况等因素,这同样涉及社会学和医学等学科的原理和方法;评估政策享受需要考虑政策执行情况、社会保障状况等因素,这涉及政治学和社会保障学等学科的原理和方法。因此,制定和运用这些指标需要综合运用多种学科的原理和方法,以实现综合评估和科学制定政策的目的。

建立贫困普查工作机制,突出紧扣过程导向、坚持结果导向的"两个导向"的理由是为了更好地掌握贫困人口的基本情况、了解贫困原因和现状,从而有针对性地制定扶贫措施,真正帮助贫困人口脱贫致富。突出紧扣过程导向、坚持结果导向的"两个导向",建立贫困普查工作机制需要运用社会学、经济学、政治学等学科的原理和方法。例如,对贫困人口的生活状况、就业情况、教育水平、医疗卫生情况等方面的了解和记录,需要综合运用社会学和经济学等学科的原理和方法,通过调查问卷、实地走访等方式收集数据,分析贫困人口的基本情况和贫困原因;而对扶贫政策和措施的评估,需要综合运用经济学和政治学等学科的原理和方法,通过数据分析、实地调研等方式评估扶贫政策和措施的实际效果,为扶贫工作的优化和调整提供科学依据。

强化基本公共服务支撑、强化产业就业支撑、强化组织建设支撑"三个支撑",可以有效提高扶贫工作的质量和效益,帮助贫困地区和贫困人口摆脱贫困。强化基本公共服务支撑,可以帮助贫困地区和贫困人口解决医疗、教育、住房等方面的问题,提高生活质量,增强幸福感。具体体现了社会学、医学、教育学等学科原理,需要考虑人口数量、健康状况、教育水平、住房条件等因素,以制定和实施符合当地实际情况的基本公共服务政策和措施。强化产业就业支撑,可以帮助贫困地区和贫困人口增加收入来源,提高脱贫能力和质量。具体体现了经济学、职业教育等学科原理,需要考虑当地的产业结构、就业需求、人才培养等因素,以制定和实施符合当地实际情况的产业和就业政策和措施。强化组织建设支撑,可以提高贫困地区和贫困人口的组织能力和自我发展能力,帮助他们更好地融入当地社会和经济发展。具体体现了政治学、社会学等学科原理,需要考虑当地的组织形式、社会关系、政策环境等因素,以制定和实施符合当地实际情况的组织建设和发展政策与措施。

建立贫困普查工作机制,做到统一指挥、统一战法、统一标准、统一责任、统一结果"五个统一"的理由在于实现对贫困人口和贫困地区情况的全面、准确、及时掌握,为制定和实施扶贫政策和措施提供准确、可靠的数据支持,并且确保普查工作的顺利进行和取得实实在在的成效。这里需要综合运用统计学、管理学、人口学等多种学科的原理和方法,以全面、准确、高效地完成贫困普查工作。

## 第二节
## "6531"工作法推进脱贫攻坚决战决胜

2020年以来,A州扶贫办深入学习贯彻习近平总书记在决战决胜脱贫攻坚座谈会上的重要讲话精神和全省脱贫攻坚"冲刺90天打赢歼灭战"动员大会精神,发挥好党委统一领导、五级书记抓脱贫攻坚的政治优势、组织优势、制度优势,集中优势兵力发现问题、解决问题、破解难题,狠抓"三落实",在实践中探索形成了"6531"工作法,为实现剩余贫困人口在2020年6月底前达到脱贫条件的目标,切实巩固提升脱贫攻坚成果,按时高质量打赢脱贫攻坚战提供了坚实保障。

## 一、主要做法

### (一)坚持底线思维,精准建好"六本台账"

一是建好2020年度剩余贫困人口三本台账。第一本是2020年农村建档立卡剩余贫困人口兜底对象到户工作台账。该台账统计对象为完全靠民政兜底保障,没有其他收入来源的对象,这部分对象家庭成员没有劳动力,但家庭的教育、医疗、住房、饮水保障都达标,属于"无力可扶、无业可扶"的"两无户"。针对这类对象,扶贫工作队每月保障政策落实到位,为他们做好服务。第二本是2020年农村建档立卡剩余贫困人口收入不达标对象到户工作台账,统计对象为贫困人口因2019年的收入没有达到或没有稳定达到人均3747元标准而未脱贫的对象。这部分群体家庭的"两不愁三保障"全部达标,仅有收入一项不达标或未稳定达标。针对这类对象,扶贫工作队通过引导他们发展产业或者就业解决收入不达标问题。第三本是2020年农村建档立卡剩余贫困人口"两不愁三保障"存在问题的对象到户工作台账,主要统计在教育保障、医疗保障、住房安全和饮水安全四个方面中有一个或多个指标存在问题或弱项的贫困户。针对这类对象,扶贫工作队及时解决存在问题,及时补齐短板,发现一户,补齐一户,销号一户。

二是建好返贫风险监测户、致贫风险边缘户两本台账。第一本是2020年农村已脱贫建档立卡人口存在返贫风险监测户到户工作台账,统计对象为已脱贫但因脱贫不稳定有返贫风险的建档立卡户。第二本是2020年农村非建档立卡人口存在致贫风险的边缘户到户工作台账,统计对象为非建档立卡户中有致贫风险的边缘户。两类台账的统计核心是结合年人均纯收入未达5000元,围绕"一达标两不愁三保障",深入核实分析并找准风险点。

三是建好2020年脱贫攻坚问题整改工作台账,统计内容为各级考核、巡视、审计和督查反馈的问题。

通过六本台账,A州排查出剩余贫困人口兜底对象5421户8941人。收入不达标或收入不稳定的4872户14915人,返贫风险监测户10047户38199人,致贫风险边缘户10789户41812人。各级考核、巡视、审计和督查发现问题1615条,为强弱补短工作精准开展进一步指明了方向。

### (二)坚持问题导向,着力健全"五个机制"

一是健全发现问题机制,坚持问题导向。深入分析查找"3+1"短板、产业就业扶贫、资金项目管理、社会兜底保障、易地扶贫搬迁安置点教育医疗项目建设、干部作风、群众认可和群众政策知晓、"四个不摘"等方面存在的弱项、短板、问题。抓住4、5、6月三个月"窗口期",通过各种渠道多发现问题,分门别类建立部门、地方两本台账。

二是健全解决问题机制,坚持目标导向、结果导向。想办法,聚资源,破难题,补齐短板,建强弱项,销号问题,按照先易后难、轻重缓急、分级分类分期的原则进行补短和整改,以乡镇和行业部门解决为主,本级解决不了的问题及时报上一级协调帮助解决。

三是健全工作调度机制。对督导检查发现的问题分类建立台账,明确整改责任单位、责任人,提出整改措施,限时落实整改。及时将发现问题录入该地区脱贫攻坚大数据管理平台统一调度。州、县、乡、村四级明确专人负责调度,按照"一月一汇总,三月一总结"的调度机制抓好工作调度。

四是健全督导检查机制。进一步整合力量,完善联合督战机制,处理好挂牌督战"督"和"战"的关系,做到以"督"发现问题,以"战"解决问题,避免只"督"不"战"。从当地相关行业部门抽调业务骨干组建督导组,重点包县督导,补齐"3+1"保障短板,更多地帮助基层解决重大难题和问题。

五是健全追责问效机制。坚决扛起脱贫攻坚政治责任,坚持标准。解决的办法、成效经群众认可后张贴上墙,接受监督。"窗口期"内主动发现问题、解决问题的不予追究责任,下半年再发现问题的严肃追责问责。实行"双追责"制度,哪个地区、哪个领域出了问题,既要追究党委政府属地管理责任、主体责任,同时也要追究各有关行业职能部门监管责任、工作责任,纵向横向织密责任网,以"双追责"倒逼脱贫攻坚责任落到实处。

### (三)坚持目标导向,确保实现"三个目标"

一是确保剩余贫困人口达到脱贫条件。根据"六本台账"排查出来剩余贫困人口纯兜底户、收入不达标或收入不稳定户和"三保障"短板户,对标对表持续推进政策落实,深入开展强弱补短,确保2020年6月底前剩余贫困人口10293户23856人全部达到脱贫条件。目前,政策兜底5421户8941人,按月落实保障政策。收入不达标或收入不稳定的4872户14915人,通过发展产业和引导就业增加收入。目前,根据当地脱贫攻坚大数据管理平台中"未脱贫人口短板"功能模块监测,A州剩余贫困人口已达到脱贫条件。

二是确保返贫致贫风险得到化解。充分利用当地脱贫攻坚大数据管理平台对有返贫风险的脱贫监测户和有致贫风险的边缘户开展动态监测预警。通过行业部门数据融通比对和线下排查核实,A州共排查出返贫风险监测户10047户38199人,致贫风险边缘户10789户41812人。当地将这些对象录入了脱贫攻坚大数据管理平台进行管理,建立风险台账,实施动态监测,逐户对存在的风险进行评估,逐户提出防范和化解风险措施,确保风险点及时化解。针对已脱贫户家庭生产生活情况,因病、因学、因灾等特殊原因,对照"两不愁三保障"脱贫标准,设置返贫前置条件,未达条件的系统会自动向帮扶责任人手机App发出预警提示,帮扶责任人按照提示,点对点入户开展核实,对标对表及时补齐短板,防止返贫。目前,A州致贫返贫风险已动态化解。

三是确保脱贫攻坚问题整改销号。坚持按照各级考核、巡视、审计和督查反馈的问题举一反三开展自查整改,针对各类问题整改分别建立了周调度、半月调度和月调度机制,及时掌握问题整改具体情况,强化对整改工作的督促指导和分析研判,确保整改工作有力推进。目前,各级考核、巡视、审计和督查发现的1615条问题通过督导追踪,线上线下一起整改,已整改完毕。

### (四)坚持结果导向,一鼓作气坚决打赢脱贫攻坚收官战

对剩余贫困人口和返贫致贫风险对象最细致地扫描,对存在问题最精准地施策,把问题彻底解决,把短板补得扎实,把基础打得牢靠。同时,严格落实"四个不摘"要求,持续巩固和提升脱贫攻坚成效,一鼓作气坚决打赢脱贫攻坚收官战,确保与全国全省同步全面建成小康社会。

## 二、主要成效

### (一)建立"六本台账",精准摸清底数

"底数清"是基础,是关键,只有做到底数清、情况明,才能精准滴灌、靶向施策。以县为责任主体,以村为单位,依托村第一书记、村支两委、帮扶干部、驻村工作队、网格员等力量,围绕"两不愁三保障""责任落实、政策落实、工作落实"和"精准识别、精准帮扶、精准退出"等要求,逐村逐户逐人对辖区内所有农村人口开展全面核查,重点对未脱贫户、边缘户的脱贫标准短板弱项进行科学分类。只有通过建立"六本台账"把问题底数摸清,才能为对标补短提供精准数据支撑。

### (二)用好"五个机制",提升工作实效

工作机制是工作指南,是方法路径,只有把方法路径找对了,才能保障工作有力有序推进,提升工作效率。"五个机制"指明了各级各部门采取什么方式、用什么方法去更多地发现问题,就如何聚资源、破难题、补齐短板、建强弱项、销号问题等,指明了各级的调度方式和时间,明确了"督"与"战"的关系,规范了追责问责倒逼责任落实,形成了发现问题、解决问题的闭环管理,确保了事事有落实。

### (三)实现"三个目标",巩固脱贫成果

目标是任务,是成效,只有把目标定准了才有攻克的方向。既定的目标任务,要按照先易后难、分级分类分期的原则进行,要以乡镇和行业部门解决为主。村级解决不了的问题报乡镇解决,乡镇解决不了的问题报县级解决,县级解决不了的重大难题报州级领导领衔帮助解决。当天能解决的问题当天解决,短期能解决的问题限期解决,需长期解决的问题建立长效机制解决,只有这样才能确保既定目标任务的实现。

## 📁 案例分析

  坚持底线思维,精准建好贫困人口兜底管理台账的理由在于:一是帮助贫困人口更好地脱贫致富。建好兜底管理台账能够更好地了解贫困人口的情况,更有针对性地开展扶贫工作,帮助他们稳定脱贫致富,最终实现共同富裕。二是有效避免"返贫"现象的发生。通过建立兜底管理台账,能够及时发现贫困人口的问题,及时采取措施进行帮扶,避免贫困人口因意外情况再次陷入贫困,避免"返贫"现象的发生。三是提高扶贫工作效率与精准度。建好兜底管理台账能够在更加清楚地把握贫困人口情况的基础上,通过数据分析等手段,更加精准地开展扶贫工作,提高扶贫工作效率与精准度。综上所述,坚持底线思维,精准建好贫困人口兜底管理台账,有助于贫困人口的脱贫致富,避免"返贫"现象的发生,提高扶贫工作效率与精准度,体现了"底线思维""精准施策"等思想。具体分析如下:

  第一,"发现问题机制"体现了信息学原理。信息学认为,信息是一种有价值的资源,发现问题需要收集、整合和分析信息。因此,建立发现问题机制,可以帮助各级管理者及时收集和分析有关问题的信息,更准确地把握问题的本质和影响,为问题解决提供有力的信息支持。

  第二,"解决问题机制"体现了工程学原理。工程学认为,解决问题需要有系统的方法和技术,需要对问题进行分析、设计、实施和评估。因此,建立解决问题机制,可以帮助各级管理者制定系统的解决方案,协调各方面资源,实现问题的全面解决,提高问题解决的效率和质量。

  第三,"工作调度机制"体现了管理学原理。管理学认为,实现目标需要合理地组织和调度,需要做出科学的计划、安排和控制。因此,建立工作调度机制,可以帮助各级管理者协调各方面工作,制定计划和安排,确保各项任务的顺利完成,实现工作目标。

  第四,"督导检查机制"体现了法学原理。法学认为,督促执行需要制定严格的规则和程序,需要对执行情况进行检查和评估。因此,建立督导检查机制,可以帮助各级管理者对工作执行情况进行监督和检查,发现问题并及时纠正,确保工作执行符合规定和要求。

第五,"追责问效机制"体现了经济学原理。经济学认为,资源有限,需要合理配置和使用,需要对资源使用情况进行评估和管理。因此,建立追责问效机制,可以帮助各级管理者对工作质量和效果进行评估和追责,实现资源的有效使用和管理。同时,追责问效机制也可以激励各级管理者积极工作,提高工作效率和质量,实现工作目标和经济效益的最大化。

## 第三节

## 优化易地搬迁安置点残疾人公共服务

2020年,A州残联认真贯彻落实习近平新时代中国特色社会主义思想以及习近平总书记对残疾人事业重要指示批示精神,始终把党的十九大提出的"加强残疾康复服务"要求放在首位。把抓好易地扶贫搬迁后续工作作为一项民生工程和政治任务,以安置点社区残疾人康复站建设为抓手,切实解决好残疾人"搬出来后怎么办"的问题,保障搬迁残疾人便利生活、安居乐业,康复服务达到"5个90%",全面实现了"人人享有康复服务"的目标,助推安置点残疾人"搬得出、稳得住、能致富",确保乡村振兴稳步、有序推进。

### 一、坚持调查研判,找准工作短板

康复是残疾人最大的需求,是残疾人工作永恒的主题。加强残疾人精准康复服务,对改善残疾人身心健康、提高残疾人生活质量、促进残疾人重新融入社会生活具有重要意义。为抓好A州残疾人精准康复,州残联在A州范围内开展了残疾人康复需求专项调查,对康复工作现状进行分析研判。从调查情况看,A州共7.1万持证残疾人有康复需求,内容涵盖康复训练、康复医疗、家庭医生上门服务、支持性康复服务、心理咨询、康复训练转接、辅助器具适配、政策咨询等。特别是在A州108个易地扶贫搬迁安置点中,生活着9924名持证残疾人,有的安置点如L县LP镇一小区残疾人就有598人。某街道一小区有残疾人484人、D县MW镇一小区有残疾人420人,在安置点的残疾人服务组织尚未健全、残疾人集中聚居的情况下,一方面,残联部门短期内无法全面掌握残疾人康复需求,难以为他们提供精准康复服务,另一方面,残疾人搬迁到新的生活环境,不知道向谁才能申请康复服务,不知道到哪里才能获得康复服务。针对这一情况,州残联积极向州委、州政府汇报,率先在全省将增设残疾人康复站纳入易地扶贫搬迁"五大体系"建设内容,列入《A州易地扶贫搬迁"五大体系"建设任务清单》。为规范安置点社区残疾人康复站建设,州残联、州生态移民局联合制定下发了《关于加强易地扶贫搬迁安置点残疾人综合服务工作的通知》,州残工委下发了《关于做好A州易地扶贫搬迁残疾人服务站和社区康复站建设的通知》,明确要求在A州45个2000人以上的安置点建立残疾人社区康复站,以解决残疾人康复服务供需矛盾。

## 二、坚持建设标准,打造服务站点

为建好安置点社区残疾人康复站,更好地为社区残疾人就近就便提供康复服务,州残联全面开展康复站标准化建设。

一是统一建设标准。细化安置点社区残疾人康复站各项服务标准和技术指标,对康复站办公场地、办公设备、康复器材、辅助器具、管理人员等提出了明确要求,并统一制定了康复站标识、工作职责、工作制度、服务流程等。

二是加大资金投入。州、县(市)残联累计投入112.3万元,配齐了康复站办公桌椅、文柜、电脑、打印机以及残疾人康复训练器材、辅助器具等服务设施。

三是建立工作台账。建立了残疾人康复需求调查台账、康复训练申请台账、康复服务记录台账,对残疾人康复实施清单化、精准化管理。

四是开展业务培训。州残联党组书记带队,率各县(市)残联、安置点社区康复人员赴广州市残联进行康复业务培训,到广州市残疾人康复中心、社区康复示范点参观学习,提升A州社区康复人员业务水平。

五是加强指导督导。州残联建立月报制度,按月调度、按季度通报,有序有效推进安置点残疾人服务体系建设工作。州残联主要领导亲力亲为,多次深入安置点开展调研,指导县(市)残联开展工作。

各县(市)残联积极协调多方力量参与安置点社区的康复站建设。民政、卫健、人社等部门以及安置点社区,按照州残联建设要求,将康复站办公场地安排在一楼,方便残疾人接受服务;采取公开聘任公益性岗位人员、由社区卫生室医生兼任等方式,落实康复站服务人员;配备办公设备,标识、职责、制度、服务内容、工作流程上墙;统一采购了电动跑合、平行杠、训练用扶梯、偏瘫康复器、多功能训练器、护理床、下肢功率车、髋关节旋转训练器等20种康复训练器材和辅助器具设施。做到了标准统一、设施完善、专人负责、台账清楚、服务到位,有序推进了建设进度。截至2020年,A州易地搬迁安置点2000人以上共45个,已经初步建成30个社区残疾人康复站,占67%。其中:标准化社区康复站12个,规范化社区康复站18个。FQ市、L县在康复站设立康复训练场地,配备康复训练器材,建成示范点2个。

## 三、坚持问题导向，提升服务能力

州残联制定更加贴切安置点搬迁残疾人康复需求的工作措施，在 A 州全面开展残疾人精准康复服务工作。

一是发挥创新示范引领作用。将 L 县、W 县、D 市作为 A 州残疾人精准康复改革创新联系点，制定工作标准，推动该项工作率先在全省顺利开展。

二是在掌握 A 州残疾人康复基本状况的基础上，州残联率先在全省完成肢体矫治、助听器验配、电动轮椅适配、听力及肢体康复训练转接等服务，并率先在全省开展了 6~35 岁脱贫家庭的残疾青少年肢体康复救助。

三是积极将残疾人社区康复与家庭医生签约工作相结合，在省内率先将家庭医生签约服务残疾人康复工作在 12 县（市）全面推开，不断满足残疾人康复需求，累计为 60147 名残疾人提供基本康复服务。

四是将康复初步评估工作下放至残疾人社区康复站组织实施，确保第一手数据的真实性及可靠性。通过基层的摸底调查，近年来，A 州每年的儿童康复需求数由原来的 200 多例上升到现在的 500 多例，服务对象、服务需求、服务措施更加精准，有效拓展康复服务覆盖面。

五是在省内率先将辅具采购权下放至县（市）残联具体组织实施，县（市）残联根据安置点社区残疾人康复站的摸底统计数据（含辅具种类及数量）有针对性地进行辅具采购，有效解决了有辅具无需求、有需求无辅具的问题，实现辅具适配服务更精准。

六是通过社区残疾人康复站开展各类培训。将残疾儿童早期症状、相关预防知识和康复知识纳入培训内容。进一步提升基层基本的残疾预防知识水平和残疾筛查、残疾评估、基本康复训练的指导能力，特别是提升对残疾儿童早期的残疾症状识别能力，为残疾儿童早发现、早治疗、早康复赢得最佳治疗时间。

七是在安置点社区康复站开展残疾人辅助器具租赁、借用、回收等试点工作，提高辅助器具使用率，使有限的辅具资源服务更多的残疾人。

A 州移民搬迁安置点残疾人社区康复站的建立，实现了残疾人在家门口就得到基本康复服务，增强了残疾人的幸福感、获得感。目前，安置点社区残疾人康复站辐射群众达 20 万人以上，为安置点的残疾人提供各类服务共计 2 万余人（次）。通过以残疾人社区康复站为抓手，不断推动 A 州残疾人精准康复工作跨越式发展，A 州残疾人康复服务率、辅具适配率、家庭医生签约服务率、残疾筛查转接服务率、群众满意度均达 90% 以上，较全省平均水平高出 5 个百分点，位居全省前列。在 2020 年全省康复会议上进行了经验交流发言。

> **案例分析**

　　A州"坚持调查研判、找准工作短板,坚持建设标准、打造服务站点,坚持问题导向、提升服务能力"等多举措,来促推优化易地搬迁安置点残疾人公共服务,意义重大,体现在以下三个方面:

　　一是有利于提高易地搬迁安置点的服务质量和效率。通过调查研判,找准工作短板,可以发现易地搬迁安置点残疾人公共服务存在的问题和不足,针对这些问题制定有效的服务标准和措施,提升服务能力,从而提高服务质量和效率。

　　二是有利于保障残疾人的基本权益。易地搬迁安置点是为了保障群众生活而建设的,残疾人是社会中比较脆弱的群体,需要得到特别的关注和保护。通过打造服务站点,提高服务能力,可以更好地保障残疾人的基本权益。

　　三是有利于促进社会公平与可持续发展。残疾人是社会中的一部分,应当得到平等的对待和机会。通过优化易地搬迁安置点残疾人公共服务,可以促进社会公平和可持续发展。

　　从学科理论来看:

　　首先,社会学认为,社会是一个相互依存、相互关联的整体,任何社会问题都需要从社会整体的角度去考虑。因此,通过调查研判,找准工作短板,打造服务站点,提升服务能力,可以更好地促进易地搬迁安置点残疾人公共服务的发展,体现了社会学原理。

　　其次,公平正义理论认为,社会应当保障每个人的基本权益和公平机会,任何人都应当得到平等的对待和机会。通过优化易地搬迁安置点残疾人公共服务,可以更好地保障残疾人的基本权益,实现公平正义,体现了公平正义理论原理。

　　最后,管理学认为,有效的管理是组织成功的关键。通过制定服务标准,打造服务站点,提升服务能力,可以实现对易地搬迁安置点残疾人公共服务的有效管理,从而提高服务质量和效率,体现了管理学原理。

## 第四节
## "五步工作法"啃下改革"硬骨头"

经营类事业单位改革是事业单位分类改革中的一项难点任务,为将经营类事业单位经营职能剥离,推向市场,更好地发挥市场主体作用,A州采取"五步工作法"坚决啃下经营类事业单位改革的最后一块"硬骨头"。将州级两家从事生产经营类活动的事业单位转企改制为州级国有企业,让经营类事业单位退出事业单位序列,改变了长期以来经营类事业单位从属于政府部门的局面,使经营类事业单位得以走向市场、面向社会,成为促进A州经济社会发展的强大动力,取得了"双赢"效果。

## 一、主要做法

### (一)提高政治站位,加强组织领导,压实工作责任

中央、省委关于经营类事业单位改革工作相关文件下发后,A州委编办迅速组织干部职工学习政策文件,逐字逐句领会精神实质,把握改革脉络,研究讨论政策文件中的方针政策,确保改革方向准确。为确保改革稳妥推进,A州成立了由州委常委、州委组织部部长任组长,州政府分管副州长任副组长,州委编办、州人社、州财政、州国资等单位的主要领导为成员的改革领导小组,负责统筹协调和研究解决改革中遇到的突出问题。同时,进一步压实涉改单位主管部门主体责任,明确有关职能部门的职责分工,合力推进改革任务落地落实。

### (二)加强部门联动,坚持问题导向,凝聚合力共识

A州委编办充分发挥"指导员""协调员""监督员"作用,全程参与并多次深入涉改事业单位开展调查研究,州人社、州财政、州国资等部门加强协调配合,召开协调会议,围绕机构编制调整、社保转移接续、国有资产处置、人员分流安置等方面的问题,

提出解决方案办法,研究和修改改革方案,形成了齐抓共管、同频共振的工作格局。

### (三)强化攻坚克难,聚焦分类施策,激发发展活力

生产经营类事业单位转企改制牵涉面广,历史遗留问题较多,改革涉及体制调整、国有资产处置、人员身份转换和社保医保衔接等职工切身利益问题。州委主要领导高度重视,对A州经营类事业单位改革作出重要批示。问题大过改革,坚持哪里体制不顺就向哪里开刀,对可以通过改革转为企业的州级两个经营类事业单位,按照政事分开、管办分离要求,实行转企改制,逐步建立起适应社会主义市场经济、符合自身特点及发展规律的管理体制和运行机制。对无资产、无转企改制条件、难以正常运转的D市、L县4个经营类事业单位,予以撤销。为做好改革工作,改制单位攻坚克难,迎难而上,认真了解涉改职工的意愿,做细做实职工思想工作。制定《经营类事业单位转企改制方案》《职工分流方案》《清产核资工作方案》《资产处置方案》《新公司组建方案》等一系列改革方案,确保改革顺利推进。

### (四)坚持以人为本,聚焦群众诉求,做好分流安置

为保证职工切身利益,A州委编办积极回应涉改职工合理诉求,采取"四个一批"措施,妥善安置涉改单位在编人员。

一是参照公务员法提前退休政策提前退休安置一批。

二是带编分流安置到部门所属事业单位一批。

三是自愿转变身份到企业,与主管部门签订转变身份协议,按有关规定接转社保关系安置一批。

四是自谋职业安置一批。多种方式的实施,保障了职工现有利益不受损失,确保了改革工作平稳过渡。

### (五)强化督促指导,聚焦调度统筹,巩固改革成果

一是建立每周调度工作机制,自2020年初开始,每周跟踪了解DY、LD两县(市)和州级涉改单位或主管部门工作推进情况,及时了解涉改单位资产清算、人员摸底、方案制定等工作进展情况,保证了县(市)改革与州级同步。

二是认真指导州级涉改单位拟定改革方案。州委编办指定专人对接联系州级涉改单位及主管部门了解工作进度,分管负责同志与主管部门负责同志进行沟通,协调

督促,主要负责同志把握改革总体方向,研究确定重大疑难问题的解决方法,确保改革按既定方向推进。

## 二、取得的成效

### (一)解决了经营类事业单位长期以来在生产经营活动中存在的突出问题

州级经营类事业单位拥有较强专业技术队伍和开展生产经营活动所需的资质条件,通过转企改制,实行企业化管理,解决了经营类事业单位长期以来存在的政企不分、事企不分,以及体制不顺、机制不活、效益不高等突出问题,激发了企业内生发展动力,增强了市场竞争力,提高了国有资本运营效率。

### (二)确保水务和建筑行业人才队伍的基本稳定

州水利设计院和州建筑设计院是技术密集型单位,专业技术人才是其核心竞争力,在A州社会经济发展中发挥了重要作用。通过转企改制,既完成了经营类事业单位改革任务,又确保了A州在水利水电物测设计和建筑设计方面人才队伍的稳定。涉改单位转企改制后,绝大多数技术人员一并转入改制后企业,保障了改制后企业的生产经营正常运转,为A州社会经济发展提供了人才保障。

### (三)推进事企分开,强化了公益属性

按照事企分开、管办分离要求,剥离州级两家经营类事业单位的经营性职责由国有企业承担,公益性职能交由主管部门履行,实行转企改制后,逐步建立起适应社会主义市场经济、符合自身特点及发展规律的管理体制和运行机制,实现了事企分离,强化了事业单位的公益属性。

> 📁 **案例分析**

经营类事业单位改革是一个系统、复杂的过程,需要统筹协调各方面的资源和力量,还需要针对不同的问题采取不同的措施。A州采取提高政治站位,加强组织领导,压实工作责任;加强部门联动,坚持问题导向,凝聚合力共识;强化攻坚克难,聚焦分类施策,激发发展活力;坚持以人为本,聚焦群众诉求,做好分流安置;强化督促指导,聚焦调度统筹,巩固改革成果的"五步工作法",是为了解决经营类事业单位改革中存在的问题,确保改革能够得到有效推进和落实,进一步提高经营类事业单位的运行效率和服务质量,更好满足人民的需求。

这一方案体现了多种学科原理。具体分析如下:

第一,提高政治站位、加强组织领导、压实工作责任,是经营类事业单位改革的政治保证。这一方案体现出政治学的原理,即政治是社会的核心,政治制度和政治行为对社会和经济发展有重要影响。只有高度重视政治站位、强化组织领导,才能够推进改革工作。

第二,加强部门联动、坚持问题导向、凝聚合力共识,是经营类事业单位改革的组织保证。组织学认为,组织是协同合作、实现目标的一种形式。只有通过部门联动、凝聚共识,才能够实现改革目标。

第三,强化攻坚克难、聚焦分类施策、激发发展活力,是经营类事业单位改革的管理保证。管理学认为,管理是组织成功的关键。只有通过攻坚克难、分类施策、激发发展活力,才能够有效地推动改革工作。

第四,坚持以人为本、聚焦群众诉求、做好分流安置,强化督促指导、聚焦调度统筹、巩固改革成果,是经营类事业单位改革的社会保障。

社会学认为,社会是一个相互依存、相互关联的整体。只有坚持以人为本、聚焦群众诉求、做好分流安置,强化督促指导、聚焦调度统筹、巩固改革成果,才能够更好地保障人民的利益,实现改革的可持续发展。

## 第五节

## 探索科技工作新模式,提升发展新动能

党的十九届四中全会提出"建立以企业为主体、市场为导向、产学研深度融合的技术创新体系"的要求,将其作为"完善科技创新体制机制"系列部署中的关键环节,对企业发展、高校和科研院所协同创新,开创合作共赢新局面,提出了新的更高要求。A州科技局认真贯彻落实党的十九届四中全会的要求,积极探索"产学研用"紧密结合的科技工作新模式,率先在全省组建工业企业"科技专员"团队,着力打造高校、科研平台和企业技术攻关新路径,实现高校(科研平台)科技资源和科研成果走出"高墙",到企业"落地"转化的新目标。

### 一、认真分析提出问题

习近平总书记指出,"要推进产学研用一体化,支持龙头企业整合科研院所、高等院校力量,建立创新联合体,鼓励科研院所和科研人员进入企业,完善创新投入机制和科技金融政策"。A州科技局认真学习深刻领会,深入企业广泛开展调研,掌握真实情况,分析研判形势。从A州企业创新能力看,A州规模工业企业939家,建立省级以上研发平台仅17个,占比1.8%,有科研(R&D)人员3187名,主要集中在少数大型企业,多数中小型企业自主创新能力不强,发展动力偏弱,亟须有力的科技支撑和人才支持。从A州科研资源看,A州建有省级以上各类科技创新平台83个,其中工业类仅有17个,占20.5%。理工类的博士、教授有100多人,主要集中在高校(科研平台),科技人才作用不能充分发挥,科研成果得不到及时有效转化。近几年来,州委、州政府高度重视科技创新工作,州委主要领导提出"加强科技平台建设,实施协同攻关"的要求。针对企业自主创新、技术攻关能力不强,科研人员普遍缺乏的实际情况,以及州内高校(科研平台)有效资源利用不充分,"产学研用"脱节等问题,州科技局围绕促进

企业与高校（科研平台）融合发展，着力创新科技工作新机制，探索实行工业企业科技专员等多个方面探寻解决问题的方案。

## 二、找准路径破解难题

2020年初，按照疫情防控要求，立足A州实际，按照"分批实施、按需选派、人岗相适、服务发展"的原则，启动实施工业企业"科技专员"方案。找准切入点，结合科技部关于帮助企业抗击疫情、复工复产，为持续发展提供科技和智力支撑的工作要求，加强与州内高校（科技平台）的对接联系，认真梳理各类科研资源，结合科技人才专业特长、研究重点及个人意愿，引入高校（科研平台）科技成果、高层次人才等资源，搭建"产学研用"合作平台。组建"科技专员"团队，从A州磷化工工艺重点实验室（某高校）、A州民族药（纳米医药）协同创新中心（某医专院校）、A州装备制造业协同创新中心（某高职院校）3家高校（科研平台）选聘博士、教授、副教授，共27名科研骨干组成工业企业"科技专员"团队，深入企业开展科技服务工作。明确工作要求，结合A州行业发展需要，将团队划分为现代磷化工、大数据、装备制造和生物医药各领域。明确团队技术领衔人，工作职责、任务和要求。同时，为保障"科技专员"正常工作开展，由州、县两级科技部门做好服务协调工作。

## 三、启动实施狠抓落实工作

工作开展以来，组织工业企业"科技专员"深入128家科技型中小企业，开展"与企业面对面"服务活动，了解企业技术需求与技术难点，帮助企业分析技术问题，提炼科技项目。广泛征集企业技术需求，开展企业技术需求同科技专员交流沟通与相互协作服务活动，分行业分领域实时征集企业技术攻关难题。利用现有科技企业孵化器、众创空间等创新创业服务平台，及时征集企业在抗击疫情、复工复产、转型升级中的技术创新需求，挖掘并提炼技术需求清单。建立沟通协调机制，根据企业情况，安排"科技专员"与企业建立"一对一"沟通，推动"科技专员"与企业精准对接，引导"科技专员"及时帮助企业解决技术难题。定期将企业技术需求清单推送给相应的"科技专员"，做好科技人才与企业技术需求精准对接。规范"科技专员"管理，工业企业"科技专员"由州级统一聘任，集中调配，向科技专员发放聘书，将"科技专员"服务信息在企业进行公布。同时，压实"科技专员"责任，明确工作任务清单，采取"企业+人才+项目"的方式,积极鼓励"科技专员"为所服务的企业开展技术提炼、项目申报、成果转化等工作。

## 四、有序推进成效明显

实践证明,工业企业"科技专员"的实施,既是A州科技工作的一项创新,也是推动A州工业企业创新发展的有效路径。一年来,通过工业企业"科技专员"的实施,A州科技工作取得了以下几个方面的明显突破:

一是培育了一批科技型企业人才,及时帮助指导企业解决技术难题,加快科技型企业发展壮大。2020年度,A州新增科技型企业57家,排全省第3位。

二是建立了一批科技研发机构。A州新建各级各类科技创新平台20个,累计达到省级以上83个、国家级12个。

三是实施了一批科技攻关项目。围绕A州优势产业和经济发展需要,实施州级重点攻关项目16个,指导企业申报并实施国家、省重点攻关项目20余个。2020年6月,省人民政府发布科学技术奖励决定,A州获省科技进步奖一等奖1项、二等奖3项、三等奖3项。

四是帮助了一批企业加大研发(R&D)投入。通过科研项目经费的刺激,带动企业加大科研(R&D)投入。2020年10月,省统计局、省科技厅、省教育厅联合通报,A州研发(R&D)经费投入8.23亿元。其中,规模以上工业企业研发(R&D)经费支出7.45亿元,同比增长114.4%,增速排全省第1位。

五是提升了企业核心竞争力。以"科技专员"为纽带,推动高等院校、科研院所与企业融合,深入开展研发活动,联合开展科技攻关,提升企业核心竞争力。2020年上半年,A州高新技术产业实现产值202.06亿元,增速达9.6%,总量和增速均排全省第2位。

六是促进了一批科技成果转化。启动建设科技成果转移转化供需服务平台,加快推进科技成果转移转化。2020年,A州预计完成技术合同成交额19.4亿元,排全省第3位。

## 案例分析

A州科技局积极探索"产学研用"紧密结合的科技工作新模式,主要是因为在传统的科技创新模式下,高校和科研机构的科研成果往往难以转化为实际的生产力,而企业也缺乏科技创新的能力和资源,这导致了科技成果的浪费和市场的空缺。A州科技局通过组建工业企业"科技专员"团队,打造高校、科研平台和企业协同进行技术攻关的新路径,实现高校(科研平台)科技资源和科研成果走出"高墙",到企业"落地"转化,可以促进科技成果的转化和应用,提高企业的竞争力和创新能力,推动经济的发展。

这一方案体现了多种学科原理:

一是经济学原理。经济学认为,科技创新是促进经济发展的重要驱动力。通过组建工业企业"科技专员"团队,打造高校、科研平台和企业协同开展技术攻关的新路径,可以促进科技成果的转化和应用,提高企业的竞争力和创新能力,推动经济的发展。

二是管理学原理。管理学认为,科技创新需要有效地组织和管理。通过建立科技专员团队,可以有效地组织和协调科技资源和科研成果,促进产学研用的紧密结合,实现科技成果的转化和应用。

三是教育学原理。教育学认为,高等教育应该服务于社会和经济发展。通过打造高校、科研平台和企业协同进行技术攻关的新路径,可以推动高校(科研平台)科技资源和科研成果走出"高墙",到企业"落地"转化,实现教育与经济的有机结合。

四是科技创新原理。科技创新是促进社会进步和发展的重要力量。通过组建工业企业"科技专员"团队,打造高校、科研平台和企业协同开展技术攻关的新路径,可以实现产学研用的紧密结合,促进科技成果的转化和应用,推动科技创新的发展。

## 第六节
# 建立推行数字经济运营中台

## 一、基本情况

为贯彻落实中共中央、国务院《关于构建更加完善的要素市场化配置体制机制的意见》，以及省委关于数字经济"六个重大突破"的决策部署，探索A州数据要素产业化，增强实体经济和数字经济发展动能，A州以旅游及相关服务业为切入点，以驱动数据资产运营增效、创建数字化转型新模式为核心，建设A州数字经济运营中台（以下简称"数字中台"）。

当前，数字中台已完成部署投入运营，并与携程、美团、"一码游A州""一码A州""A州风采"等平台连通，接入州内8家景区、835家酒店、503家餐饮、105个停车场。通过汇聚旅游、餐饮、住宿、停车场等行业数据，统一对外输出，拓宽销售渠道，提升市场主体整体议价权，帮助本地实体企业降本增效。依托形成的数据资产，为市场主体增信，提供更精准的金融服务，同时，为政府监测预警、宏观调控、城市规划等提供数据支撑，推动A州数字经济快速发展。数字中台运营服务方入选《贵州省大数据与实体经济深度融合实施指南》2020年度应用试点企业。

## 二、主要做法

### （一）创新构建本地产业互联网

数字中台主要以服务本地实体企业为核心，建设有别于淘宝、京东、携程等消费互联网（以服务消费者为核心）的产业互联网，聚合本地实体企业的商品、服务及交易，形成区域数字化联盟，统一对外输出产品，提升市场主体整体议价权，降低互联网交易佣金，帮助本地企业降本增效，推动其数字化转型。

### (二)创新打造场景金融服务模式

通过推广数字中台,沉淀实体企业真实、鲜活的线上线下交易数据,形成以实体企业的经营状况、信用信誉和未来前景为特征的企业画像,替代抵押资产,实现信用风险评估,帮助中小微企业解决贷款风控难的问题,为中小微企业提供有别于传统典当金融服务的场景金融服务。

### (三)创新整合跨区域跨行业资源

基于数字中台的创新运营能力,通过分时、分库存等手段,采取大小景区组合票、景区与小酒店组合票等销售方式,带动小景区、相关酒店及娱乐设施的流量,形成以核心资源带动非核心资源发展,实现资源利用最大化。

## 三、取得成效

### (一)为企业(含涉农企业)降本增效

截至2020年11月1日,数字中台已产生1.6亿元的交易订单流水,接入数字中台实体企业较未接入前实现过夜游客率增长10%,流量增长15%,人均客单价增长至100元以上;通过整合资源,统一对外输出,提高整体议价权,为实体企业降低线上业务佣金2200余万元;基于数字中台创新运营能力,形成"大带小"效应。其中"十一"国庆长假期间,国家AAAAA级景区售出2000多张组合票,小景区、小酒店等合计增收近30万元。

### (二)为实体经济赋能

依托数字中台形成的数据资产,为LB县某风景名胜区管理处融资1.622亿元,用于观光车项目。为LB县相关酒店融资9000万元,用于酒店经营。有力缓解实体经济资金运转压力,助力"六保""六稳"工作。同时,基于数字中台金融服务能力,创新土地融资模式,服务地方经济发展,保持社会稳定。数字中台已经汇聚各类社会数据和政务数据,可为旅游、市场监督等部门提供相关行业数据,为政府监管、服务、宏观调控提供数据支撑。

### (三)支撑数据要素产业化

数字中台每年可为A州汇聚4000万条以上数据,加快实现数据要素资源化、资产化、资本化,提供源源不断的数据资源。

### (四)助力新型消费快速发展

降低互联网企业技术开发成本和地推成本,提升落地效率,已为"一码游贵州""一码贵州""A风采"等新业态、新模式平台提供快速落地解决方案,激发A州新型消费。

### 案例分析

A州以旅游及相关服务业为切入点,建设A州数字经济运营中台,具有如下理由:

一是旅游及相关服务业是A州的支柱产业,数字化转型可以提高旅游及相关服务业的效率和竞争力,推动产业升级和发展。

二是数字经济是未来经济发展的重要方向,数字化转型是企业和地区转型升级的必然选择。

三是建设数字经济运营中台可以提高数据资产的运营效率和价值。

A州数字经济运营中台的建设可以推动数字化转型新模式的创建,打造数字经济生态圈,促进数字经济的发展。在数字经济时代,数据资产已经成为企业和地区的重要财富,运营中台的建设可以更好地管理数据资产,增加其价值,推动数字化转型。这一方案体现了多种学科理论或者原理:

首先,在经济学方面,数字经济是未来经济发展的重要方向。数字化转型可以提高企业和地区经济效率和竞争力,促进产业升级和发展。

其次,在信息学方面,数字化转型需要依赖信息技术和数据资产。建设数字经济运营中台可以更好地管理数据资产,增加其价值,推动数字化转型。

再次,管理学认为,数字化转型需要有效地组织和管理。建设数字经济运营中台可以更好地管理和运营数据资产,提高数据资产的运营效率和价值。

最后,服务学认为,服务是数字经济的核心。以旅游及相关服务业为切入点建设数字经济运营中台,可以提高旅游及相关服务业的服务效率和竞争力,推动旅游及相关服务业的数字化转型,促进其持续健康发展。

## 第七节

# 下好改革"先手棋",办好企业、群众贴心事

2020年以来,A州政务服务中心牢牢把握使命任务,聚焦人民群众需求,按照"改革不停顿,创新不止步"的思路,从"小窗口"探"大改革",画好便民利企工笔画,让办事企业和群众享受"高质量服务",实现"省力、省事、省心",推动A州政务服务改革取得新突破。

## 一、改革背景

随着我国如期全面建成小康社会,进入接续推进全面建设社会主义现代化国家新阶段,全面深化改革进入攻坚期和深水区,如何深化政务服务改革,是摆在州政务服务中心面前的一个重大课题。

一是人民群众期盼。在中央"简政放权、放管结合、优化服务,不断提高政府效能"的大背景下,政务服务的质量,成为公众关注的焦点。

二是时代发展要求。大数据时代全面到来,对政务服务提出了严峻的挑战,便捷化、精准化、协同化、过程透明化成为新趋势。

三是资源整合需要。A州现有州、县两级政务服务中心13个,镇、村(社区)便民政务服务网点1474个,如何管好用好这些资源,催生服务动力,提升公众满意度,成为亟待解决的难题。

## 二、改革举措

面对挑战,州政务服务中心强化问题导向,坚持刀刃向内,先行先试,破冰探路,用心用情践行便民利企初心,下好改革"先手棋",让政务服务愈发贴心。

### (一)试点推进"全省通办、一次办成"

一是强化通办事项梳理。在省部门未梳理公布"全省通办"事项前,率先梳理第一批"全省通办、一次办成"改革州级、FQ市、L县3个试点12个通办事项进行试运行。在取得初步成效的基础上,进一步梳理出"全省通办"试点事项39个,在A州12县(市)试点全面铺开。

二是强化要素支撑。州、县政务服务实体大厅优化整合窗口资源。统一在大厅设置"全省通办"窗口。州政府政务中心实体大厅设置1个"全省通办"综合窗口,受理208个"全省通办"事项;实体大厅部门窗口对应设置11个行业通办窗口,受理463个"全省通办"事项。

三是强化窗口建设。通办窗口涉及的硬件设备,按照省级要求配备到位,实现与全省通办系统对接联通,满足异地收件功能需要。配备业务能力强、综合素质高的窗口工作人员,组织开展系统操作培训,提升业务能力和水平。

### (二)深入推进"区域通办、就近能办"

一是A州一盘棋谋划。以交通、卫健、市场监管、公积金等民生领域为重点,州政府政务中心梳理出办事频率较高、群众获得感较强的258个事项,统一纳入区域通办范围。同时,各县(市)同步梳理县级通办事项,实现县城、乡镇"就近能办",不断提升办事便利度。

二是统一审查标准。规范统一"区域通办、就近能办"事项申请条件、申请材料、审查要点、流程和时限,确保办事指南更加精细、审查要点更加精准,A州各部门按照一个标准实施,实现"一把尺子量到底"。

三是集中收件授权。依托全省通办系统平台,将需州级审批的事项,授权到县(市)政务大厅通办窗口收件,推动更多的政务服务事项在州、县两级政务大厅无差别协同办理,切实为企业、群众提供更优质、更高效、更便捷的政务服务。

### (三)探索推进"跨省帮办、跨省联办、跨省通办"

一是聚焦保障改善民生。结合区域优势、地理位置、人口流动等方面要素,梳理外出务工人员所需所盼、办事频率高的法律服务、看病就医、教育、民生保障、就业创业等事项,以LB县、LD县、SD县等县(市)为落脚点,率先试点推行"跨省帮办、跨省通办"。

二是优化"全省通办"业务模式。通过推行"政务服务+劳务协作",建立跨省联办工作机制等方式,在广东、浙江、江苏、广西等地实现"异地收件、材料电子化传输审核、办理结果免费邮寄送达"。

三是加强"跨省通办"服务支撑。从抓牢抓实"跨省通办"在县（市）落地等方面发力，推进一体化在线政务服务平台建设，加快提升数据共享支撑能力。着力打破省内省外地域限制，解决群众异地办事"多头跑、跑远路、跑多趟"的问题。

## 三、改革成效

### （一）破冰效果好

FQ市通办窗口与州级通办窗口，成功为FQ市中海石化能源开发有限公司办理危险化学品安全条件审查，成为全省首件"跨区域、跨层级"审批业务，为全省全面推进"全省通办、一次办成"改革起到了破冰探路的作用。州政务服务中心的改革，获得了省政务中心主任、州委书记的高度评价。

### （二）释放红利多

通过推动"全省通办""区域通办"，打破区域限制，为申请人就近提供"跨区域、跨层级"政务服务，有效打通服务群众"最后一公里"。企业和群众办事便捷度、满意度不断提升。截至2020年，A州综合通办窗口办理通办业务25688件，为企业、群众减少跑腿次数5000余次，节约办事成本700余万元，赢得了群众"点赞"，极大提升了群众的满意度，增强了群众的获得感。LD县跨省帮办代办184件，最大程度解决群众医疗报销、子女转学、户籍迁移等高频办事难点；SD县推出公民出生、教育、养老、看病就医、死亡"生命全周期"五件事通办，累计办件3086件；LB县与广西3家定点医院签订《医疗服务协议》，缩减转院流程，医疗合作"跨省联办"，2020年以来跨省定点就医结算办结169件，报销费用235.6万元。

### （三）社会关注高

A州政务服务的改革创新，得到社会各界广泛关注。A新闻、"学习强国"平台、多彩贵州网等媒体多次报道，省政府"放管服"改革工作动态第20期、24期，省政务中心"全省通办、一次办成"改革工作信息简报第1期专题刊发，州政务服务中心2次在全省政务服务工作会上作经验交流发言。

"雄关漫道真如铁，而今迈步从头越。"深化政务服务改革，提高政务服务质量，责任重大，时不我待。A州政务服务中心将继续围绕人民群众需求与期盼，聚焦企业和群众的获得感、体验感，从"小窗口"探"大改革"，努力打造A州政务服务升级版，办好企业、群众贴心事，持续书写政务服务高质量发展的崭新篇章。

## 案例分析

A州政务服务中心牢牢把握使命任务，聚焦人民群众需求，按照"改革不停顿，创新不止步"的思路，从"小窗口"探"大改革"，画好便民利企工笔画，让办事企业和群众享受"高质量服务"，实现"省力、省事、省心"，推动A州政务服务改革取得新突破。其理由如下：政务服务是政府的重要职能，为人民群众提供高效、优质、便捷的政务服务是政府的责任和使命。以人民群众需求为中心，可以更好地满足人民群众的实际需求，提高政府的服务水平和满意度。"改革不停顿，创新不止步"是推动政务服务改革的重要思路，可以不断推进政务服务的创新和改进，提高政务服务的效率和质量。画好便民利企工笔画，可以更好地满足企业和群众的需求，增强政务服务的便利性和实用性，推动政务服务的改革和创新。让办事企业和群众享受"高质量服务"，实现"省力、省事、省心"，可以提高政务服务的满意度和口碑，推动政务服务的改革和创新。这一方案体现了多种学科原理。具体来说：

一是政务服务中心是政府的行政机构，提供政务服务是其职责之一。政务服务中心应该按照行政管理学的原理，提高政务服务的效率和质量，为人民群众和企业提供便捷、高效的服务。

二是政务服务是政府为人民服务的重要方面。政治学认为，政府应该以人民为中心，为人民提供高效、优质、便捷的服务，提高政府的服务水平和满意度。

三是政务服务中心需要依赖信息技术和数字化转型，提高政务服务的效率和质量。信息学认为，依托信息技术实现数字化转型是未来经济和社会发展的重要方向。

四是政务服务中心需要按照服务学的原理，从人民群众和企业的需求出发，提供便捷、高效、优质的服务，提高政务服务的满意度和口碑。

总之，A州政务服务中心在推动政务服务改革中，聚焦人民群众需求，不断创新，提高服务水平和满意度，体现了多种学科原理的应用。

# 第五章
## 创新引领篇

## 第一节

# 创新"三保三统一分"机制推动"黔货出山"

LD县认真贯彻落实省委关于农村产业革命"五个三"工作部署,紧扣"产销对接"和"利益联结"这两个关键,以果蔬产业为重点探索实施"三保三统一分"机制,促进农业产业增效,群众增收。目前,全县水果种植面积达22.78万亩,年稳定发展蔬菜种植30万亩,果蔬产量达50.32万吨,产值17.61亿元。

## 一、"三保"兜底线,鼓足群众发展底气

发展产业,群众意愿是前提,LD县以"三保"措施,破除"卖不出、买不好、怕灾害"难题,提高群众产业发展积极性。

一是落实保底订单,兜住群众收益底线。按照"龙头企业+合作社+农户"组织方式,组织龙头企业与村合作社签订保底订单,有效保障群众基本种植收益。县农投公司对接市场提出种(养)品种选择及收购标准,村合作社按照农投公司谋划确定的品种,组织农户采取同品同种方式,由县农投公司与村合作社、村合作社与种(养)农户分别签订保底价收购订单,实现"以销定产"。对抢抓农时已提前种(养)且品种相对统一、规模相对集中的,县农投公司积极对接市场落实订单,在育苗时由县农投公司与村合作社、村合作社与种(养)农户分别签订保底价收购订单,实现"以产定销"。按上市品种类别,采取"保底价+随行就市价"相结合方式制定保底价,村合作社负责督促农户按统一的技术标准和采收标准等进行生产、管理和采收。确保农产品质量。截至2020年,县国有农投公司已与9个乡镇83个村签订水果保底订单59万吨、3.5亿元;16家企业已与蔬菜坝区和67个蔬菜专业村实现订单覆盖。

二是探索价格保险,保障龙头企业收益底线。采取"保底价补差"方式,引导龙头企业以"保底价"与保险公司签订目标价格保险,按照标准生产并已签订产销订单的农户,由村合作社统一收取保险费、统一购买自然灾害保险,破除"菜贱伤农、果贱伤

农",防范龙头企业保底收购的市场风险。目前,正在组织购买蔬菜价格保险0.7万亩。

三是购买自然灾害保险,防范产业风险。村合作社按照订单组织农户进行生产管理和采收,并组织农户购买自然灾害保险,保障群众面临突发自然灾害时的收入。截至2020年,发动群众陆续投保水果3.37万亩、保额1.1亿元,投保蔬菜1.44万亩、保额0.26亿元。

## 二、"三统"建标准,推动产业持续增效

"小、散、弱"仍然是制约农业产业规模化发展的首要困难,LD县组织龙头企业牵头,以"三统"措施有效推动果蔬产业持续增效。

一是统一种植标准。以"统一流转土地、统一种苗物资、统一技术标准"方式建设标准化示范基地,带动村合作社和农户按照示范基地的种植标准,跟进建设一批"一村一品"果蔬产业基地和家庭农场。截至2020年,共建成精品水果标准化示范基地35个4.2万亩、100亩以上核心蔬菜基地50个1.5万亩,带动合作社、种植大户发展"一村一品"产业基地83个1.7万亩,114个蔬菜专业村年发展蔬菜20万亩次。

二是统一分选包装标准。由县国有农投公司牵头建设精品水果、蔬菜分级分拣中心,制定全县果蔬分级分选标准,统一按"LD县康品"公共品牌包装统一外销;倡议果蔬民营企业按照统一分选标准,采取"'某县康品'公共品牌+企业品牌"双品牌包装统一外销。目前,共计150个村合作社、140余家民营企业响应倡议实现了统一分选包装标准,投入3000万元建设精品水果、蔬菜分级分拣中心共12个。

三是统一组织销售。按照"一个口子进、一个口子出"原则,LD县国有农投公司牵头,加强与产品供应主体、渠道商、市场终端商洽谈形成稳定的产销合作关系,构建"1+N"产销体系。截至2020年,共与广州华润万家、深圳百果园、重庆果琳、上海佳铭果业等省内外140余家渠道商达成产销协议,销售果蔬28.3万吨,销售额达9.25亿元,带动1.74万户脱贫户户均增收3082.3元。

## 三、"一分"保收益,优化产业利益联结

发展产业,群众增收是关键,LD县探索推动农户以资金、土地、劳务等要素参与产业发展,实现收入叠加。一是土地、股金"固定+效益"分红。鼓励群众以土地、资金入股产业发展,在建设期给予固定分红,产业成熟后根据效益给予二次分红。截至2020年,

共组织8625户脱贫户利用财政扶贫资金1.23亿元入股产业基地建设,年分红兑现726万元,户均增收841元;流转6546户脱贫户土地15180亩,年兑现土地流转费182万元,户均增收278元,如:LD县"一县一业"火龙果产业助农项目,在前3年的建设期按1200元每年每户固定分红到入股的32个村合作社450户脱贫户,第4年起进入盛果期后,按照"基地保底收购价(3.5元/斤)+随行就市"产值核算办法,实现股金"保底+效益"分红。又如:LD县H镇MC村火龙果标准化示范基地,采取"国有企业+合作社+农户"方式组织实施,村合作社组织群众350亩土地(1100元每亩每年)参与基地建设,国有企业在前3年建设期正常支付土地固定分红(1100元每亩每年),第4年进入盛果期后,每年拿出收益利润的50%作为效益二次分红到土地流转户,实现土地"固定+效益"分红。

二是务工"工资+绩效"分红。优先组织脱贫群众到产业基地参与管理及务工,推动群众在家门口获得务工收入。截至2020年,共解决脱贫户固定用工6470人、脱贫户临时用工12.83万人次,年兑现务工工资1.71亿元。如:LD县FT镇XJ村组织本村劳动力组建固定用工劳务队70人进入XJ村蔬菜种植基地提供劳务服务,根据基地生产各环节用工需要,年组织临时务工3300余人,年兑现务工工资87.3万元。

三是产销"二次分配"分红。组织县国有农投公司向村合作社、种植户统购农产品,并联合各渠道商向市场统销。在销售环节上实现销售净收益后,按县国有农投公司、供货合作社、供货农户6∶2∶2的比例进行二次分配。截至2020年,帮助农户销售上市蔬菜2.3亿斤,销售额达4.2亿元,二次分配合作社、农户92万元。

> **案例分析**

　　LD县以"落实保底订单,兜住群众收益底线;探索价格保险,保障龙头企业收益底线;购买自然灾害保险,防范产业风险"的"三保"措施,破除"卖不出、买不好、怕灾害"难题,提高群众产业发展的积极性。其理由如下:

　　一是保障收益底线是激发群众和企业的生产积极性和创造性的重要途径。如果生产者无法获得合理的收益,就会失去生产的积极性和动力,影响产业的发展和经济的增长。

　　二是风险管理是产业发展的关键因素。自然灾害、价格波动等因素会影响产业的发展和经济效益,采取风险管理措施可以减少产业经济损失,保障产业健康发展。

　　三是市场营销策略是促进产业发展的重要手段。落实保底订单和探索价格保险可以解决"卖不出、买不好"的问题,增加生产者和企业的收益,提高生产积极性和市场竞争力。

　　这些措施体现了多种学科理论。具体来说:

　　第一,经济学认为,市场是资源配置的重要手段,通过市场机制,生产者可以获得合理的收益,从而激发其生产积极性和创造性。同时,风险管理是经济发展的关键因素,需要采取风险管理措施减少产业经济损失,保障产业健康发展。

　　第二,价格保险和自然灾害保险是保险学的重要内容,价格保险可以保障龙头企业收益底线,自然灾害保险可以防范产业风险。采取保险措施可以降低产业经济损失风险,保障产业健康发展。落实保底订单和探索价格保险是市场营销策略的重要内容,可以解决"卖不出、买不好"的问题,增加生产者和企业的收益,提高生产者积极性和市场竞争力。

　　LD县探索推动农户以资金、土地、劳务等要素参与产业发展,农户参与产业发展可以提高农民的收入。农户可以通过参与产业发展,将自己的资金、土地和劳务等要素投入产业中,从而实现收入的叠加,提高自己的经济收入。农户参与产业发展可以促进产业升级和发展,可以提供更多的资金、土地和劳务等要素,促进产业的发展和升级,提高产业的竞争力和盈利能力;可以促进农村经济社会的发展,增加就业机会,提高农民的生活水平,推动农村社会的发展。这

些意义体现了多种学科理论的应用,具体来说:

一是农户参与产业发展,涉及资金、土地、劳务等要素的投入和利用,需要遵循经济学的原理,实现要素的最优配置和利用,提高经济效益和社会效益。

二是农户参与产业发展,涉及农业资源的利用和农业产业的发展,需要遵循农业经济学的原理,实现农业资源的合理利用和农业产业的可持续发展。

三是农户参与产业发展,需要合理配置和管理劳动力资源,遵循人力资源管理学的原理,实现劳动力的有效利用和管理,提高劳动力的生产力和创造力。

LD县组织龙头企业牵头,统一种植标准、统一分选包装标准、统一组织销售的"三统"措施,有效推动果蔬产业持续增效,体现了以下几个理论:

其一,标准化管理理论。统一种植标准、统一分选包装标准等措施,体现了标准化管理的理念,即通过规范化、标准化的管理,提高生产效率和产品质量,降低管理成本和风险。

其二,产业集群理论。通过组织龙头企业牵头:统一组织销售等措施,可以形成产业集群,实现资源共享、合作共赢、优势互补,从而提高整个产业链的综合效益和竞争力。

其三,市场营销理论。通过统一组织销售,可以实现市场营销的理念,即根据市场需求和竞争情况,制订合适的营销策略,提高产品销售量和利润水平。

以上这些理论的应用,使得LD县果蔬产业得以规范化、集群化、市场化发展,提高了产业效益和社会效益,具有重要的现实意义和理论价值。

## 第二节

# 生态文明建设评价考核"5+1"工作机制

## 一、改革创新项目概况

为深入贯彻落实党中央、国务院关于生态文明建设的重大决策部署,全面落实《国家生态文明试验区(贵州)实施方案》,进一步健全A州生态文明建设制度体系,根据州全面深化改革领导小组2020年度重点改革事项安排,由A州办牵头会同州统计局、国家统计局、A州调查队共同构建了该自治州生态文明建设目标评价考核"5+1"工作机制,其目的是通过建立较为系统和完善的生态文明建设目标评价考核体系,通过制度约束,将A州各级各部门的思想和行动统一到州委、州政府关于生态文明建设的决策部署上来,形成A州各级各部门各负其责、协调配合、齐抓共管、共同推进生态文明建设的良好局面。

该自治州生态文明建设目标评价考核体系共包含《A州生态文明建设目标评价考核部门协作机制方案》《A州绿色发展指数统计监测方案(修订)》《A州生态文明建设目标评价考核调度工作方案》《A州州直部门生态文明建设目标评价考核方案》《A州生态环境公众满意度调查方案》《A州2019年度生态文明建设目标评价考核重点工作任务分解方案》6个具体工作方案。

一是《A州生态文明建设目标评价考核部门协作机制方案》。该方案是生态文明建设目标评价考核工作的基础,由于生态文明建设涉及部门多,需要协调的事项较多,为了能够形成A州生态文明建设各部门齐抓共管的局面,方案明确了生态文明建设目标评价考核部门协作的主要成员单位,确定各成员单位的工作职责、工作范围及分工等,强化了生态文明建设目标评价考核部门协调配合,为各部门共同推进生态文明建设创造良好的氛围。

二是《A州绿色发展指数统计监测方案(修订)》。结合A州生态文明建设实际,对监测方案作了修订,主要是考虑机构改革后,部门职能职责发生了变化,为了确保指标监测有人管,对绿色发展指数统计监测方案进行了修订,并强化了监测的频次和报送的时限要求,确保通过监测能及时反映A州生态文明建设和绿色发展总体情况,为A州生态文明建设目标评价考核提供数据保障。

三是《A州生态文明建设目标评价考核调度工作方案》。该方案根据省、州生态文明建设目标评价考核办法相关要求,针对绿色发展指数、体制机制创新和工作亮点、群众满意度、生态环境破坏事件4个方面明确了调度任务分工和调度时间要求等。通过建立纵横分层运行调度工作机制,及时掌握和发现A州生态文明建设工作中的薄弱环节和短板,为州委、州政府的决策提供参考,同时通过加强调度将A州各级各部门的思想和行动统一到州委、州政府关于生态文明建设的决策部署上来,切实提升A州生态文明建设水平,确保A州生态文明建设工作稳中趋好。

四是《A州州直部门生态文明建设目标评价考核方案》。此方案是为了填补A州生态文明建设目标评价考核体系中的空白,之前A州生态文明建设目标评价考核办法只是针对县(市)考核,对于部门考核无依据,根据州目标评价考核办法,2019年开始A州针对生态文明建设,将部门也纳入了考核范围。为了促进州直各单位务实高效履行职能职责,使考核工作有据可依,根据州目标办关于州直部门考核方案,制定了本方案,方案明确了考核范围、考核内容、考核方式、考核结果的应用等内容,使A州生态文明建设目标评价考核体系更趋完善。

五是《A州生态环境公众满意度调查方案》。此方案旨在了解公众对生态环境各方面的满意度以及相关意见,是生态文明建设目标评价考核的重要工作之一,为了确保调查工作能真实反映公众对生态环境的满意程度,为州对县市生态文明建设目标评价考核提供基础数据,依据《A州生态文明建设目标评价考核办法(试行)》制定了公众满意度调查方案,方案中明确了调查时间、范围、被调查对象和调查方法。

六是《A州2019年度生态文明建设目标评价考核重点工作任务分解方案》。此方案是"5+1"工作方案中的"1",为年度重点工作方案,根据上一年度省对州考核结果制定,主要针对A州生态文明建设目标评价考核中的薄弱环节和短板有针对性地制定具体措施,方案对绿色发展指数涉及的49项指标明确了年度目标,对体制机制创新进行了任务安排,对生态环境事件责任进行了明晰,该方案是其他5个方案的具体落实。

## 二、主要成效

在州委、州政府的坚强领导下,A州上下坚持以习近平生态文明思想为指导,认真落实中央、省决策部署,围绕该自治州生态文明建设目标评价考核"5+1"工作机制,在绿色屏障建设、绿色发展、生态兴农、生态旅游等方面,全力推进生态文明建设各项工作,生态文明制度体系进一步健全,"水、气、土、废、污"治理取得阶段性胜利,生态环境质量持续改善,A州各族群众切实感受到生态环境质量的积极变化。

2019年度(生态文明目标评价考核为跨年度考核),A州森林覆盖率达65%,提前一年完成"十三五"规划目标,集中式饮用水水源水质达标率稳定在100%,县级以上城市空气质量优良天数比率达到99.1%,空气质量继续位于全省前列,地表水达到或优于Ⅱ类水体比例95.5%,地表水劣于Ⅴ类水体全面消除成果持续巩固,污水集中处理率达到95%以上,城乡生活垃圾无害化处理率达86.62%,城乡环境质量进一步提升,万元GDP用水量明显下降,全面完成省下达目标。

## 📁 案例分析

制定A州生态文明建设目标评价考核"5+1"工作机制的目的是建立较为系统和完善的生态文明建设目标评价考核体系,通过协作机制方案、绿色发展指数统计监测方案、调度工作方案、部门评价考核方案、公众满意度调查方案和重点任务分解方案等6个具体工作方案,对生态文明建设目标进行评价和考核,从而推动该自治州的生态文明建设。其中,协作机制方案是各部门之间协同工作的具体安排,绿色发展指数统计监测方案是对生态文明建设目标的具体量化指标进行监测,调度工作方案是对生态文明建设目标的具体工作任务进行安排和协调,部门评价考核方案是对各部门的工作进行评价和考核,公众满意度调查方案是了解公众对生态环境的满意度和需求,重点任务分解方案是对重点工作任务进行具体分解和安排。通过这些具体工作方案的实施,该自治州的生态文明建设目标评价和考核将更加科学、规范和有效。

A州生态文明建设目标评价考核"5+1"工作机制涉及多个学科原理,以下是一些主要的学科原理:

一是统计学原理。绿色发展指数统计监测方案是基于统计学原理来制定的,通过对生态文明建设目标的具体量化指标进行监测,可以更加科学地评价和考核该自治州的生态文明建设情况。

二是环境科学原理。该工作机制的目的是推动该自治州的生态文明建设,其中的调度工作方案、部门评价考核方案和公众满意度调查方案都涉及环境科学原理,通过对环境质量、资源利用和生态保护等方面进行评价和考核,可以更好地推进生态文明建设。

三是管理学原理。该工作机制中的协作机制方案、调度工作方案和部门评价考核方案都涉及管理学原理,通过建立较为系统和完善的生态文明建设目标评价考核体系,可以更好地协调各部门之间的工作,推进生态文明建设目标的达成。

四是经济学原理。绿色发展指数统计监测方案也涉及经济学原理,通过对绿色发展指数的监测,可以更好地促进经济的可持续发展,实现经济效益和环境效益的双赢。

## 第三节

## 构建大数据+建议提案办理新格局

A州人民政府办公室紧紧围绕行政效能提升,依托大数据,大胆创新,从办理机制、督办机制和沟通机制上做好文章,在提高代表建议和政协提案办理"满意率""落实率"上狠下功夫,使建议、提案办理工作凸显特色、呈现亮点、实效明显。

### 一、创新办理机制,确保立案、交办、承办有序开展

#### (一)狠抓平台建设

一是立足实现建议、提案办理与信息公开有机结合,抓好建议、提案办理平台的建设和维护,确保712名代表和委员、县(市)政府及州直部门、单位使用建议和提案办理平台全覆盖。

二是科学设置建议、提案的"提出(代表和提案者)—审查(州人大办和州政协办)—交办(州委办、州政府办)—承办(各县市政府及州直部门、单位)—审核(州委办、州政府办)—答复(各县市政府及州直部门、单位)"流程,科学设定办理时限,确保办理流程规范顺畅。

三是设置亮黄灯红灯提醒、加减分等,实现考评自动化、标准化、规范化。

四是除涉密或敏感的建议、提案外,建议、提案办理过程及结果全程向社会公开,有效回应社会关注和群众关心的问题。

#### (二)狠抓精准交办

一是州两会期间,通过抽调承办单位骨干提前介入建议、提案的初审,对违反法律政策、不属于本级政府解决及信访案件提出"不予立案"的建议,对内容雷同的提出并案的建议,在一定程度上缓解了因建议、提案内容可操作性差导致建议、提案办理成效不明显问题。

二是采取州政府分管领导召开交办协调会或州政府办建议、提案科预分办的方式,按单位的职能开展建议、提案的分办。办理平台交办后对分办有异议的,在交办会后7日内可申请调整变更承办单位;承办争议较大的建议、提案,召开专题协调会明确承办单位。通过以上举措,确保"主办单位找准,协办单位找全",为建议、提案办理取得实效夯实基础。

### (三)狠抓办理流程规范

一是出台《A州人民政府办理州人大代表建议和政协提案办理办法》,从机制建立、责任落实、办理规范等方面对建议、提案办理工作进一步规范,实现办理流程精准可控,办理模式可复制推广。

二是要求承办单位必须落实与代表和提案者办理前、中、后"三沟通",建立和完善面商机制。通过"办前了解意图,办中沟通协商,办后跟踪回访",认真听取代表和提案者的意见和建议,找准解决问题的措施。

三是要求承办单位必须落实建议、提案办理工作"四确定"工作制度。即:确定一位负责人直接分管,确定一名综合科室负责人日常协调,确定业务科室具体办理,确定一名工作人员负责办理平台。

四是要求主办单位发挥牵头、统筹、协调作用,主动加强与会办单位的沟通,会办单位要积极配合主办单位,尽早提出会办意见。对涉及面广、综合性强、问题复杂、难度较大的建议、提案,主办单位要牵头建立和完善会商机制,通过召开协调会、推进会及开展联合调研等方式促成建议、提案的办理落实和成果转化。

## 二、创新督办机制,实现办理、督办、考核有机衔接

将日常督办与动态督办、常规督办与创新督办有机结合,并贯穿建议、提案办理工作始终。

### (一)建立和完善"三单制"

任务清单,将办理任务细化到人,量化到岗,逐项落实到具体部门和责任人,确保每一个建议、提案有人管、有人办、有着落;责任清单,明确州政府主要领导为第一责任人,各承办单位主要领导亲自抓办,对应职能职责,将建议、提案办理工作与分管工作有机结合,做到同安排、同部署、同检查、同落实;问题清单,列出办理中存在的困难

和问题,协调解决办理中的困难,提出整改意见,及时纠正办理中存在的问题。通过"三清单",落实了任务,夯实了责任。

### (二)建立和完善"三调度"

州政府办在建议、提案办理的三个月时限内每月开展一次工作调度会。第一个月对是否接件、是否开展办理前沟通进行调度,确保承办单位充分了解提建议、提案的想法和初衷,对症下药确定办理方向,有利于建议、提案办理不跑偏。第二个月对是否开展办理中沟通、是否具体抓建议、提案的办理和落实进行调度,确保承办单位能充分与代表和提案者达成共识,征求解决问题的办法和途径,协商如何抓落实。第三个月对是否开展答复前沟通、是否按要求答复开展调度,确保承办单位严格按要求答复。州政府办将调度到的情况纳入绩效考核,有力促进承办单位规范流程、狠抓落实。

### (三)开展动态督办

采取参加现场办理、实地调研、专题协商等多种形式,开展办理前、中、后的全程动态督办。加强对承办单位办理情况的了解和业务指导,协调解决建议、提案办理过程中存在的困难和问题,提醒承办单位加强与代表和提案者、协办单位的沟通,督促承办单位认真剖析建议、提案反映的问题,积极吸纳代表和提案者的合理化建议,采取有力措施抓好落实,切实提高建议、提案办理实效。

### (四)开展"B"类件"回头看"

在对建议、提案办理结果科学分类的基础上,对上年度建议和提案"B"类件开展"回头看",督促承诺事项逐一落实,激发代表和提案者参政议政、建言献策的积极性,有力促进建议、提案成果转化。

## 三、创新沟通机制,营造互信、协调、互助良好氛围

营造相互信任、相互支持、相互配合、融洽和谐的建议、提案办理氛围,构建州"四家班子"办公室、承办单位与代表和提案者、主办单位与协办单位间信息良好互通的建议、提案办理工作大格局。通过各单位的互联互通,提高办理工作的透明度,实现同频共振、同向发力的目的。

A州人民政府办公室始终牢固树立"以人民为中心"的思想,坚持为人民服务的宗旨,扎实推进建议、提案办理工作,不断增强群众的获得感、幸福感,办好办实建议、提案"永远在路上"。A州人民政府办公室将立足省情、州情,以高度的政治责任感和使命感体察民情、感受民意,聚焦民生和经济社会发展需要,不断推进建议、提案办理工作取得实效。努力做到"办好一件,解决一片",以办好办实建议和提案为抓手,全力推进政府工作更加务实、更惠民生、更促发展,为贯彻新发展理念作出更大努力。

## 案例分析

A州人民政府办公室紧紧围绕行政效能提升，依托大数据，大胆创新，从办理机制、督办机制和沟通机制上做好文章，提高代表建议和政协提案办理的"满意率""落实率"，可以使政府对民意的反馈更加快速和准确，提高政府的服务质量和效率，增强政府的公信力，改善政府的形象。同时，构建大数据+建议提案办理新格局，有助于政府更好地了解公众的需求和诉求，更有针对性地开展工作，推动政府治理现代化。在办理机制、督办机制和沟通机制上做好文章体现的学科理论如下：

第一，行政学理论。办理机制、督办机制和沟通机制都属于行政学的研究范畴，构建高效的行政机制有助于提高政府的服务质量和效率，增强政府的公信力，改善政府的形象。

第二，大数据分析原理。依托大数据进行分析和应用，可以更加准确地了解公众对政府工作的反馈和意见，提高政府对民意的把握和处理能力。

第三，沟通学理论。沟通机制是政府与公众之间进行信息交流和沟通的渠道和方式，通过建立良好的沟通机制，可以更好地了解公众的需求和诉求，增强政府与公众之间的互信和联系。

第四，建议提案学原理。建议提案办理工作是政府与人民代表之间的重要联系方式，通过改进办理机制和督办机制，可以更加高效地处理提案，实现代表建议和政协提案的有效落实。

# 第四节
## 派工单制度破解河湖管护重点难点问题

## 一、派工单制度出台背景

2017年5月,州委办、州政府办印发了《A州全面推行河长制工作方案》。2018年10月,修订完善《A州全面推行河(湖)长制工作方案》。自此,A州496条河流、307座水库全部纳入河(湖)长制管理,共设立河(段)长2157名,建立河(湖)长组织体系,实现责任落实全覆盖,河湖管理取得一定成效,但随着河(湖)长制工作的深入推进,也暴露出一些问题。

一是履职不到位问题。在各级河长中,存在"不愿当""不想当""不好当""应付当"现象,主要表现在河长履职不主动,上面有行动下面才动作,工作走过场,没有认真研究如何履职、查找河湖问题等。

二是组织不到位问题。相关部门之间、跨界河流之间、各级河长之间、各级责任单位之间各自为政现象普遍存在,部门联动监管、区域联防联动、联合执法合力没有形成,特别是由于权责不对应,部分河长在交办问题整改上存在推卸、整改滞后,甚至不整改等问题。

三是整改责任不明确。河湖问题表象在水里,根子在岸上,在推进河湖问题整改过程中主体责任不明确,对整改任务、整改要求、整改时限等没有明确规定,影响问题整改。

针对存在问题,州水务局创新工作机制,研究制定《河长制工作派工单管理暂行办法》,构建问题收集、问题派工、问题督办、整改销号闭环工作体系,使问题清单化、措施精准化、任务工单化,精准施策,进一步压紧压实各级河长、责任单位、职能部门工作职责,河湖长制工作取得明显成效。近年来,A州连续多年在省对市(州)河湖长制工作考核中位于第一方阵,并且派工单改革创新压紧压实各级各行业的举措,得到水利部的充分肯定。

## 二、主要做法

### （一）打造派工单闭环体系，做到问题整改有章法

一是构建问题收集体系，建立派工单问题"数据库"，结合一河一策、河长巡河、群众反映、上级部门转办以及涉及行政主管部门多次安排没有得到解决的问题，按照问题内容、责任河长、责任单位、整改目标、整改期限等列出清单，设置派工单问题"数据库"。

二是构建问题派工程序，强化派工问题整改。派工单共分三个层次：第一层由州河长办收集梳理"数据库"中的问题进行派工；第二层针对第一次派工要求整改落实的问题，在规定时限内未完成或未达到整改要求的，提请州副总河长进行派工；第三层针对第二次派工要求整改落实的问题，在规定时限内未完成或未达到整改要求的，提请州总河长进行派工，仍未完成整改的，启动问责程序。

三是构建问题督办体系，形成问题整改合力，州河长办负责协调调度，州级责任单位负责跟踪督办，协助整改单位贯彻落实，并适时向河长报告。建立派工单进展反馈制度，整改责任单位定期向州级责任单位报送派工单进展反馈表，州级责任单位跟踪复核，确保在规定办结时限内完成整改。

四是构建整改销号流程，形成问题整改闭环。受单县(市)进入办理程序后，第一时间制定整改方案，按时序推进整改工作，完成整改后5个工作日内报州级责任单位，由州级责任单位现场复核整治效果后报州河长办备案，完成整改的予以销号，未完成整改或未达到整改要求的，启动下一派工程序。

### （二）营造比学赶超良好氛围，做到压实责任有办法

一是晾晒问题收集。州级责任单位或涉及县(市)河长办负责收集整理河长巡河情况及发现问题，州河长办汇总整理后形成河长制工作动态，定期呈报州总河长、河长，并印发各县(市)，让履职不到位的河长及责任单位"红红脸"。

二是晾晒工单执行。州河长办定期梳理派工单进展反馈表，晾晒派工单执行情况，让未按要求执行派工单制度的受单县(市)"红红脸"。

三是晾晒问题整改。州河长办根据州级责任单位复核的整改结果，定期通报派工单整改情况，晾晒问题整改成果，让整改滞后的县(市)和没有履行督导职责的州级责任单位"红红脸"。

### (三)落实党委政府主体责任,做到问题整改有主体

一是构建问题处理机制,解决河湖问题怎么管。河湖污染问题种类较多,涉及部门较广,派工单制度规范了问题收集、问题派工、问题督办、整改销号的各方职责,并将派工单整改落实情况纳入州对县(市)河湖长制工作考核,通过考核指挥棒撬动县级河长、县(市)政府积极履职尽责,形成责权明晰、工作闭环的管理制度。

二是抓住党政主要同志,解决河湖问题管得住。充分按照河湖长制工作党政同责要求抓住党政负责同志这个"关键少数",在河湖治乱治污上争取党政主要领导的支持,主动履职尽责,表率先行,引领各级河长履职,开展河长巡河,切实为河湖"把脉问诊"。

三是抓牢党委政府责任主体,解决河湖问题管得好。通过派工单制度牢牢抓住下级党委政府这一责任主体,通过党委政府调度协调,解决相关部门之间、跨界河流之间、各级河长之间、各级责任单位之间各自为政问题,推进问题整改,形成水环境治理和河湖"四乱"整治共推共进共促合力。

## 三、取得的成效

### (一)重要河流污染防治成效明显

通过派工单压实责任后,瓮安河、重安江、都柳江等重要河流污染治理成效明显,"一河两江"通过实施矿山总磷污染综合治理、沉砂池、淋溶水收集沟渠、生态收集池等工程措施进行系统治理,水质明显提升。瓮安河天文断面总磷浓度从2018年的0.24 mg/L降至0.17 mg/L,水质从2018年的Ⅳ类提升至Ⅱ类;重安江大桥和凤山桥边两个国控断面总磷浓度分别稳定保持在0.16 mg/L和0.22 mg/L,水质总体上分别达到Ⅱ类和Ⅳ类标准,都柳江独山潘家湾断面锑浓度从2018年的64.4 $\mu$g/L降至43.7 $\mu$g/L,下降20.7 $\mu$g/L,降幅达32.1%。

### (二)河湖"四乱"问题得到有效整治

自2018年启动派工单制度后,A州河湖"四乱"问题整改推进成效明显,2018年以来,水利部、省水利厅暗访及州级自查发现"四乱"问题47个,通过派工单调度,47个"四乱"问题得到有效解决。如,某集团置业有限公司房地产开发项目侵占河岸问题,在派工单下达后,所属辖区的河长办联合住建局、综合执法局等部门进行现场拆除,获得群众好评。

### (三)养殖污染逐步减少

据统计,A州境内规模养殖场共计879家,自派工单制度执行后,强化跟踪督办,各县(市)积极采取雨污分离,配套建设沼气池、集粪棚、粪污治理设施设备等,提高粪污资源化利用率,减少粪污直排。截至2019年12月,A州畜禽规模养殖场处理设施装备配套率达96.94%,大型规模养殖场配套率达100%,实现粪污资源化综合利用率达75.63%,大大减少了养殖粪污污染。

### (四)水环境质量不断提升

通过派工单制度督促问题整改,减少了入河污染源,A州地表水水质优良率总体得到提高,地表水水质优良率从2017年底的86.4%提升到95.5%,县级集中式饮用水水源地水质达标率达100%。

### (五)深化派工单制度推广运用

各县(市)借鉴州级推行派工单制度的成功经验并推广运用。形成一级抓一级、层层抓落实的工作格局。截至目前,A州12县(市)共派出派工单291单468个问题,整改完成459个,整改率达98%,有效推进了河(湖)长制工作深入开展。

> **案例分析**

　　总体来说,《A州全面推行河(湖)长制工作方案》的目标是通过实施河长制,加强对河流的保护和治理,促进生态文明建设,并且在工作任务、工作重点和工作保障等方面进行了细致的规划和安排。涉及的学科原理主要有以下几个。

　　一是生态学原理。方案的工作指导思想和工作目标坚持生态优先、保护为主的原则,旨在通过河长制的实施,加强对河流的保护和治理,促进生态文明建设。

　　二是水资源学原理。方案的工作目标和重点任务中涉及水质改善、水环境治理能力提升和水资源利用效率提高,旨在通过河长制的实施,有效保护水资源,提升水资源的利用效率。

　　三是管理学原理。方案中涉及的建立河长制工作机制、完善河长制工作体系、落实河长制工作职责等重点任务,体现了管理学中关于建立有效管理机制、规范管理体系、落实管理职责的原则。

　　总之,《A州全面推行河(湖)长制工作方案》中涉及的学科原理主要有生态学、水资源学、管理学等,体现了多学科交叉融合的特点。

# 第六章
# 教育及文化改革篇

## 第一节

# 深化教育改革，助推教育高质量发展

近年来，D县围绕办好人民满意的教育目标，始终把教育摆在优先发展位置，以深化教育体制机制改革为基础，以管理体制机制改革为抓手，以合作办学模式改革为突破口，以激励奖惩制度改革为动力，促进基础教育高质量发展，推动县域内城乡教育一体化优质均衡发展，全县教育事业取得长足进步。

## 一、深化资源布局调整

一是中学向县城集中。制定《D县教育城乡一体化工作实施方案》《D县学校布局调整规划方案》，按照"全域一城，城乡一体"思路，推行"小学分散、初中集中、高中聚集"的布局，科学合理布局教育网点，推进初中学校和普通高中向县城聚集，初中、高中教育质量大幅提升。中考成绩连续六年A州第一，2020年高考D县600分以上60人，一本上线率21.12%，二本上线率51.63%，4人考取清华大学。

二是小、弱学校整并。采取撤并、改扩建、迁建等方式，调整和撤并规模小、条件差的学校，将原有的3所高中并为2所，14所初中合并为5所，167所小学撤并为42所。组织实施学校标准化建设和农村薄弱学校改造工程，持续提升基础教育学校办学条件。2017年以来，累计投入4.3亿元，建成园林化、信息化、现代化、标准化学校8所，完成34所学校维修改造，改善薄弱学校53所，新建扩建校园37所，建成校园塑胶运动场23个，建成教师周转房522套、公租房296套。

三是学前教育扩点面。大力推进学前教育公益普惠发展，加大学前教育投入力度，提升幼儿园办园品质，学前教育发展取得突破式发展。剥离小学附属幼儿园5个，增加普惠性幼儿园7所，普惠率由原来的76.8%增加到80%，学前三年毛入园率达92.3%。在园幼儿达11792人。

四是软硬件设施保障。对D县8所中学全部实施全封闭寄宿制管理，严格落实学校领导及值日教师值班巡查制度及学生就寝登记制度,保障学生就寝安全。依托营养改善计划、寄宿生生活补助等政策保障学生在校生活。全面推进学生宿舍和学校食堂标准化、规范化建设,投入资金0.9亿元,新建校舍1万平方米,D县所有学校教育教学和生活设施设备配套率达100%。

## 二、深化管理体制改革

一是实行集团化办学。对D县所有小学和幼儿园实施集团化办学,按照就近原则将8个镇42所小学划分到8个小学"集团校",将22所民办幼儿园划分到4个幼教集团,采取"强校+弱校""名园+民园"模式进行统一管理。在"集团校"中推行简政放权。将"集团校"内的人、财、物权交由总校统一调配管理,对"集团校"统一评价考核。通过定向支教、跟岗研修、结对帮扶等措施,推动形成资源共享、教师互动、优势互补、以强带弱、共同发展的格局,实现县、镇、村三级教育质量统筹推进。

二是实行校长职级制。取消校长行政级别,实行职级"年薪"制,职级按特级、一级、二级、三级等4个层次划分,待遇实行年薪制,年薪分为原工资津贴收入和与其职级对应的职级津贴两部分,职级津贴分别为基础工资和基础性绩效工资总和的60%、50%、40%、30%,其中一部分作为基础性职级津贴,对应校长职级和学校规模发放,剩余部分作为奖励性职级津贴与校长奖励性绩效工资一起由县教育局根据年度绩效考核结果发放。

三是教师"县管校聘"制。积极推行按需设岗、竞聘上岗、按岗聘用、合同管理的"县管校聘"制度,开展竞聘上岗,按岗配置、使用和考核教师。将聘用权下放到教育局和学校,在不突破编制和结构的前提下,由教育局负责组织实施教师交流调配工作,推行"国培计划"集中培训、网络培训、访名校培训、名师送教下乡、随岗研修等"五位一体"培训体系,大幅提升教师队伍整体素质。近年来,共培养各级各类骨干教师783人。实施教师"召回制度",将竞聘不上、教学业绩挂末等原因不能胜任教学岗位的教师,送至教师流转中心统一调配。

## 三、深化办学模式改革

一是"联合"办学。与联办性质的G高校附属实验学校和民办性质的GY市兴农中学等学校强强联合,分别开办了D县三中、D县民族中学、H学校等3所"混合式"学校,采取"国有民办"混合所有制办学模式,由县政府提供校舍配套设施设备、图书馆等教学设施,学校的教学管理、校园管理等管理服务工作交由民办学校接管,促进优势互补、各展所长,推动联办学校教育教学质量实现跨越式提升。联合办学7年来,D中学(民族中学)有16名学子考进清华北大,一本率稳定在50%左右,二本率稳定在90%以上,一二本率均居A州县市第一名;D县三中中考成绩连续六年稳居全县第一。

二是"托管"办学。积极探索初高中托管办学,将高级中学、为民中学托管给第三中学,成立了D县G高校附属实验中学教育集团。在集团学校管理上、制度建设上、学生培养上均依托主校丰厚的教育资源,制定有效的奖励机制,共享资源和平台,获得发展的机遇与活力。被托管的高级中学和W中学教学成绩均取得有效提升,高级中学实现了低进高出重大突破,2020年高考有4人考取600分以上,W中学七、八年级A州联考,由D县初中最后一名升到第二名。

三是"帮扶"办学。充分利用G市H区挂帮D县机遇,积极推进帮扶援建项目建设,使用帮扶资金1175.89万元,建成1所移民安置点幼儿园,为特殊学校添置了"特殊教育资源室"和"残疾学生读书长廊"。D县内22所中小学及幼儿园与G市学校签订"一对一"结对帮扶协议,多渠道多形式开展"结对子"东西部教育帮扶协作培训。2017年以来,先后派238名管理干部、校长、骨干教师到G市各类学校跟岗挂职学习,G市先后派16位教师到D县挂职支教,派遣专家团队124人次到D县开展同课异构、诊断式培训等培训43期。

## 四、深化激励制度改革

一是实施"三名"工程。打造"创名校、培名师、赏名生"的"三名"工程特色教育品牌,每3年评选高中、初中、小学、学前"名校"各1所,获评的学校获专项经费奖励,并在师资配备和办学条件上享有优先权。每年评选导师型、骨干型、新秀型三类"名师",在荣誉期内可享受特殊津贴待遇,共评选出县级"骨干级名师"22人、"新秀级名师"61人。每年评选英才奖、英杰奖、英少奖三类"名生",共评选出名生328人,获得县政府一次性奖励。2019年以来,申报获批"G省省级名师工作室"1个,"省级乡村名师工作室"8个。

二是实施"绩效"考核。全县各中小学分别分校制定绩效考核方案,全体教师绩效工资由基础性绩效和奖励性绩效两项组成:基础性绩效占比为66%,随工资发放;奖励性绩效占比为34%,每学期发放一次。把工作量、教学质量、完成工作优劣等指标列入绩效考核评分体系,进行量化评分,奖励性绩效按教师得分多少进行发放,拉开差距,实现多劳多得、优绩优酬。

三是实施"多轨"工资。按照"多劳多得、优劳多得、优绩多得"的原则,实行政府和托管学校的双轨道激励机制,提高教师薪资待遇。政府主导进行绩效奖和高考中考奖"两奖",并细分为目标任务奖、质量提升奖等奖项进行奖励。按照"县管校聘"进入联合办学的教师,实行档案工资和奖助津贴分轨制,除领取档案工资外,按职务级别分别享受超课时补贴,教研组长、备课组长津贴,副级长、级长津贴等项目1000元/月至2000元/月不等的补贴,教师薪酬待遇得到大幅提高。

## 📁 案例分析

D县围绕办好人民满意的教育目标,将教育摆在优先发展位置,以深化教育体制机制改革为基础,以管理体制机制改革为抓手,以合作办学模式改革为突破口,以激励奖惩制度改革为动力,促进基础教育高质量发展,是为了提高全县教育水平,满足人民对更高质量的教育的需求,促进经济社会发展和人力资源优化配置。D县教育事业的发展具有以下特点:

一是以深化教育体制机制改革为基础。D县教育事业的发展,以深化教育体制机制改革为基础,通过完善教育制度和政策,加强教育管理和监督,提高教育质量和效益。

二是以管理体制机制改革为抓手。D县教育事业的发展,以管理体制机制改革为抓手,通过建立科学合理的管理体制和机制,优化资源配置,提高教育资源利用效率。

三是以合作办学模式改革为突破口。D县教育事业的发展,以合作办学模式改革为突破口,通过与其他地区或机构合作办学,共享教育资源,提高教育教学质量。

四是以激励奖惩制度改革为动力。D县教育事业的发展,以激励奖惩制度改革为动力,通过建立科学合理的激励机制和惩戒机制,调动教育工作者的积极性和创造性,提高教育工作质量和效益。

从学科原理方面来看,D县教育事业的发展涉及的学科原理主要有以下几个方面:

首先,D县将教育摆在优先发展位置,以深化教育体制机制改革为基础,以管理体制机制改革为抓手,以合作办学模式改革为突破口,以激励奖惩制度改革为动力,促进基础教育高质量发展。这体现了教育学中关于提高教育质量和效益的原理。

其次,D县教育事业的发展,以管理体制机制改革为抓手,建立科学合理的管理体制和机制,优化资源配置,提高教育资源利用效率。这体现了管理学中关于建立科学合理的管理机制、提高资源利用效率的原理。

最后,D县教育事业的发展,以促进经济社会发展和人力资源优化配置为目标,通过提高教育质量和效益,推动经济社会发展。这体现了经济学中关于教育对经济社会发展的促进作用的原理。

综上所述,D县围绕办好人民满意的教育目标,从多个方面入手,多措并举,促进基础教育高质量发展。

## 第二节

# "四个三"模式探索高职院校发展新路径

近年来,H职业技术学院党委认真贯彻党的教育方针,建立"三级书记抓党建"为统领,"三职教育""七个文化育人""思政五分钟"为抓手的"3375"育人体系,探索形成了谋"三定"、塑"三职"、建"三特"、推"三变""四个三"高职院校发展路径,推动学院实现了赶超跨越的发展目标。

## 一、谋"三定",定战略、定目标、定措施,党委关键核心作用精准导航

旗帜鲜明坚持党管学校原则,加强院党委对学院工作的全面领导,充分发挥党委"把方向、谋大局、定政策、促改革"作用,坚持"书记抓、抓书记",建立学院党委、党总支、党支部"三级书记"抓党建工作体系,严格执行党委领导下的校长负责制,把党的政治优势、组织优势转化为推动学院加快发展的强大动力。

一是定战略。针对学院基础设施差、人才力量弱、人心浮动、发展理念匹配不上发展需要等问题,院党委多次召开教职工会议,给干部职工顺气疏绪,重新组织摸排学院家底、梳理发展思路,在此基础上召开学院党委第一次代表大会,提出党建带校建、校建立优校、优校促双高、双高保发展,着力培养面向生产、建设、服务和管理一线的社会主义现代化高素质技术技能人才,推动建成服务地方经济社会发展的高级技术技能人才培养培训基地,研究确定省内一流的示范性特色高职院校的发展战略,为学院中长期发展指明了方向。

二是定目标。院党委坚持高标准、高要求,确立了建设集"教学、康体、孵化"为一体的公园式校园的功能定位,制定了到2020年实现高职在校生规模稳定在1000人以上、社会培训规模稳定在每年10000人次以上的办学目标,大力实施基础设施建设、扩大办学规模和内涵提升三大任务,最终推动学院功能进一步完善,教育教学质量明显

提高,科研服务经济发展能力显著增强。发展目标的确定,极大地提高和鼓舞了师生士气,形成了全院心齐气顺、步调一致、干事创业的良好氛围。截至2020年,在校学生从2015年的3676人增加到12883人,每年完成各类社会培训100000余人次。

三是定措施。基于战略和目标,重点组织实施"治理工程、基本建设工程、开放办学工程、招生就业工程、内涵提升工程、质量提升工程、人才强校工程、校园文化建设工程"八大工程。加强党组织建设,增设专职副书记1名、副院长2名,选好配强党总支(党支部)书记。制定"三级书记"抓党建工作责任清单、项目清单,明晰党建工作与八大工程等业务深度融合的路径、措施。健全完善"党委领导、校长负责、专家治学、民主管理"治理结构,建立奖优罚劣、优绩优酬的分配机制,激发全院教职工干事创业的内生动力。

## 二、塑"三职",塑造职业道德、职业技能和职业形象,培养合格职业技术人才成效明显

紧扣"为谁培养人,培养什么样的人,怎样培养人"命题,制定"三职教育"人才培养机制实施方案,着力构建以培养学生职业道德为教学重点、职业技能为重要目标、职业形象为重要内容的"三职教育"人才培养机制。

一是塑造职业道德。培育和践行社会主义核心价值观,推行红色文化基因育人、工匠精神操守育人、军旅文化纪律育人、生态文化山水育人、民族文化和谐育人、优秀传统文化滋养育人、典型标杆示范育人"七个育人"模式。开展"思政五分钟"活动,制定"思政五分钟"教学指南,把思想政治工作贯穿教育教学全过程,每次课程利用5分钟左右的时间,根据专业课程特点,将思政教育融入课程教学,在传授知识、技能培训中对学生进行价值引领。组织开展"一训三风"征集活动,加强校风学风建设,形成"艰苦奋斗,争创一流,把不可能变成可能"的新时代H职业技术学院精神。将人文素质课与公共通识课程相融合,增加人文素质课程的学时、学分,开展亮党徽、团徽、院徽和推广普通话"三亮一普"等工作,促进党建与教学融合发展。经过全员育人、全过程育人、全方位育人,涌现出贵州省"感动校园十大人物"王开菊,一月内连续两次打破世界纪录并荣获"贵州省青年五四奖章""全国向上向善好青年"、入围2020年第十五届"中国大学生年度人物"的刘道敏等一大批学生楷模。

二是塑造职业技能。持续打造"双师双能型"教师队伍建设,大力实施"中青年骨干教师人才培养工程""老带新工程"和"兼职教师建设工程"。"三提升"工程,提高教

师职业技能教学水平,培养选拔"双师型"教师120余名,聘请兼职客座教授29名。纵深推进产教融合发展,按照实现专业设置与产业需求对接、课程内容与职业标准对接、教学过程与生产过程对接的"三对接"要求,深化人才培养模式改革,将人才技能培养过程分成专业基本技能训练、工学交替、顶岗实习三个阶段,不断提高学生职业岗位核心技能。开展职业技能等级证书培训,促进学习与就业无缝对接,探索"赛教相融、学赛结合"教学模式,学生职业技能、竞争能力、就业能力近年来得到显著增强,人才培养质量得到显著提升。近三年来,学院师生在技能大赛中获得国家级二等奖2项,三等奖4项;获省级一等奖13项,二等奖60项,三等奖81项。

三是塑造职业形象。结合各专业人才培养规格要求,以"稳重端庄而不矫饰、活泼开朗而不轻浮、热情大方而不做作、谦逊文雅而不庸俗"为培养目标,优化学科结构与专业设置,构建课程体系,以课堂教育为主要渠道,以教材教育和实践教育为基础,加强学生仪容仪表、处世待人、社会公众形象等内化素质和外化礼仪的职业形象塑造。在A州建州60周年成就展现场,代表A州赴京参加A州毛尖茶艺展演的H职业技术学院学生,得到中央领导的亲自接见和高度评价。近三年,毕业生就业率保持在95.38%以上,用人单位对毕业生满意度平均为97.83%,新生报到率分别为82.04%、86.53%、87.02%,社会认可度逐年提高。

## 三、建"三特",建特色专业、特色平台和特色基地,服务地方经济发展成效显著

坚持把为地方经济社会发展培养高技能人才作为办学的出发点,学院根据A州发展战略和重点产业,明确了"立足区域、对接产业、创新模式"的思路,紧密结合地方经济社会发展需要和学院自身实际,研究对比优势,探索行之有效的特色办学模式,不断增强学院发展后劲和核心竞争力。

一是建特色专业。投入5000余万元用于专业建设、课程建设等,围绕大农业、大数据、大旅游战略行动,新设互联网营销学院、毛尖茶学院,初步建成地方经济社会发展急需的茶旅一体化专业群和大数据与电子商务专业群,逐步形成了以会计、建筑、汽车3个专业群为重点,山地特色农业、大数据应用2个专业群为特色,其他专业为补充的专业格局,会计等5个专业成为国家级骨干专业。推进专业资源整合、调精调优,招生专业总数由40个调整为28个,专业生均人数由81增加到367。

二是建特色平台。加强学校教研和科研工作与地方经济社会发展需求对接,不

断加大科研投入。努力推进应用型创新科研平台建设和高水平科研项目、标志性成果培育，8个项目获得教育部"高等职业教育创新发展行动计划"认定。与州农业农村局、州农科院共建"A州功能性农产品协同创新中心""A州农产品质量安全检测中心""A州土肥检测中心"。近三年，完成A州区域5230个土壤样本57530个指标检测，富硒绿壳鸡蛋、大米、茶叶等研发项目通过验收，"A州功能性农产品协同创新中心"评为国家级协同创新中心。现代山地农业工程系为当地82家企业提供专项技术服务，解决生产技术疑难问题200余个。发挥大师工作室引领作用，建成Z毛尖茶大师工作室、H机械加工大师工作室。

三是建特色基地。从国家发改委争取3400万元项目资金，加强实训基地建设，改善学院办学条件。将"A州互联网营销开放性实训基地"建成国家级生产性实训基地，承担A州30余家合作社电子商务运营和技术服务指导工作。同时，建成省住建厅批准在市州建立的全省第一批"八大员"培训基地、省文化和旅游厅批准的"A州毛尖茶手工茶制作"非遗传承人培训基地、A州会计人员和电子商务人员培训基地等。

## 四、推"三变"，试点变亮点、校区变景区、后进变先进，学院综合实力稳步提升

坚持把改革开放作为加快学院发展的关键一招，以开放逼改革、以改革促发展，打造高职院校创新发展的"H职业技术学院模式"。

一是试点变亮点。按照高质量发展要求，以学生为中心，深化复合型技术技能人才培养培训模式和评价模式改革，抢抓汽车运用与维修专业、智能新能源汽车专业成为全国首批"1+X"证书制度试点机遇，将"1+X"证书制度试点与专业建设、课程建设、队伍建设等紧密结合，推进"1"和"X"的有机衔接，提升职业教育质量和学生就业能力。深化教学、教材、教法"三教"改革，促进校企合作，用改革的办法稳步推进职业院校发展，完成国家现代学徒制试点院校任务。

二是校区变景区。本着建设开放性校园目标，按"一年起步、三年变样、五年建成"工作安排，学院五年累计投入4.5亿元新建学生宿舍、食堂、教学实训楼等18万平方米，软硬件得到根本性好转，扭转了之前基础设施破旧不堪、教育教学落后滞后的现象，增设观景亭榭、雕塑等设施，铭刻职教文化、民族文化、传统文化、企业文化、红色文化等文化元素，建设优美、舒适、靓丽的生态校园、人文校园、和谐校园，2019年学院获得省唯一的全校园AAA级研学游景区命名。

三是后进变先进。拉直工作和责任"两个链条",激发学院发展内生动力与活力,营造创先争优氛围,推动学院快速发展。

五年来,学院在贵州省45所高职高专中从2015年的倒数第一跃进前8位,成为A州唯一、省13所省优质校立项建设单位之一。生源质量得到改善,招录的高出第二批本科院校录取分数线学生人数逐年攀升,2020达到43人。2019年教育部职业教育与成人教育司职业教育高端论坛公布中国特色高职院校(CCVC)排名,A州高职从全国1425所高职高专的排名位次上升到第457名,首次挺进前500强。

> **案例分析**

  H职业技术学院党委认真贯彻党的教育方针,建立"三级书记抓党建"为统领,"三职教育""七个文化育人""思政五分钟"为抓手的"3375"育人体系,探索形成了谋"三定"、塑"三职"、建"三特"、推"三变""四个三"高职院校发展路径,推动学院实现了赶超跨越的发展目标。H学院党委认真贯彻党的教育方针,建立"3375"育人体系,探索形成了高职院校发展路径,积极探索高职院校育人新模式,推动学院实现了发展目标。强化党建工作,H学院党委建立"三级书记"抓党建工作体系,把党建工作作为学院发展的重要保障,为学院的发展奠定了坚实的基础。突出育人工作,H学院党委以"三职教育""七个文化育人""思政五分钟"为抓手,突出育人工作,培养学生综合素质,为学生的未来发展奠定了坚实的基础。

  从学科原理方面来看,H学院"3375"育人体系的发展涉及的学科原理主要有以下几个方面:

  一是教育学原理。H学院党委以"三职教育""七个文化育人""思政五分钟"为抓手,突出育人工作,培养学生综合素质,体现了教育学中关于育人的原理。

  二是党建学原理。H学院党委建立"三级书记抓党建"为统领,强化党建工作,为学院的发展奠定了坚实的基础,体现了党建学中关于党建工作的原理。

  三是管理学原理。H学院党委探索形成了谋"三定"、塑"三职"、建"三特"、推"三变""四个三"高职院校发展路径,体现了管理学中关于发展路径的原理。

  综上所述,H学院党委建立"3375"育人体系,探索形成了高职院校发展路径,体现了教育学、党建学和管理学等学科原理。

## 第三节

# 公共图书馆中心馆+总分馆制建设

2018年7月,A州政府办印发《A州公共图书馆中心馆+总分馆制建设实施方案》,着力转变州内各级图书馆自我封闭、各自为政的现状,强化公共图书资源整合,在馆与馆之间实现互相合作、互通有无,达到统一管理、统一调度、图书通借通还。州文化、广电和旅游局在各级党委政府的大力支持和各级文旅部门、公共图书馆的共同努力下,积极推进中心馆+总分馆制建设,积极创建图书"通借通还"、资源"共建共享"、服务"规范高效"的图书服务体系。

## 一、背景情况

根据中共中央办公厅、国务院办公厅《关于加快构建现代公共文化服务体系的意见》(中办发〔2015〕2号)和《中华人民共和国公共图书馆法》相关要求,为深入推进A州公共图书馆中心馆+总分馆制建设,该州开拓创新,结合实际制定《A州公共图书馆中心馆+总分馆制建设实施方案》,力求转变各级图书馆自我封闭、各自为政的现状,促进文献信息融通,创新文献信息应用,建立区域性数字化、网络化"公共图书馆群",把优质的公共文化服务延伸到城乡基层,打通公共文化服务"最后一公里",进一步推动A州公共文化服务的供给均衡,切实保障广大人民群众基本文化权益。

## 二、主要做法及成效

### (一)凝聚共识,形成合力

总分馆制建设作为A州全面深化改革重点工作之一,自2018年9月实施以来,各县(市)党委政府高度重视,将其纳入重要议事日程,统筹制定实施方案和建设规划,并由文化部门具体负责,州、县、乡镇密切配合,齐抓共建。目前 A 州各级共计投入中心馆+总分馆项目资金358万元,有效推进了项目的实施。使原本自我封闭、各自为政的各级公共图书馆,联结成区域性的图书馆群。

### (二)创新发展,构建四级服务网络

实施"中心馆+总分馆制+服务点"模式,目的是更好地发挥州、县两级图书馆的资源优势,实现图书资源城乡共享,交互使用。这项工作是一项全新的改革,没有现成的经验可循,通过各级党委政府大力支持,该项工作稳步推进。截至目前,已建成1个中心馆(州图书馆),12个县(市)总馆,完成率100%;已建成各县(市)分馆57个,完成率53.7%(其中H县完成率100%);已建成村(街道)服务点377个,完成率36%;A州该项目总体完成率为38.5%。如今以州为中心,以12个县(市)为主导,依托乡镇(街道)综合文化活动站、村(社区)文化服务中心的四级公共图书馆阅读服务网络已初步形成。各级公共阅读资源已初步实现整合共享,群众能够方便快捷地享受公共阅读服务,此项目已成为该州现代公共文化服务的重要平台。

### (三)破旧立新,建成一体化管理体系

为了在A州形成统一区域性数字化、网络化的"图书馆群",实现读者在总馆或任一分馆办理读者证后都能够在体系中的其他分馆进行图书借阅,在任一分馆或流通点所借阅的图书都能够在其他服务点实现还回,形成"一馆办证、多馆借书、多馆还书、通借通还、资源共享"的畅通阅读渠道。目前,州、县两级公共图书馆按照"四个统一"已基本完成统一业务管理平台和基层网络设施建设工作。

一是统一使用智能化管理系统。使用统一的智能化系统软件,对各县(市)馆原来不同的业务管理系统进行全面整合,规范编目数据,集中培训管理。

二是统一资源建设。州级中心馆指导各县(市)总馆开展本县(市)的图书文献资源的数据录入,统一分配各分馆的读者卡号、图书条码和馆藏代码等。

三是完成了统一标识。由州级中心馆规范设计标识系统,各县(市)总馆、分馆和服务点已统一悬挂"××县(市)图书馆总馆,××乡(镇、街道)图书馆分馆,××村(社区)图书馆服务点"的统一标识。

四是统一图书资源配送和流通。充分发挥好图书流动服务车作用。各县(市)总馆每季度为每个分馆配送图书,分馆定期向服务点配送图书,提高图书使用率。在图书服务固定网点难以覆盖的地区,充分利用图书流动服务车定期开展流动图书馆服

务,形成固定网点和流动服务相结合的图书馆服务模式。

通过以上方式,在A州基本实现了文献资源、数据的全域一体化集中管理与服务。如XL县实行垂直化管理的模式,采用由总馆统一资源分配与流动服务相结合的方式,已建成6个乡镇(街道)分馆和6个村(社区)服务点,各级分工明确,通过推进一体化建设,提升了基层文化设施,服务环境和服务能力得到了大幅度的改善。

### (四)提档升级,打造服务新模式

在总分馆制建设实践中不断强化"图书馆+"的服务发展思路,将新技术应用到建设、服务和管理中。

一是以A州图书馆、S图书馆、D图书馆、F图书馆为代表的图书馆+互联网智能化阅读体验服务。如州图书馆打造图书馆+VR(虚拟现实)科普阅读体验区,将VR(虚拟现实)+图书馆阅读+科普活动三者结合,成为图书馆服务新亮点。S、D、F图书馆通过建立互联网+移动图书馆(微信)服务平台,增设移动电子图书、自助办证/借还机、听书机、点读屏、朗读亭等智能化服务设施,让读者感受数字化、智能化、便捷化的全新阅读体验。

二是以S图书馆、D图书馆、F图书馆为代表的公共图书馆+商业书店+行业机构的共建共享服务。如鼓励和吸收社会力量参与建设,分别与书店、部队、企业、学校、监狱等共建共享,为总分馆制的发展注入更多的新动力。如今以DY市为代表的一批县(市)级图书馆已经成为引领群众文化生活的主阵地。自总分馆制建设以来,A州公共图书馆服务体系共接待读者近45万人次,外借图书近31万册次,举办阅读推广活动187场次,7万人次参与。

目前,该项目的实施有效整合了各县(市)公共图书馆、乡镇文化站、社区及农家书屋的公共文化资源,初步形成了纸质图书馆+电子图书合理配置,城镇+社区(乡村)联动的公共阅读服务网络。不仅能够提高图书馆服务网络设施的利用率,提升数字图书馆共享能力与传播服务效率,增强文化服务的针对性、便捷性、时效性,同时还推动了各级政府对公共文化服务工作的重视,促进了A州公共图书馆业务队伍的建设,提升了公共文化服务质量。A州图书馆系统在体制机制上初步构成一个完整的体系,通过该项目的实施和创新实践,初步实现了区域资源共享、优势互补、协同发展的目标。

## 三、经验启示

### (一)与时俱进,启动公共图书数字化服务

A州公共图书馆中心馆+总分馆制建设工作牢牢把握互联网高速发展趋势,启动公共图书数字化服务,充分发挥贵州大数据产业的发展优势,通过整合州、县、镇、村四级公共文化阅读服务阵地的图书资源,采用智能化阅读体验服务,有效提升了图书馆共享能力与传播服务效率,提高了公共图书服务质量,实现了区域资源共享、优势互补、协同发展的目标,促进了公共文化服务城乡一体化、均等化建设。

### (二)统一管理,A州公共图书服务高效运转

A州公共图书馆中心馆+总分馆制建设工作使用统一的自动化系统平台,将州图书馆、12个县(市)馆、106个乡镇综合文化站和社区(街道)文化中心、1045个农家书屋,通过集群业务管理系统联合起来,组成一个区域性数字化、网络化"图书馆群",通过统一采购、统一编目、统一配送、统一服务政策、统一管理等方式,实现读者在总馆或任一分馆办理读者证后都能够在体系中的其他分馆进行图书借阅,在任一分馆或流通点所借阅的图书都能够在其他服务点实现还回,形成"一馆办证、多馆借书、多馆还书、通借通还、资源共享"的畅通阅读渠道。

## 案例分析

　　A 州政府办印发了《A 州公共图书馆中心馆+总分馆制建设实施方案》，该方案主要包括以下核心内容：建设公共图书馆中心馆和分馆；通过信息技术手段，实现图书馆资源共享；加强图书馆服务创新，推广数字阅读服务；推进图书馆人才队伍建设。该方案意义重大，体现在：

　　一是公共图书馆是公共文化服务体系的重要组成部分，应该充分满足市民的文化需求，提供多样化、高质量的文化服务；

　　二是公共图书馆应该推广数字阅读服务，方便市民随时随地获取信息和知识；

　　三是公共图书馆应该加强与其他文化机构的合作，共同推进文化建设；

　　四是公共图书馆应该加强管理能力建设，提高服务质量，增强社会影响力。总之，该方案的出台旨在推进 A 州公共图书馆建设，提高服务质量和管理水平，满足市民的文化需求，推动文化建设，体现了以用户为中心、资源共享、服务创新等基本原则和目标。

　　这一方案的出台是为了加强 A 州公共图书馆服务质量，使之更好地服务于广大市民，同时也是为了推动 A 州文化建设。该方案分别体现了信息技术、服务创新、资源共享以及人才队伍建设等理念。具体而言：

　　其一，信息技术方面。通过信息技术手段实现图书馆资源共享，推广数字阅读服务，体现了信息技术在现代图书馆建设中的重要作用。

　　其二，服务创新方面。加强图书馆服务创新，满足市民多样化的需求，提高服务质量，体现了以用户为中心的服务理念。

　　其三，资源共享方面。通过建设中心馆和分馆，实现图书馆资源共享，让市民在不同地点都能够方便地使用图书馆资源。

　　其四，人才队伍建设方面。推进图书馆人才队伍建设，提高图书馆工作人员的专业素质，增强他们的服务意识，能为图书馆发展提供有力支撑。

## 第四节

## 培育"带头能人",提升就业组织化水平

按照2019年7月A州委十一届八次全会暨A州半年经济工作会议提出的"抓好带头能人"这个关键,做好"有组织劳务输出"工作要求,A州人力资源社会保障局即组建专项调研组,深入A州12县(市)15个乡镇和9个州直部门听取意见建议,形成了《A州发挥外出务工"带头能人"积极作用促进贫困劳动力转移就业的指导意见》,于2019年10月16日以州政府办名义印发实施。为确保工作顺利推进,州人力资源社会保障局配套印发了《关于做好外出务工"带头能人"促进贫困劳动力转移就业有关工作的通知》《关于做好A州外出务工"带头能人"促进贫困劳动力转移就业工作提示单》等,以条款式对《指导意见》作了进一步解读。同时,先后组织召开专题业务培训,易地扶贫搬迁安置管理单元培训、工作调度培训等,分期分批对各县(市)人社部门负责同志、A州103个易地扶贫搬迁安置单元社区负责人及工作人员进行业务培训。并以周为单位,对培训工作进行调度协调,促进及时了解掌握工作进展,及时发现问题并给予指导。同时,促进工作中的好经验好做法得到及时发现和推广。以上措施成为打好接续推进乡村振兴的新引擎。

## 一、用好"乡愁"抓方向,进一步统一就业共识

坚持问题导向,用好"带头能人"了解掌握家乡的发展短板,注重高位推动,明确方法载体,着力统一思想,形成工作合力。

一是建立高位推动机制。在持续推进《A州发挥外出务工"带头能人"积极作用促进贫困劳动力转移就业的指导意见》实施,以"带头能人+劳务公司""带头能人+工程队""带头能人+合作社"等模式为载体,全方位、多角度开展有组织劳务就业扶贫工作的基础上,成立以州委、州政府主要领导为"双组长"的稳就业工作领导小组,以及州政府常务副州长主抓的劳务就业扶贫工作专班,并将发挥"带头能人"作用进行目标

细化量化,纳入稳就业工作进行年度考核,构建形成了横到边、纵到底的工作体系和责任体系,打牢了提升劳务转移组织化程度和水平的制度基础。

二是建立常态沟通机制。依托对口帮扶地、外出务工集中地劳务协作服务站力量,通过QQ群、微信群及日常走访等方式,在做好就业创业政策传达、家乡最近发展介绍的同时,及时了解"带头能人"及其他A州籍务工人员工作、生活情况,不断增强就业助农、回报家乡的积极愿望和思想意识。

三是建立定期交流机制。采取"走出去""请进来"相结合的方式,以季度为单位,组织召开"带头能人"工作推进会,进一步掌握当前工作进展,分析存在的困难问题,共同研究解决的办法和措施,切实将外出务工"带头能人"挖掘培育、促进就业等工作范围向就近就地带动就业"带头能人"延伸,助力夯实稳定就业工作基础。

## 二、用好"乡邻"抓摸排,进一步弄清就业底数

用实"带头能人"居住乡邻的地理优势,聚焦就业信息精准,内外整合。全面摸排,确保就业基础信息底数更清、情况更明。

一是抓基础信息摸排。抓好冲刺90天及打赢歼灭战窗口期、攻坚期,在整合人社、农业农村局、工信等部门资源,调动包保干部、村组干部、网格员等基层力量,开展劳动力就业信息采集的同时,发挥"带头能人"的桥梁纽带作用,对劳动力就业状态、就业地点、就业方式、收入情况、家庭情况、就业意愿等全面排查,逐一核实,确保就业基本信息精准,工作基础扎实。

二是抓就业岗位摸排。根据企业实际生产经营情况,立足"带头能人"作为"第三方"优势,积极开展就业地企业用工和A州居住地务工信息摸排,为有效收集用工务工岗位34.51万个提供了积极支持,为推进就业信息"一对一"推送、服务"点对点"提供夯实了工作基础。

三是抓问题困难摸排。以各级稳就业领导小组办公室为重点,建立州包县(市)、县(市)包乡镇(街道)、乡镇(街道)包村(社区)的领导干部稳就业包保联系工作要求制度,按照"调研必研、走访必访、座谈必谈"的联系服务"带头能人"工作要求,及时形成《关于做好"带头能人"促进脱贫劳动力转移就业工作提示单》等指导意见,确保工作有序推进,困难和问题及时解决。

## 三、用好"乡音"抓突破，进一步促进就业稳定

用足"带头能人"话语、方言的亲切感，突出服务引导，着力服务渠道，确保劳动力外出安心就业，省内稳定就业，进一步提升就业质量。

一是引导输出就业。结合劳动力就业意愿和东部发达地区用工需求，有针对性地引导"带头能人"发动、组织本村或本乡镇劳动力，依托"合作社+带头能人""劳务组织+带头能人"等，有组织外出或转移就业。如，DS县一名外出务工"带头能人"先后帮助600余名本地劳动力到浙江、湖南、宁夏等地务工。

二是促进就近就业。用好州内村（居）两委成员、企业主管、车间主任等"带头能人"资源，引导他们积极争取所辖企业、所在企业支持，以及通过争取增加生产线、开拓附加产业等方式，扩大就业容量，最大限度确保和引导无外出意愿劳动力就近就业和返乡回流人员稳定就业。

三是创业带动就业。发挥促进农民工转移就业、助推企业生产经营的"十条政策措施"最大效应，支持"带头能人"通过建立或合作建立劳务专业合作社（工程队）、家庭农场等生产经营主体，并加大创业孵化基地、就业示范基地等培育打造，促进创业带动就业。如LB县自扶持一名"带头能人"成立劳务派遣公司以来，累计带动本地劳动力就业近1500人；DS县一名"带头能人"承包3处建筑工地，带动了附近200余劳动力务工就业；PT县一名"带头能人"通过自创石料厂，不但解决了100余名脱贫劳动力就业，还结合本村劳动力需求，解决了40余名劳动力就近就业问题。

## 四、用好"乡情"抓保障，进一步激发就业活力

用活"带头能人"心系家乡的发展情怀，注重政策激励、突出人文关怀，着力推动形成"能人"撬动内外联动、全民互动的稳就业、保就业环境氛围。

一是明确政策奖励。建立"带头能人"利益联结机制，对通过建立或合作建立劳务公司（合作社、工程队），带动就业效果较好、群众认可度较高，以及对未外出务工的脱贫劳动力开展就业跟踪服务一年以上的，按照300元每人对"带头能人"给予跟踪服务补贴，从资金上为"带头能人"发挥作用提供积极支持。

二是突出发展激励。结合巩固拓展脱贫攻坚成果，聚焦持续增强脱贫村、脱贫群众的内生发展动力，以助力脱贫村和易地扶贫搬迁安置点产业发展，通过优先落实创业担保贷款贴息、稳岗补贴等优惠政策，助力"带头能人"建立助农惠农车间、助农惠

农基地,以及通过事业单位招考政策倾斜、优先进入村(居)两委成员等方式,促进创业发展,增强工作获得感。如,DY市一名"带头能人"被选为该市驻广东省DB区ZBH镇流动党支部书记。

三是注重精神鼓励。充分整合网络、电视、报纸等媒介,多形式、多渠道开展"带头能人"典型事迹宣传,并利用元旦、春节等务工人员返乡高峰,在高铁站、火车站、汽车站等站点,集中开展"带头能人"接站服务,以及通过组织村组院坝会、返乡谈心会、表彰仪式等,进一步增强"带头能人"的荣誉感、归属感和幸福感。

📁 **案例分析**

《A州发挥外出务工"带头能人"积极作用促进脱贫劳动力转移就业的指导意见》的核心内容体现了培训、信息技术、服务创新和职业教育等理论。

一是培训理论。加强"带头能人"培训,提高其服务能力和管理能力,有利于提高"带头能人"的组织和服务能力,更好地发挥他们的作用。

二是信息技术理论。建立健全信息平台,实现信息共享和资源整合,有利于促进就业信息的透明化和公平性,为脱贫劳动力提供更广泛的就业机会。

三是服务创新理论。发挥"带头能人"在招聘、培训、就业指导等方面的积极作用,有利于拓展就业服务的方式和手段,更好地满足脱贫劳动力的就业需求。

四是职业教育理论。加强对脱贫劳动力的职业培训,促进其职业技能提升,提高他们的就业竞争力,有利于脱贫劳动力更好地适应就业市场需求,实现转移就业。

综上,该指导意见的出台旨在促进脱贫劳动力转移就业,发挥外出务工"带头能人"的作用,为A州的经济和社会发展提供了有力支持。

A州用好"乡愁""乡邻""乡音""乡情",进一步弄清就业底数,主要体现了心理学、社会学、经济学和管理学等学科原理。

首先,心理学原理体现在用好"乡愁""乡邻""乡音""乡情"抓方向的过程中,人们的情感因素得到了重视。乡愁是一种情感,是人们对家乡的思念和感慨,具有强烈的情感色彩。而人们在就业选择时,个人情感因素对于决策往往起到至关重要的作用。因此,用好"乡愁""乡邻""乡音""乡情"抓方向,可以更好地考虑到个人情感因素在就业选择中的影响。

其次,社会学原理体现在用好"乡愁""乡邻""乡音""乡情"抓摸排的过程中,人们社会关系因素得到了重视。在就业摸排中,人们的社会关系和社会背景往往也是重要的考虑因素。而这些社会关系往往与人们的家庭、亲友等密切相关。因此,在用好"乡邻"抓摸排的过程中,也要重视人们的社会关系和社会背景,更好地考虑到就业摸排的社会性和个人性。

再次,经济学原理体现在用好"乡邻"抓摸排的过程中,人们在就业市场和经济发展方面的能力得到了重视。在就业市场中,人们需要具备较强的市场研究和经济分析能力,以更好地开拓市场和创造就业机会。而在用好"乡邻"抓摸排的过程中,需要更好地研究就业市场和就业机会,以实现对就业摸排的有效指导和管理。

最后,管理学原理体现在用好"乡邻"抓摸排的过程中,人们在组织、协调和管理方面的能力得到了重视。在就业摸排中,人们需要具备较强的组织、协调和管理能力,以更好地实现就业摸排的有效推进和管理。而在用好"乡邻"抓摸排的过程中,需要更好地组织、协调和管理人们的社会关系和经济活动,以实现对就业摸排的有效指导和管理。

# 第七章
# 医疗改革篇

## 第一节

## 开展"高值医用耗材带量采购",实现"四赢"

### 一、项目概况

近年,高值医用耗材价格虚高已然成为"看病贵"重要原因之一。对如何解决老百姓看病贵的问题,党中央和国务院给予了极大的关注,2019年5月29日,中央全面深化改革委员会第八次会议专门审议了《关于治理高值医用耗材的改革方案》。同年7月19日,国务院办公厅印发了该方案,关于治理高值医用耗材、减轻人民群众医疗负担的改革在全国拉开序幕。为有序推进高值医用耗材改革方案的落实,A州医疗保障局于2019年11月28日印发《A州公立医疗机构医用耗材集中带量采购实施方案(试行)》,12月12日率先在全省开展骨科创伤类高值医用耗材带量采购工作。2020年7月,再次将带量采购工作拓展至骨科关节类和脊柱类耗材,以上三类耗材价格平均降幅达62.2%、65.3%、70.5%,预计每年节约医保基金6200万元。通过打好"带量采购、以量换价、招采合一"组合拳,曾经"千金难买"的医用耗材,现在"折价过半",实现挤干价格水分、规范使用行为、降低基金压力、减轻群众负担的"四赢"局面。该项改革成效写进了2020年贵州省医疗保障工作视频会议上的讲话;《省政务信息》全文刊发《A州探索公立医院医疗医保医药"三医"联动惠民生取得成效》,并获得省委常委、常务副省长和副省长分别作出"积极探索,形成可复制可推广经验""一些好的做法值得在其他市州推广运用"的批示肯定;新华社客户端也对该项工作进行刊发,点击量突破100万。

### 二、主要成效

#### (一)挤干价格水分

将公立医疗机构临床用量较大、采购金额较高、使用较为成熟的医用耗材作为集中带量采购项目需求。在采购过程中,经过资格审查、品牌遴选、一轮竞价、二轮竞价、确定中选企业、样品留存、签订合同7个环节,最终确定中标企业。为了保证耗材遴选工作取得实效,通过多方调研,数据汇总,分析比对,测算出中位数价格,并在此基础上分别砍掉部分价格水分再由企业竞价,假如某产品在国内售价4000元至8000元之间,其中位数价位为6000元,砍掉20%的价格水分即1200元,最终参选企业需在4800元基础上竞价,降幅最大的前几名将获得本地区配送权。2019年12月12日,首次开展骨科创伤类高值医用耗材带量采购,3家企业在33家报名企业中分别以49%、46%、43%的最大降幅中标;2020年7月来自国内外43家医药耗材生产企业参与骨科脊柱和关节类耗材竞标,B公司等3家企业分别以66%、57%、47%的最大降幅成为关节类医用耗材中标企业;C公司等4家企业分别以70%、67%、66%、66%的最大降幅成为脊柱类医用耗材中标企业,三类耗材价格平均降幅62.2%、65.3%、70.5%。此举既保证了临床医生的需求,又最大限度地挤干了耗材虚高的价格水分,同时企业以量换价可以争取到更多的市场份额,保证了企业既得利益,顺应了国家改革方案的要求。

### (二)规范使用行为

为保证带量采购的耗材落地使用,A州将耗材的使用情况纳入定点医疗机构医保服务协议内容,要求A州各级公立医疗机构必须与中标的生产厂家或生产厂家授权的配送企业签订采购合同,在采购相关医用耗材时,必须按照中标目录确定的生产厂家、规格型号和价格统一采购,严禁二次议价,实行"零加成"销售。同时要结合临床实际需求,坚持"质量优先、性价比适宜"的原则为患者选择中标企业的耗材;若采购中标目录以外的同类产品,医保基金不予支付。规范使用带量采购的耗材,为降低医疗机构耗材占比,提升医疗服务价格腾出空间,凸显诊疗、手术、护理等体现医务人员的技术劳务的价值,提高医务人员的阳光收入,有效引导医疗机构将重心放在提升医疗服务水平上。A州一家公立医院设备科负责人坦言,政府对高值医用耗材集中采购是一举多得的好事,使耗材价格下降的同时有效降低了医院耗材占比,使医院更加注重医疗业务水平的提升。

### (三)降低基金压力

据统计,2019年A州二级以上医疗机构使用骨科创伤类、关节类、脊柱类的耗材价格总费用为4823万元、2297万元、2411万元,配送企业多达40余家,每家企业的销售价格各有不同。通过带量采购,企业获得稳定的配送权益,可以节省以往的市场开发经费、员工工作经费和其他灰色支出。而采用阳光的竞争降价让利于社会,助推医保基金用在"刀刃上",按照脊柱类、关节类、创伤类三类耗材的平均降幅测算,预计每年可节约医保基金6200万元。据不完全统计,A州医院创伤骨科自2020年1月以来,严格执行A州医疗保障局的带量采购目录,临床使用的创伤类医用耗材最高的价格降幅达到了80%左右,大部分降低了40%左右,医保基金的压力明显降低。

### (四)减轻群众负担

患者凡是在A州任何一家定点医疗机构治疗,均可选择带量采购的耗材,并享受同等降幅。支付标准按照职工医保、城乡居民医保(脱贫户保障政策)享受相关标准的报销。如,此次中选的K公司"颈椎前路钛板"产品参加遴选前,G地区市场售价12000元(按八折配送到医院约9600元),集中带量采购后,该公司以70%的最大降幅获得配送资格,最终售价1620元,城乡居民选择该产品且在州内三级定点医疗机构治疗,经基本医疗保险报销后,只需自付552.37元即可,相比带量采购前,节约了4055.63元;如患者是脱贫户,享受"三重医疗保障"政策,个人则只需自付194.06元。

## 案例分析

为有序推进高值医用耗材改革方案的落实,A州医疗保障局于2019年11月28日印发《A州公立医疗机构医用耗材集中带量采购实施方案(试行)》,通过打好"带量采购、以量换价、招采合一"组合拳,曾经"千金难买"的医用耗材,现在"折价过半",实现挤干价格水分、规范使用行为、降低基金压力、减轻群众负担的"四赢"局面。这一做法体现了多学科原理,具体分析如下:

首先,经济学原理体现在该方案中,通过采用"带量采购、以量换价、招采合一"组合拳的方式,实现了医用耗材价格的大幅下降。这种做法是基于市场竞争原理的,通过引入多家供应商、采用集中采购的方式,形成市场竞争,达到降低价格的效果。此外,也反映了政府在市场调节方面的作用,通过对市场的调控,使市场价格更加合理,达到了保护消费者权益的目的。

其次,管理学原理体现在该方案中,通过实施带量采购,规范了医疗机构的使用行为。医用耗材是医疗机构必需采购的物品,但如果医疗机构采购不规范,就会造成资源的浪费和资金的浪费。因此,通过实施带量采购,规范了医疗机构的采购行为,使得医用耗材的使用更加科学合理,达到了节约资源并提高医疗水平的目的。

最后,该方案还体现了医疗卫生学的原理。医用耗材是医疗机构中必不可少的物品,对于疾病诊治和患者护理具有重要的作用。通过实施带量采购,不仅可以降低医用耗材的价格,也可以规范医疗机构的使用行为,使得医用耗材的使用更加科学合理,避免了浪费现象。这有利于提高医疗资源的利用效率,为广大人民群众提供更加优质的医疗服务。

综上所述,该方案的实施体现了经济学、管理学、医疗卫生学等多个学科原理,是一种综合性的、科学性的改革方案。它不仅降低了医用耗材的价格,规范了医疗机构的使用行为,提高了医疗资源的利用效率,也减轻了人民群众的医疗费用负担,改善了民生福利,具有广泛的社会意义。

## 第二节
## "六位一体"推进公立医院改革

近年来,CS县坚持正确的卫生与健康工作方针,在做强县级龙头医院的基础上,一体化推进县、乡、村三级医疗卫生体制机制改革,构建紧密型县域医疗卫生共同体,着力破解"看病难、看病贵、看病繁"问题,逐步实现了"群众满意、医院满意、医生满意、社会满意"的目标。2019年8月,被列为全国紧密型县域医疗卫生共同体建设试点县之一。2020年5月,荣获国务院2019年度落实有关重大政策措施真抓实干、成效明显激励表扬,获得全国公立医院综合改革成效奖励500万元。

### 一、优化资源配置,重构三级医疗服务体系

一是"集团化"做强县级龙头医院、强县人民医院、强县妇幼保健院。县中医院3家县级医院重组为CS县医疗集团中心医院,作为县域医疗共同体的统一法人主体,设立集团中心医院党委和行政管理层,由分管副县长兼任党委书记,党委副书记兼任院长,设党委专职副书记1名,纪委书记1名,副院长6名。整合3家县级医院内设科室,统一设立为6个行政管理科室、6个医疗辅助科室和65个临床科室,实现了县级医疗资源集团化整合、集团化办医,分院将集中优势资源"看大病"。

二是"区域化"做活乡镇分院。将6个乡镇卫生院统一纳入县域医院共同管理,作为县医疗集团中心医院的二级医疗机构,直接挂县域医疗集团中心医院分院牌子,县级医院整合富余的医疗资源统一调配到乡镇分院,充实乡镇分院力量。在职能定位上,保留乡镇卫生院的公共卫生服务职能,实现了县、乡两级医疗卫生机构一体化发展,让乡镇分院集中精力"看常见病"。

三是"网格化"做实村级卫生室。将所有村级卫生室纳入县域医疗共同体管理,作为县医疗集团中心医院的三级医疗机构,多渠道投入资金1000余万元新改建标准化卫生室31个,配齐配优村医98人,月工资由817元提高至1470元,全面强化村级公

共卫生服务职责,从县级抽调82名业务能力强、责任心较强的医务人员到村级卫生室蹲点指导公共卫生服务,实现家庭医生签约服务全覆盖,让村级卫生室有能力"看小病"。

## 二、创新管理体制,合理界定政府医院职责

一是坚持"五个不变",强化党政办医疗责任,强化党对医疗卫生改革的领导,组建县域医疗卫生共同体管理委员会,由县委书记、县长任"医管委"主任,坚持"现行事业单位性质不变,财政补偿政策、渠道不变,政府投入方式不变,功能定位不变,公共卫生职能不变"的"五个不变"原则,制定政府办医管医"职责清单",强化财政投入、基础配套、目标绩效等保障。2016年以来,政府累计投资3.6亿元改善医疗卫生基础设施,年均投入2300万元保障公立医院运转。

二是坚持"六个统一",强化医疗共同体管理运营。县域医疗共同体各成员机构在县医疗集团中心医院组织领导下,按照统一财务管理、统一绩效考核、统一人员调配、统一业务管理、统一药械管理、统一信息平台"六统一"机制管理运营,实现了组织领导合一、经营管理合一,构建了"责任共同、管理共同、服务共同、技术共同、利益共同"一体化的命运共同体,医疗资源配置更加高效、管理机制更加顺畅、发展动力更加强劲。

## 三、改革人事薪酬,激发医务人员内生动力

一是建立"以岗定酬"的人事薪酬制度。对全县342名原有编制人员身份进行统一封存,坚持以岗定人、以岗定酬,所有人员实行全员竞聘上岗,推行编内编外同管理、同考核、同报酬、同绩效、同缴职业年金的"五同"人事制度,彻底破除编内编外人员的身份管理界限,打破医疗卫生领域编内编外不同薪、同岗同劳不同酬的瓶颈,全面激发医务人员的积极性。同时,全面推行院长年薪制,县医疗集团中心医院院长年薪25万,副职年薪22万,乡镇分院院长年薪12~18万元,年薪由基础年薪+绩效年薪组成,年终委托第三方进行绩效考核、兑现奖励。

二是开通"绿色通道",加快人才引进。充分赋予医疗集团中心医院用人自主权,根据发展需要新增279名备案编制,由医疗集团中心医院按照"总量控制、动态管理、自主招聘"的原则自行调配使用,对新进人员统一采取备案编制自主公开招聘、自主

调配使用。目前,引进高层次医疗卫生人才180名,全县每千人拥有执业(助理)医师数从1.29人提高至1.63人。

三是建立"专家工作站",提升医疗能力。组建当地县医疗专家工作站及博士工作站,与24家省内外医院建立长期协作机制,引进北京307医院、北京协和医院及贵州医科大学附属医院等医院的33名省内外知名专家,广州越秀、浙江台州、贵阳市派驻医疗专家90名,采取长期合作、定期坐诊、有偿服务、互利共赢的合作方式,帮助提升医疗能力水平。

## 四、坚持"三医"联动,回归公立医院公益属性

一是深化医药改革,破除"以药养医"瓶颈。全面取消医用耗材加成,推行药品统一采购和零差率销售,让医药回归治病功能。2020年,全县医疗机构收入中,药品占比降至23.59%,住院病人均医药费用增长率由5.95%降低至1.69%。

二是深化医疗改革,构建"以技养医"机制。坚持医务人员薪酬与药品、检查、化验等业务收入全面脱钩,建立以提高医务性收入为导向的发展机制,让医生回归看病角色。根据实际适当提高医疗服务目录的医保补助,积极推行"单病种计费",用好用活"两个允许"政策(允许医疗机构突破现行事业单位工资调控水平,允许医疗服务收入扣除成本后主要作为人员的奖励),明确医务性收入提取10%发展基金后的85%用于绩效工资,激励医务人员通过提高自身的医技水平、服务质量来增加收入。

三是深化医保改革,推进"支付方式"改革。以定点医疗机构近三年医保基金使用情况为参考,统筹考虑物价、技术等各方面因素,对医疗机构实行年度"总额预付,结余留用"的医保支付方式改革,即,将年度医保资金预算打包预付给医疗机构,当年结余部分自行使用,有效激励了医疗机构自觉规范诊疗行为、主动节约医药成本。

## 五、优化看病流程,全面提升医疗服务质量

一是让信息多跑路,让患者少排队。依托信息化智能平台,县域医疗共同体内所有检查检验实现结果互认、信息共享,有效破解了重复检查、重复收费。推行"诊间支付、科间结算、一次付费"看病流程,提高了群众看病效率和服务质量。

二是让医生多流动,让患者少跑路。县域医疗共同体内推行"就近就诊、远程确诊、流动服务、分级诊疗"的服务机制,患者直接就近到乡镇分院就诊,县医疗集团中

心医院通过远程系统确诊,定期派主治医师到乡镇分院流动服务,让群众实现就近看病、就近治病。2020年,县内就诊率达83.08%,患者满意度达98.19%。

## 六、推进医防融合,守护人民群众身体健康

一是医防信息融合。统一建成城乡医防一体的信息化管理平台,彻底打破"医"和"防"的数据壁垒,有效破解了"一个病例、两头建档、各自为战"的难题,不仅大幅提高了疾病预防的精准性,还有效降低了公共卫生服务的成本。

二是医防人员融合。围绕"医者能防、防者能医、医防一体"的改革思路,彻底打破医、防两类人员的属地界线、身份界定、管理权限,以乡镇为单位统筹合理调配医、防人力资源,做到人岗相适、各取所长,让群众防病更精准、看病更高效。

三是医防业务融合。以县域范围内的常见病、多发病、慢性病和重大疾病防治为重点,推行医疗救治和健康管理"双服务"制度,打通公共卫生和医疗服务分割、脱节的通道,逐步将健康服务重心由后端的医疗向前端的预防转移,实现筛查、管控、干预为一体的健康管理服务。

## 案例分析

该县坚持正确的卫生与健康工作方针，一体化推进县、乡、村三级医疗卫生体制机制改革，逐步实现了"群众满意、医院满意、医生满意、社会满意"的目标，构建了紧密型县域医疗卫生共同体，破解了"看病难、看病贵、看病繁"等问题。体现的学科原理分析如下：

一是推进公立医院改革体现了医疗卫生学和社会学原理，坚持"三医"联动，促进医疗卫生资源共享，提高医疗服务水平，逐步实现了"群众满意、医院满意、医生满意、社会满意"的目标，改善了医疗卫生服务状况，提高了广大人民群众的健康水平，增进了民生福利。

二是该县的卫生与健康工作方针体现了公共卫生学原理。该县注重医防融合，守好人民群众身体健康，采取了预防为主、综合施策的健康管理模式，加强了公共卫生服务，提高了疾病预防和控制能力，预防了疾病的发生和流行，为维护人民群众的健康做出了贡献。

三是该县的卫生与健康工作方针还体现了社会医学的原理。该县注重医疗卫生服务的公益属性，通过合理界定政府医院职责，回归公立医院公益属性，避免了医疗服务的商业化倾向，保障了广大人民群众的健康权益，为促进社会和谐稳定做出了贡献。

综上所述，通过一体化推进县、乡、村三级医疗卫生体制机制改革，构建紧密型县域医疗卫生共同体，为维护人民群众的健康权益和促进社会和谐稳定作出了积极的贡献。

## 第三节

## 服务工作下沉，基层慢性病更有保障

近年来，慢性病的患病率不断上升，成为影响人们生活和身体健康的主要因素。慢性病治疗的过程较长，潜伏期较长，而且在治病的过程中伴随产生的并发症存在着不可治愈的情况。随着老龄化的不断加剧，老年人慢性病患病率呈上升趋势，一些老年患者面临"看病难、看病贵"问题，慢性病医疗服务的下沉工作势在必行。为构建"基层首诊、双向转诊、急慢分治、上下联动"的分级诊疗模式，A州以高血压、糖尿病等慢性病医疗服务下沉为抓手，强化慢性病规范化管理，推进医防融合，促进分级诊疗，切实减轻群众看病负担，提高群众生活质量。

### 一、主要做法

2020年以来，A州卫生健康局制定了《A州慢性病服务下沉工作实施方案（试行）》（A卫健发〔2020〕16号），对糖尿病、高血压试行实施"四强化"措施，推动慢性病医疗服务下沉工作。

#### （一）强化能力建设，落实基层首诊

一是规范慢性病门诊。在A州228个基层卫生机构设立慢性病门诊，达到全覆盖，负责为慢性病患者提供基本医疗和公共卫生服务一条龙，实现医防融合。

二是配强慢性病医生。通过调配、招聘等形式，在每个慢性病门诊至少配备2名门诊医生和1名公卫人员，配齐配强基层慢性病医疗服务队伍。A州共配备了600余名慢性病服务医务人员。

三是组建签约团队。组建由慢性病门诊医生、包村医生和村医组成的慢性病医疗服务团队，为慢性病患者提供服务。A州组建慢性病家庭医生团队840个。

四是加大培训力度。组织州级医院专家开展慢性病医疗服务下沉远程培训5000余人次，同时依托"云鹊医"App对3000余名基层卫生人员开展线上培训，提高他们的慢性病防治能力。

五是下沉优质医疗资源。组织州级医院和县级医院慢性病专家每月到单位所在辖区社区卫生服务中心慢性病门诊开展不少于2天的坐诊服务，通过门诊带教提升基层医疗服务能力。

### (二)强化沟通协调，形成上下联动

一是明确联络人员。州、县、乡医疗卫生机构明确1名慢性病服务工作联络人，负责双向转诊、定期信息交换等工作，确保三级均有人管。

二是建立沟通机制。发挥疾控中心信息沟通中间枢纽作用，建立"州级医院→州级疾控→县级疾控→基层医疗卫生机构""县级医院→县级疾控→基层医疗卫生机构"的慢性病信息按周交换共享机制，形成县乡之间、各类机构之间的信息交换共享。

三是加强信息互通。加强公共卫生信息系统与医疗、检验信息系统的互联互通，实现县乡之间、医疗和公共卫生之间的慢性病医疗服务信息共享。

### (三)强化职责分工，落实双向转诊

一是明确服务范围。县级及以上医院主要负责病情较危重等慢性病患者的诊疗服务，基层医疗卫生机构负责对病情稳定和康复期慢性病患者诊疗服务。

二是落实下转职责。要求县级及以上医院下转病情稳定的慢性病患者，且下转率不低于50%，并纳入对其考核的重要指标，确保慢性病诊疗服务能下沉。

三是畅通上转渠道。基层医疗卫生机构将病情危重的慢性病患者上转至上级医院诊疗，并由上级医院落实上转病人的优先就诊、优先检查、优先住院等绿色通道服务。

### (四)强化用药保障，减轻群众负担

一是提高报销比例。将高血压、糖尿病门诊用药纳入医保报销范围，在一级、二级、三级医疗机构分别予以70%、60%、50%的比例报销，切实减轻群众负担。

二是配齐慢性病用药。规范基层医疗卫生机构慢性病药品品种目录，配齐高血压药、糖尿病药品，让慢性病患者在乡镇就能购买到以前只有在县级医院才能购买到的药品，减少群众为购药往返县城的路费。

三是落实长处方制度。对高血压和糖尿病患者实行定量开药,一次处方控制在15天内,对病情稳定、依从性较好、需长期服药的慢性病患者可一次性开具治疗药物不超过30天的药量,减少慢性病患者购药次数。

四是提供药品上门服务。在基层医疗卫生机构配备"流动小药箱",由慢性病家庭医生签约服务团队主动提供送药上门服务,让慢性病患者在自己家里就能够享受到用药服务。

## 二、取得的成效

### (一)基层服务和管理能力得到提高

截至2020年,A州已管理的高血压、糖尿病患者人数分别为22.26万人、3.89万人,较2019年同期增加了10.01%、4.23%;高血压、糖尿病患者规范管理率分别为78.35%、73.50%,达到国家任务目标(60%以上)。老年人健康管理率为71.44%,提前完成国家任务目标(70%以上)。

### (二)逐步实现糖尿病和高血压病种分级诊疗

2020年与2019年糖尿病和高血压诊疗相关数据相比,三级医院就诊人次同比下降67.45%;二级医院就诊人次同比下降48.07%,一级医院就诊人次同比下降29.26%;医疗费用三级医院同比下降55.86%,二级医院同比下降58.14%,一级医院同比下降5.63%;医保资金统筹支付三级医院同比下降50.4%,二级医院同比下降61.62%,一级医院同比下降23.77%,年节约医保资金约831万元,患者年节约医疗自付费用278万元。通过对辖区历年发现、新发现和上级下转的高血压、糖尿病患者实现应管尽管,县级及以上医院提高了高血压和糖尿病患者的下转率,逐步构建"基层首诊、双向转诊、急慢分治、上下联动"的合理的分级诊疗模式。

### 案例分析

A州以高血压、糖尿病等慢性病医疗服务下沉为抓手,强化慢性病规范化管理,推进医防融合,促进分级诊疗,构建"基层首诊、双向转诊、急慢分治、上下联动"的分级诊疗模式,旨在解决我国医疗服务体系中存在的"看病难、看病贵"的问题,提高慢性病患者的就诊效率和满意度,减轻患者看病负担,提高群众生活质量。

第一,该模式体现了卫生管理学原理。通过加强慢性病规范化管理、推进医防融合、构建分级诊疗模式等措施,实现了医疗资源的合理配置和优化利用,提高了医疗服务效率和质量,降低了医疗费用,从而减轻了患者看病的负担。同时,该模式也促进了医患关系的改善,增强了医疗服务的公益属性,体现了卫生行政管理的职责和使命。

第二,该模式体现了公共卫生学原理。通过强化慢性病规范化管理,促进分级诊疗,预防和控制慢性病的发生和流行,提高了慢性病患者的生活质量和健康水平,为维护人民群众的健康做出了贡献。

第三,该模式还体现了医学的原理。通过基层首诊、双向转诊、急慢分治、上下联动等措施,将医疗服务向基层推进,实现了医疗资源的分层管理和优化配置,提高了医疗服务效率和质量,为患者提供了更加便捷、优质的医疗服务。同时,该模式也促进了医疗服务的协同发展,促进了医生间的交流和学习,提高了医疗服务的水平和质量,为维护人民群众的健康做出了贡献。

综上所述,A州构建"基层首诊、双向转诊、急慢分治、上下联动"的分级诊疗模式,以高血压、糖尿病等慢性病医疗服务下沉为抓手,强化慢性病规范化管理,推进医防融合,体现了卫生管理学、公共卫生学和医学的原理,对于优化医疗服务体系,解决群众看病难、看病贵、看病不便等问题,提高群众生活质量和健康水平,具有重要意义。

## 第四节
## 开展医保基金直接结算,惠企利民解难题

## 一、项目概况

近年来,拖欠企业费用再次引起国家关注。国务院原总理李克强多次召开国务院常务会议研究解决拖欠中小企业和民营企业账款问题。据统计,截至2019年底,A州县级以上公立医疗机构累计拖欠药品配送企业账款近5亿元,平均欠款周期8个月以上,最长的达3年之久。由于企业长期垫资,增加了药品企业运营成本,导致企业有选择性地配送高价、高利润药品,使得低价、常用药品短缺。不良的市场环境不仅加重医保基金负担,同时药企不再向基层配送药品,造成基层用药难。为破解此难题,A州根据2019年1月1日《国务院办公厅关于印发国家组织药品集中采购和使用试点方案的通知》"有条件的城市可试点医保直接结算"和2019年9月25日《国家医疗保障局等九部门关于国家组织药品集中采购和使用试点扩大区域范围实施意见》"鼓励有条件的地区由医保基金与企业直接结算药款"等文件精神,印发了《A州医疗保障局关于做好医保资金直接结算药品集中采购费用工作的函》,要求自2020年1月1日起全面实施医保资金直接结算药品集中采购费用,将药品货款结算由"医疗机构向医保部门申请→医保部门审定拨付给医疗机构→医疗机构支付企业"3个流程简化为"医保部门直接审核支付企业"1个流程,切实深化医疗、医保、医药"三医"联动改革,提升医保基金使用效率。

截至2020年,已实现全市177家医疗机构药品集中采购费用直接用医保基金结算,企业回款周期缩短至30天。通过改革,实现优化营商环境、节约医保基金、解决基层用药困难的良好格局。2020年9月,国家医保局赴A州调研,对此项改革工作给予高度肯定。

## 二、主要成效

### （一）优化营商环境

认真落实国务院原总理李克强关于解决拖欠中小企业和民营企业账款问题的指示要求，聚焦"企业结账难、垫资成本高、拖欠员工账"的突出问题，通过开展医保基金直接结算药企货款，药品配送企业每月20日前与医疗机构确认上月配送的药品结算费用，双方在《A州定点医疗机构药品集中采购费用结算申报表》上签字盖章，报送属地主管医保部门审核按月拨付。同时，将此项工作作为各县（市）医保部门年度重点工作任务，由州医保局定期在局长办公会议上进行调度，对工作推进不力的，约谈县（市）医保部门主要负责人。实施直接结算以来，医保部门均按月结算药款，企业垫资压力极大缓解。营商环境得到优化，配送企业为获取更多市场份额，主动向边远地区配送药品，积极响应基层医疗机构用药需求，形成了"基层下单+企业跑腿+医保结账"的结算模式。重药控股黔南有限公司负责人表示：直接结算不仅能够更及时回收货款，缓解企业垫资压力，更是给企业建立了信心，为完成基层药品配送解决了后顾之忧，让我们敢于将更多的资源投入保障基层用药上去，也能加快公司营运发展。

### （二）节约医保基金

为"管好，守好，用好"医保基金，通过医保基金直接结算药企货款，充分发挥了营商环境辐射带动作用，助推同等疗效、同等剂量的低价位药品投向各级医疗机构。使用低价位药品必将减少医保基金的支出。同时，加强对药品采购价和市场销售价的监测，凡是配送企业违规配送高于市场销售价格的药品，立即取消配送资格并列入黑名单。如，WA县YS镇HZ村李光亮反映"在村卫生室购买阿咖酚散（头痛粉）15元/盒，在玉山街上药店购买只需10元/盒。由于药品价格的悬殊，只能选择到售价较低的药店购买"。经调查核实，立即将情况上报省医保局，由省医保局在贵州省医药集中采购平台下架，暂停其在贵州省挂网销售资格。

### （三）解决基层用药难

由于前期拖欠药款情况普遍存在，乡、村两级医疗机构经常反映配送企业供药不及时或者常用药缺货、断供等情况。通过医保基金直接结算药企货款，减轻了企业垫资压力，降低了企业运行成本，促进企业将更多资源投入为基层配送优质价廉的药品,解决了"基层用药难、群众购药贵"等突出问题。在此基础上,州医保局围绕现有医保目录进行动态调整,对短缺、价格倒挂无法保障供应的药品通过议价进行增补,以满足州、县、乡、村各级医疗机构的临床用药。2020年9月开展第三轮药品集采工作。经州和各县(市)临床专家组充分摸底调研,确定1180个品规纳入本次议价目录,731个品规议价成功(其中55个品规价格上调,占8%;88个品规价格实现下降,占12%;588个品规价格持平,占80%),使A州药品目录从6166个增补到6897个。通过集采议价,进一步夯实了药品价格的稳定性,助推药品配送企业更加公平、公正、公开地配送药品。据SD县ZQ镇卫生院院长石国炳介绍,目前药品货款实行直接结算后,药品配送企业均能按照要求及时向卫生院配送所需药品,医院也能按照村卫生室需求发放该级别可使用的药品。

## 📁 案例分析

《A州医疗保障局关于做好医保资金直接结算药品集中采购费用工作的函》要求自2020年1月1日起全面实施医保资金直接结算药品集中采购费用,将药品货款结算由"医疗机构向医保部门申请→医保部门审定拨付给医疗机构→医疗机构支付企业"3个流程简化为"医保部门直接审核支付企业"1个流程,旨在深化医疗、医保、医药"三医"联动改革,提高医保基金使用效率,降低药品采购成本。

首先,该函体现了卫生经济学原理。通过直接结算药品集中采购费用,简化医保资金支付流程,降低药品采购成本,提高医保基金使用效率,实现了医疗资源的优化配置和提高利用率,符合卫生经济学的原则和要求。

其次,体现了医学原理。通过深化医疗、医保、医药"三医"联动改革,促进医疗服务的协同发展,提高医疗服务的效率和质量,为患者提供更加便捷、优质的医疗服务,符合医学的原则和要求。

再次,该函的实施还有利于加强医保资金的监管,防范医保基金的滥用和挥霍,维护医保基金的安全和稳定,符合医保管理学的原则和要求。

最后,直接结算药品集中采购费用也有利于促进药品市场的规范化和健康发展,促进药品价格的合理化和降低,符合社会主义经济学的原则和要求。

综上所述,《A州医疗保障局关于做好医保资金直接结算药品集中采购费用工作的函》的出台和实施,体现了卫生经济学和医学等原理,对于优化医疗服务体系,提高医疗服务效率和质量,减轻患者负担具有重要意义。

# 第八章
# 公共服务篇

## 第一节

## 以"四共"促"四好",筑牢发展根基

CS县位于贵州省中部,地处滇桂黔石漠化集中连片地区和贵州"三山"地区中的麻山腹地,土地贫瘠、资源匮乏、交通闭塞、石漠化严重。"八山一水一分田"是该县的真实写照,曾是国家级贫困县。全县总面积1543平方千米,辖5镇1乡1街道,共88个村(社区)总人口27万人,少数民族人口占61.5%。2014年,全县贫困发生率为36.06%。

习近平总书记指出,交通基础设施建设具有很强的先导作用,特别是在一些贫困地区,改一条溜索、修一段公路就能给群众打开一扇脱贫致富的大门。近年来,CS县认真贯彻落实习近平总书记关于"四好农村路"重要指示批示精神。坚持"乡村振兴,交通先行",把农村公路建设作为乡村振兴的基础性、先导性工程,全力推进交通基础设施建设,构建了以高速公路为骨架、国省干道为支撑、县乡公路为脉络、村组硬化路为毛细血管的交通网络,全县公路总里程达到1996.78千米,其中,农村公路1611.87千米,为接续推进乡村振兴奠定了坚实基础。通过交通大会战,彻底改变了该县有区位无交通的发展困境,天堑变通途,山区变成了"平原",交通区位优势逐渐转化为经济发展优势,先后获得国家级电子商务进农村综合示范县、全国农村产业融合发展示范园、国家农产品质量安全县、全国信访工作"三无县"、全省"四好农村路"示范县、全省乡村振兴示范县等荣誉称号。在2020年1月全省贫困县退出评估考核中,取得了"零漏评、零错退、认可度99.87%"的成绩,在贵州省接受评估考核的24个县中位居第一,2018年、2019年连续两年贵州省脱贫攻坚成效考核获得"好"的等次前列。

在"四好农村路"的建设中,该县始终坚持发展大计与人民共商、美丽家园与人民共建、社会事务与人民共管、发展成果与人民共享的"四共"机制,积极引导和组织群众参与农村公路的"建管养运"。以"四共"促"四好",形成了"人人参与人人建,人人有责人人享"的良好局面。"十三五"以来,全县共投入交通基础建设资金50.8亿元,实现农村公路"建管养运"7个100%:建制村100%通沥青(水泥)路,建制村100%通客

运，30户以上村民组100%通硬化路，100%通串户硬化路，乡镇100%通公交，农村公路列养率达100%，四级路长制100%实现。

## 一、党政主导抓建设，共筑脱贫路

坚持以持续巩固拓展脱贫攻坚成果统揽经济社会发展全局，把农村公路等基础设施建设作为巩固拓展脱贫攻坚成果、推进乡村振兴的首仗，持续攻坚会战，破解交通瓶颈。

一是抓统筹，强保障。制定《CS县"十三五"交通运输发展规划》《CS县关于推进"四好农村路"建设的实施方案》等文件，统筹整合县乡道改造、农村"组组通"公路、农村人居环境整治等项目资金，全力保障农村公路建设。

二是聚民心、共参与。按照"县主导、镇实施、村主体、户参与"的原则，采取政府以奖代补，群众投工投劳、让山让田、全程监督等方式，充分激发群众的内生动力，让群众在共商共建中增强主体意识、负责意识。

三是补短板、强弱项。实施农村"组组通"公路三年决战，建成通组硬化路608千米，30户以上村民组实现了硬化路全覆盖，破解了服务群众的"最后一公里"，针对县乡道"畅返不畅""油返砂"等结构性短板，提质改造县乡道196千米，改造危桥352.1米，打通了农村公路的"中间一公里"。同时，实施国省道改扩建177.95千米，提升了全县交通干道等级标准。

四是重融合、促业兴。在农村公路建设中，深入贯彻新发展理念，坚持路旅融合、路产融合思路，建成3条旅游公路，把景点串联成线，形成了干线公路"一路多景"、农村公路"一村一景"的乡村旅游大环线，依托精品水果等特色产业，建成12条特色产业路。形成了"公路围着产业建，产业围着公路转"的山地特色产业发展模式。

## 二、完善体系抓管理，共管民生路

按照权责统一的原则，积极构建符合农村公路特点的管理机制。

一是健全"路长制"。按照"县道县管、乡道乡管、村道村管、组道组管"的原则，在三级路长制基础上，增加了组级路长。建立县、乡、村、组四级"路长制"，设置了7个镇（乡、街道）交通运输管理所，88个村（居）农村交通运输管理站，落实村民组专（兼）职护路员（路长）889人，形成了四级联动、分级负责、权责统一的农村公路管理责任体系。

二是执法关口前移。按照点面结合的原则,县交通综合执法大队在统筹抓好全县综合执法的基础上,结合全县实际,将综合执法机构延伸至乡镇,组建了3个乡镇综合执法中队,并下放职权职能,履行交通综合执法职责,重点查处超限超载、非法营运等违法违规行为。

三是强化源头治理。开发了"智慧交通"综合管理平台,将非煤矿山源头监管、共享天眼监控、路警联合执法等手段相互融合,在18个相关企业出入口安装地磅和视频监控设备,实现了执法关口前移、货运源头监管、主体违规处罚等智能化管理。全县超限超载率从12%下降至1%,有力地保护了公路资产和人民生命财产安全。

## 三、创新机制抓管养,共护振兴路

建立健全"县为主体、部门协作、全民参与"的养护工作机制,提高农村公路的管养质量。

一是多元化抓好县乡道管养。有序推进农村公路养护市场化改革,通过整合财政预算、产业反哺、农村公益性岗位、村集体经济出资等方式强化资金保障;将县乡道日常养护与应急抢通工程捆绑,择优选取2家企业开展农村公路养护工作;开辟农村公路养护公益性岗位,将护路员、护林员、护河员整合,吸纳284名"三无两有"人员参与农村公路管理和养护,实现道路养护增效、群众稳定增收。"十三五"以来,CS县累计投入农村公路管养经费4445万元,比"十二五"期间投入的总和增长了1945万元,增幅达196%。

二是网格化抓好村组道路管养。充分发挥村民自治作用,在全县推广村民组务管理委员会模式(简称"组管委"),把村组两级公路管护纳入村规民约的重要内容,探索了村组公路"1234"管护机制。即,按照"村站合一"的方式建好1个村级管理站,把握管理、养护2个关键;用好村支两委、组管委、农村公益性岗位3支队伍;健全护路员"三包"、农户"三包"、农村运输"六不准"和考核奖惩4项制度,实现了有路必养、养必到位、全民共管、全民共享。

三是标准化抓好道路绿化。根据农村公路等级和自然地形,按照绿化率普通国省道、县道不低于70%,乡道不低于30%的标准在公路两侧边坡、公路留地及沿线空地等进行"乔灌花草套种"绿化种植。同时,以巩固拓展脱贫攻坚成果、推进乡村振兴为契机,在农村大力开展综合环境整治行动,按照"整齐、整治"的要求,突出抓好农村公路环境综合整治工作,常态化开展评比表彰,持续升级美丽交通。

## 四、提升效益抓运营,共享幸福路

坚持"城乡统筹、以城带乡、城乡一体、客货并举、运邮结合"发展思路,加快完善农村公路运输服务网络。

一是管理、运营一体化发展。结合全县交通运输总体布局,构建了"1314"的城乡运网体系,即"公交+班线+区域经营"1种客运模式。"县城、GS、DH"3座交通运输综合服务中心、14个乡(镇)客运站,实现了交通运输统筹管理、区域运营、快捷高效。

二是城乡公交一体化改革。按照"政府奖补+市场化运营+冷热线搭配+个性化服务"的思路,实施城乡公交一体化改革,开通4条城乡公交班线,实现了乡镇公交全覆盖,热线公交票价降幅达60%以上,降低了群众出行成本。针对农村赶集、学校放假等集中出行的特殊需求,大力推行"智慧公交""定制公交""预约公交"模式,提高群众出行的便捷度。

三是运邮配送一体化服务。利用"县电商"农村电商服务网络系统,整合区域内圆通、申通、中通、汇通、韵达等物流企业,在全县设立了3个物流服务配送中心,构建了"县、乡、村"三级电商物流配送体系;同时,通过"通村村"农村出行服务平台,鼓励农村客运车辆代运邮件,打通了城货下乡"最后一公里"、黔货出山"最先一公里"。

接下来,该县将以习近平总书记关于进一步做好"四好农村路"建设的重要指示批示精神为引领,认真学习先进地区经验做法,进一步夯实"建管养运"的发展基础,健全完善"四好农村路"高质量发展体系,更好地服务乡村振兴与脱贫攻坚有效衔接。

## 案例分析

　　交通基础设施建设与贫困治理存在何种关系？通过上述CS县的推进"四好农村路"建设的核心做法可以很好地诠释"要致富，先修路"这句经典古话。交通基础设施是国民经济发展建设的重要一环，在理论上属于工学范畴。2021年10月5日，时任交通运输部部长李小鹏在第二届联合国全球可持续交通大会部长论坛上作主题发言时指出，建设可靠的和可负担的交通基础设施，在减贫脱贫中起着基础性、先导性的作用。

　　CS县把农村公路建设作为贫困治理、乡村振兴的基础性、先导性工程的理由在于，农村公路建设是脱贫地区基础设施建设的重要组成部分，通过改善农村公路交通状况，可以方便农民出行，促进农产品销售，提高脱贫地区的经济发展和居民生活水平，从而有效巩固拓展脱贫攻坚成果，接续推进乡村振兴。另外，农村公路建设还可以促进城乡交流和融合，增强脱贫地区与外界的联系和互动，增加脱贫地区的发展机会，拓展其发展空间，具有重要的战略意义。

　　CS县把农村公路建设作为贫困治理、乡村振兴的基础性、先导性工程体现了多个学科的原理。

　　首先，从地理学的角度来看，农村公路建设是改善农村地区交通状况的有力手段，可以缓解交通不便的情况，促进农村地区的经济发展和社会进步。

　　其次，从经济学的角度来看，农村公路建设可以促进农产品销售，开拓市场，增加农民收入，提高生活水平。同时，农村公路建设还可以促进城乡交流和融合，增加脱贫地区的发展机会，拓展其发展空间，推进农村经济发展，符合经济学的发展原则。

　　最后，从社会学的角度来看，农村公路建设可以促进社会公平和公正，进一步改善脱贫地区居民的生产生活环境，提高社会福利水平，符合社会学的公正原则。

　　综上所述，CS县把农村公路建设作为贫困治理、乡村振兴的基础性、先导性工程，体现了多个学科的原理和要求，对于巩固拓展脱贫攻坚成果，推进乡村振兴，促进农村经济发展和社会进步，具有重要意义。

## 第二节

## 全面深化农村公路管理养护体制改革

近年来党中央高度重视农村公路工作,习近平总书记、李克强原总理多次就"四好农村路"建设作出重要指示批示。省、州各级高度重视农村公路建设,实施一系列农村公路建设会战攻坚,A州相继实现了"村村通"硬化路和"组组通"硬化路。A州农村公路总里程达1.73万千米,通组硬化路达0.85万千米,农村公路实现了跨越式发展,为A州巩固拓展脱贫攻坚成果和推进乡村振兴提供了交通先行支撑。

为贯彻习近平总书记"既要把农村公路建好,更要管好、护好、运营好"的重要指示精神,落实州委、州政府的改革工作部署和A州交通运输工作安排,高质量推动"四好农村路"建设,A州率先在全省出台了《A州加强农村公路管理养护工作的实施意见》,基本建立了县、乡、村三级农村公路管理养护机构,构建了州、县、乡、村分级负责,权责统一的农村公路管养责任体系,形成以县级财政投入为主的农村公路管养资金保障机制,明确了A州农村公路养护资金标准并纳入地方财政预算。

为切实解决"四好农村路"工作中管好、护好等短板问题,加快建立农村公路管理养护长效机制,根据《国务院办公厅关于深化农村公路管理养护体制改革的意见》(国办发〔2019〕45号)、《交通运输部 财政部贯彻落实〈国务院办公厅关于深化农村公路管理养护体制改革的意见〉的通知》(交公路发〔2020〕26号)、《省人民政府办公厅关于印发贵州省全面深化农村公路管理养护体制改革实施方案的通知》、《省交通运输厅 省财政厅贯彻落实〈贵州省全面深化农村公路管理养护体制改革实施方案〉的通知》文件精神,在总结2018年改革的基础上全面深化农村公路管理养护体制改革,A州结合本州实际出台了《A州全面深化农村公路管理养护体制改革实施方案》,着力推动建立管理养护体制完善、资金保障有力、人员保障到位、运营安全高效的农村公路管理养护长效管理机制,为"四好农村路"高质量发展提供全面保障。

## 一、政府统筹强力推进

### （一）党委政府重视

州委、州政府主要领导高度重视农村公路养护体制改革，召开专题会议讨论改革工作，并将全面深化农村公路管理养护体制改革工作纳入A州深化改革事项之一，先后出台《A州加强农村公路管理养护工作的实施意见》《A州全面深化农村公路管理养护体制改革实施方案》等改革政策，为推动A州落实全面深化农村公路管理养护体制改革打下坚实基础。

### （二）各级财政助力

本次改革中央、省、州充分考虑县级财政支出困难实际，在改革方案中明确将农村公路日常养护资金从县级完全自筹调整为省、州、县三级按照5:2:3的比例共同承担，其中省级财政按照省级标准承担50%，A州继续执行高于省级标准的州标准，州级财政按州标准承担20%，县级承担州标准的30%及省级差额资金，大幅缓解县级财政压力。

### （三）管养权责明确

按照"统一领导、分级负责、统筹协调、齐抓共管、确保长效"的原则，进一步明确州、县、乡、村四级农村公路管理养护权责和分工，构建权责清晰、齐抓共管的农村公路管理养护体制，确保"州级统筹、县级负责、乡村齐抓、社会参与"的管理养护责任落实。

## 二、改革落地成效显著

### （一）管养机构逐步健全

A州建立农村公路管养机构县级12个、乡级95个、村级118个，乡级管理所设置率达89.6%、村级管理站设置率达94.43%，基本形成州级指导、县级主管，乡有交通运输管理所、村有交通运输管理站、组有护路员的养护管理体系，有效解决农村公路管理机构断层问题。

### (二)管养资金保障有力

根据改革方案明确的省农村公路日常养护资金筹集标准和比例,A州25651千米农村公路改革前每年养护资金总额为18110万元(其中:省级财政承担4450万元,州级财政承担2658万元,县级财政承担11002万元),从2021年起全部纳入省、州、县三级财政预算,改革后每年需县级财政承担的养护资金较改革前减少7108万元,降幅达39.24%。同时,明确养护资金拨款方式,按照前三季度累计拨付比例分别不得低于30%、70%、100%,并集中划拨至州级农村公路养护主管部门专用账户,根据各县(市)日常养护考核和资金到位情况划拨,保障农村公路日常养护资金按时足额到位。

### (三)管养水平大幅提升

建立政府与市场合理分工、专群结合的养护生产组织模式,通过采取政府购买服务和"管养+"模式,推进农村公路管理养护制度化、规范化、市场化、机械化,实现养护水平明显提升。2020年上半年,A州农村公路PQI优良、中等路率平均达85.94%,较省下达的75%的目标超10.94个百分点,路况指标连续5年提升,农村公路管理养护工作稳居全省第一方阵。

### (四)巩固脱贫成效显著

通过"公路+旅游、公路+产业、公路+助农"的发展模式,助推旅游、产业发展和乡村振兴工作等,形成"因路而兴、因路而富、因路而美"示范带动的良好局面。鼓励公路沿线群众通过家庭承包方式参与农村公路日常养护,推动农村公路管理养护和"村社合一"集体经济组织融合发展。设置农村公路养护公益性岗位5000余个,优先选择脱贫群众4800余人进入养护队伍。增加脱贫群众就业岗位和收入,有力助推乡村振兴。

### (五)服务"四好"成绩斐然

随着全面深化农村公路管理养护体制改革推进,"四好农村路"中管好、护好等短板问题得到有效解决,A州成功创建"四好农村路"全国示范县1个(LB县)、省级示范县9个(DY市、LB县、FQ市、WA县、XL县、CX县、PT县、LD县、SD县),省级示范县占比达75%,创建"美丽农村路"3800余千米。带动发展了以CS县GS镇、GD县CM镇、WA县HC镇等为代表的新型集镇,有力地推动了城乡一体化发展,让群众真正看到了致富希望,体会到了党和政府的温暖,享受到了改革的成果。

## 三、改革成果亮点纷呈

### (一)管养体系日臻完善

建立健全了县、乡、村三级管养责任体系,农村公路管理机构断层问题得到了有效解决,各级公路管理机构职能职责得到了有效发挥。

### (二)通组公路纳入管养

首次将农村"组组通"公路纳入管养范围,明确了农村"组组通"公路养护机构、人员、经费,通组公路管理养护实现常态化,实现农村公路列养率100%的目标,解决了服务群众出行"最后一公里"的管养问题。

### (三)管养格局基本形成

以全面推行农村公路"路长制"为抓手,将农村公路管养纳入乡(村)规民约管理,充分调动群众参与农村公路管养的积极性、主动性,建立政府主导、社会参与、专群结合、齐抓共管的长效机制,对A州农村公路实施有效管护。

### (四)资金保障渠道优化

明确了养护资金标准和省、州、县筹集比例,落实了养护资金财政预算化、资金筹集多元化,形成财政投入为主、社会力量参与为辅的工作格局,为实现农村公路管理养护工作常态化、制度化、规范化、市场化、机械化提供了坚实的资金保障。

### (五)村级经济融合发展

积极引导村社劳务参与公路建设养护,优先选择有相应资质和能力的村级集体经济组织参与农村公路日常养护和养护工程建设,增加脱贫群众就业岗位和收入,带动"村社合一"集体经济组织发展壮大,助力乡村振兴。

## （六）改革工作受肯定

交通运输部和贵州省充分肯定A州改革工作：《A州加强农村公路管理养护工作的实施意见》被交通运输部作为制定全国深化农村公路管理养护体制改革政策的参考资料，A州被交通运输部、财政部列为全国深化农村公路管理养护体制改革试点地区（全国42个市州级地区之一），《A州全面深化农村公路管理养护体制改革实施方案》得到兄弟市（州）学习肯定。

## （七）"四好"经验全国推广

得益于近年来A州"四好农村路"的高质量发展，在A州某县召开的2020年全国推动完善"四好农村路"高质量发展体系现场会得到了各级领导的高度评价，A州"四好农村路"示范创建的丰富经验及成果也吸引了交通运输部干部管理学院，辽宁、天津、广西、河南等到A州调研学习。

## 📁 案例分析

　　A州出台《A州全面深化农村公路管理养护体制改革实施方案》,主要目的在于推动建立管理养护体制完善、资金保障有力、人员保障到位、运营安全高效的农村公路管理养护长效管理机制,为"四好农村路"高质量发展提供全面保障。这体现了交通工程学的理论和原理。交通工程学是应用科学的一个分支,研究交通系统的规划、设计、建设、运营和管理等方面。在农村公路建设和养护方面,交通工程学的理论和原理得到了广泛应用。《A州全面深化农村公路管理养护体制改革实施方案》是对农村公路管理养护体制进行改革的具体行动方案,该方案主要是从管理体制、资金保障、人员保障、运营安全等方面入手,推动农村公路管理养护长效管理机制的建立和完善。在具体实施中,需要运用交通工程学的理论和原理,制定科学的规划和设计方案,考虑到地形地貌、气候条件、交通流量等因素,确保农村公路建设和运营具有可持续性和安全性。同时,还需要考虑资金保障和人员保障等问题,确保农村公路管理养护体制的高效运营和长期发展。因此,这体现了交通工程学的理论和原理在农村公路建设和养护管理中的重要作用。

## 第三节

# 打造"天眼·就业快递"智慧就业服务平台

稳就业既是稳经济也是稳民生。针对近年来就业领域存在的就业平台不完善、机制不健全、服务不到位、信息不匹配、"两工需求"不衔接等因素带来的群众务工难、企业用工难"两难"问题，以及新冠疫情带来的巨大挑战和冲击，PT县始终把稳就业摆在突出位置，采取"大数据+人力资源"服务模式，打造"天眼·就业快递"智慧就业服务平台，有效破解"有人无岗""有岗无人""人岗不适"等"两难"问题，千方百计守牢民生底线，稳住就业基本盘；推动稳就业、保就业目标任务落细落实，促进群众精准就业，巩固拓展脱贫攻坚成果、推进乡村振兴取得明显成效。

## 一、线上搭建天眼平台，精准匹配就业岗位

### （一）搭建平台，实现两端衔接"零距离"

"天眼·就业快递"智慧平台采用"5+2+N"的信息管理模式运行，"5"即求职需求库、人力资源库、企业招聘信息库、有效数据库、自动存储就业信息库等5大板块；"2"即智慧管理平台中心、"AI"数据处理中心；"N"即多个智慧管理平台的"线上""线下"渠道端口。依托智慧管理平台中心，利用大数据"精准、高效、快捷"的服务优势，通过数据分析，精准匹配好企业用工、群众务工"两端"需求，迅速搭建起企业与群众之间的数据供需桥梁，拉近了企业与务工群众的距离，以大数据"速度"打通了服务群众最后一公里。

### （二）唤醒"AI"，实现就业供需"零成本"

"天眼·就业快递"智慧管理平台打破了传统的人工接听模式，以"AI"（人工智能）为核心，内设"AI"数据处理中心，通过语言处理、信息检索、数据挖掘等人工智能处理

技术,开启了"永不下班"人工智能服务模式,变被动服务为智能主动服务,人工智能服务平台通过不断与求职者无障碍交流,精准匹配合适岗位。"AI"人工智能系统的运用,不仅节约了人工成本,而且实现了就业服务"不打烊",获得有效数据,提升了"天眼·就业快递"智慧管理平台的"智能+"水平。"天眼·就业快递"智慧管理平台的运用,实现了企业用工招聘和群众精准就业"零成本"。

### (三)热点追踪,实现就业服务"零障碍"

"天眼·就业快递"智慧管理平台设置了上下连接的数据端口,通过整合全省人社部门数据库资源,开展大数据挖掘和分析,开启"热点"追踪功能,帮助群众在不同地区求职时,享受到多种服务。比如,通过线上"远程面试""视频会议"等,精准推送求职岗位、个人就业培训、创业指导等数据包,实现就业服务"零障碍"。

## 二、线下多方发力,配送岗位不留死角

### (一)"邮政网点"变"就业驿站"送岗进村

依托邮政网点遍布城乡、服务面广、方便快捷等优势,强化部门合作,借助其健全的服务网络体系,建立起县、镇(乡)、村三级就业服务实体平台,变"邮政服务网点"为"就业服务驿站",完善"天眼·就业快递"线下载体。通过在"就业服务驿站"网点大厅设置自助求职服务终端机、LED屏幕宣传展台、人工服务等线下"岗位配送"模式,将就业岗位、技能培训、就业政策等信息整合打包,推送到前来办理业务的群众手中,进一步延伸基层就业服务触角。

### (二)"邮递员"变"信息员"送岗到家

针对农村居民劳动力中文化素质较低、年龄结构偏大、劳动能力偏弱等"留守"劳动群体,"天眼·就业快递"线下就业服务平台,依托邮政网点"就业服务驿站"强大的人力资源优势,通过购买服务,变"邮递员"为就业快递"信息员",开展"点对点""面对面"线下"带真情、送政策、送岗位、送技能"的"一带三送"就业服务,以岗位信息卡、技能资料包、政策宣传袋等为载体,将就业服务延伸到组、推送到户,把就业"通道"铺到群众家门口,真正实现就业岗位"包邮到手""本人签收",促进群众精准就业,增加收入。

### (三)"网格员"变"宣传员"送岗到人

整合驻村工作队、结对帮扶干部、村"两委"等网格力量,通过政府抓、信息引、典型带等方式"送岗上门",全方位开展"一对一"就业服务,利用开院坝会、走村串寨张贴宣传海报、赶集时间摆摊设点等方式将就业政策宣传到位,积极收集劳动者就业及技能培训意向,为当地群众牵线搭桥,让企业用工"不荒",群众就业不愁,结好就业帮扶对子,助力群众增收,夯实基层就业助农兴农基础,有效巩固拓展脱贫攻坚成果。

## 三、多形式培训提升群众就业技能

### (一)聚焦重点人群,实现脱贫劳动力全员培训

实施脱贫劳动力全员培训计划,聚焦特殊群体及存在返贫风险的重点脱贫人口,有针对性地开展实用性、紧缺工种技能性培训;聚焦500亩以上坝区产业结构调整,对合作社社员及脱贫劳动力开展农业实用技术培训;聚焦园区企业,开展企业脱贫劳动力以工代训、职工技能提升培训;聚焦易地扶贫搬迁安置社区,全面开展移民劳动力就业技能培训和市民化培训,实现应培尽培。2020年来,共开展脱贫劳动力全员培训173期,5000余人参训。

### (二)聚焦重点行业,实现"订单就业"技能培训

根据"天眼·就业快递"用人信息需求,开展"订单培训",实现稳定就业。依托职业阵地组织开展烹饪、电子商务、家政服务、养老护理等培训,在坝区产业基地组织茭白、石斛种植等培训班,培训合格后直接定点输送到企业、产业基地或公益性岗位工作。

### (三)聚力现有资源,实现"校县结合"带训

充分利用贵州大学、贵州师范大学、黔南民族师范学院等高校示范引领和科技创新技术,提升农副产品科技含量,实现"校农结合"向教育、科技、人才助力乡村振兴的全方位转型升级。各高校共赴PT县开展技术指导11676次,培训致富能人210人,带动就业2000人。

## 四、取得成效

通过"就业快递"改革的实施,破解就业难题,顺应了新时期就业工作需要,在巩固拓展脱贫成果等方面取得了明显成效。

一是稳就业、保就业成果得到有效保障。自实施"就业快递"改革以来,累计促进新增就业26665人,比2019年同期增长9.6%,助力5000余个贫困家庭在疫情防控严峻形势下实现稳定就业,其中,推送3000余名贫困劳动力到东西部协作帮扶地区就业。通过"就业快递"智慧平台,就业人员申请办理累计享受稳岗就业补贴等各类就业创业扶持资金共3127万元,比2019年同期增长163.5%,帮助19211人实现就业增收,扩大政策覆盖面。依托"就业快递"改革,帮助农村贫困人口增加工资性收入,2020年,上半年PT县农村常住居民人均可支配收入达6095元,其中人均工资性收入达2960元,比2019年人均工资性收入2473元,增长了约20%,为巩固脱贫成果提供收入保障。

二是就业服务模式实现脱胎换骨。通过实施"就业快递"改革,充分发挥了大数据精准、高效、快捷的服务优势,探索了"线上+线下"服务方式,直接将就业通道铺到群众家门口,有效延伸了就业服务链条和触角,以大数据"速度"打通了服务群众"最后一公里",彻底改变了以往群众找工作东奔西走、求职成本高、信息不灵不准、成功率低,乃至求职无门的现状。真正实现精准就业、快速就业、零成本就业,推动PT县就业服务工作实现了质的提升和跨越。

三是改革成效得到各级认可和点赞。PT县"就业快递"的创新做法,得到了群众和企业的高度认可,得到国家及省州各级的高度认可,在2020年的"七一"脱贫攻坚表彰中,PT县人社局党组为此获得全省、A州、全县脱贫攻坚先进党组织表彰;贵州省人社厅将"天眼·就业快递"作为全省就业扶贫创新项目推荐到人社部就业促进司进行全国宣传展示。同时,省人社厅主要领导作出批示,点赞PT县做法并在全省予以推广。

## 五、经验启示

"天眼·就业快递"精准就业服务改革的成功探索,既是落实稳就业、保就业的重要检验,也是运用大数据管理提升就业帮扶成效的有效手段,更是探索新形势下就业帮扶工作的重要实践,为抓好新时期新形势下稳就业工作提供了参考和借鉴。

一是促进群众就业，领导重视是关键。PT县委、县政府高度重视就业工作，将稳就业作为最大的民生工程摆在第一位，从领导力量、机构建设和政策扶持等方面全方位扩大就业门路，着力引导全县上下大力保就业、稳就业。全力推进"天眼·就业快递"升级改造，秉承民生理念，把促进群众精准就业、稳定就业作为改革创新破解就业工作难点的出发点和着力点，通过线上线下创新服务，助推稳就业、保就业工作落到实处，取得实效。

二是促进群众就业，搭建平台是基础。PT县在组织就业、做强就业服务的过程中，高度重视劳务平台的培育和创建，充分发挥"大数据+人力资源"优势，创新打造"天眼·就业快递"精准就业帮扶模式，有效破解"有人无岗、有岗无人、人岗不适"问题，推动人岗衔接、精准匹配、精准就业，实现群企共赢，取得明显成效。以打造"天眼·就业快递"升级版为抓手，建立智慧就业分析服务系统，实现了岗位精准匹配、就业信息精准推送、就业成果精准回收、就业数据精准管理、就业成果精准展现（可视化）等系列目标，进一步巩固提升脱贫成效。

三是促进群众就业，强化服务是保障。PT县通过不断健全完善就业工作服务体系，形成了一个以县人力资源市场为龙头，各乡镇和村为网点，东西协作机构为依托的转移就业三级工作大网络体系，充分发挥这一体系的功能与优势，确保就业服务加速推进。通过引入人工智能外呼服务、做好线上线下岗位精准推送、全覆盖收集就业岗位信息和建立完善县内外就业岗位信息库、开展就业后续跟踪服务等方式，不断稳岗拓岗，全力满足群众就业服务工作需要。

## 📁 案例分析

  PT县采取"大数据+人力资源"服务模式，打造"天眼·就业快递"智慧就业服务平台，以解决就业领域的"两难"问题，从而稳定就业基本盘，守牢民生底线。具体而言，PT县坚持把就业稳定作为民生工程的重要内容，积极探索就业服务的新模式，采取大数据和人力资源管理相结合的服务模式，打造智慧就业服务平台，提高就业资源的利用效率和质量，有效破解了"有人无岗""有岗无人""人岗不适"等就业难题，从而稳定就业基本盘，守牢民生底线。稳就业既是稳经济，也是稳民生，是指保持就业持续稳定，不仅有助于促进经济增长和社会稳定，也是维护民生的重要措施。因为就业问题关系人们的生计和福利，同时也是促进经济发展、提高国家竞争力的重要因素，所以稳定就业既关系民生问题，也事关经济发展。

  就业问题是一个涉及面很广的复杂问题，涉及经济、社会、政治等方面，一旦就业出现问题，会对社会经济、社会和谐稳定等方面带来诸多不利影响。尤其是在当前世界经济不稳定、竞争激烈的形势下，稳定就业显得更加重要。

  稳就业体现了多个学科的原理。其中，经济学原理认为就业问题是经济发展的重要因素，通过就业可以促进经济增长和社会稳定；社会学原理认为就业问题关系社会的稳定和发展，通过就业可以促进社会公平和社会和谐；人力资源管理学原理认为有效地管理和开发人力资源是实现就业的重要手段，可以提高就业质量和成效；信息技术学原理认为信息技术的应用有助于提高就业资源的利用效率和质量，通过大数据分析和人工智能等技术手段，可以实现就业信息的精准分析、匹配和推荐。因此，稳就业体现了多个学科的原理，需要多方面的支持和合作来实现。

## 第四节

## "五结合"推动招商引资实现"多点开花"

2020年,在州委的坚强领导下,在省州招商引资部门的业务指导下,PT县立足县情实际,创新招商工作方式,以"五结合"抓招商引资,为做好"六稳"工作、落实"六保"任务提供有力支撑,为按时高质量打赢脱贫攻坚战、奋力完成经济社会发展目标注入新动能。"五结合"即采取"组团式"与"小分队"相结合、采取"走出去"与"请进来"相结合、采取"龙头建链"与"链条联动"相结合、采取"招商引资"和"招文引智"相结合、采取"产业招商"和"环境招商"相结合的工作举措。

## 一、主要做法

### （一）采取"组团式"与"小分队"相结合

成立县委、县政府主要负责同志任组长的产业大招商工作领导小组,优化设立四大产业招商专班,成立13个产业链招商小组,形成"党政主要领导双组长挂帅+领导小组办公室统筹+专班联动+链长具体推动"的招商格局。分别成立县人大常委会主任和县政协主席为组长的产业大招商和营商环境建设督查组,按季度开展招商和营商工作的督查。组建招商引资小分队、广州白云区挂职干部招商工作联络组,利用东西部协作机遇,重点面向珠三角地区开展产业招商活动。PT县招商小分队不辞辛劳,精准对接目标企业,在省、州的招商小分队实时考核排名中位居前列。

### （二）采取"走出去"与"请进来"相结合

精准策划和编制新的产业招商项目71个,梳理出47个正在洽谈和拟签约开工项目,选定一批优质的项目,主动登门招商和积极引进企业到县内实地考察,有效推动招商企业快速落地。2020年来,共组团外出北京、广州、浙江等地招商考察100余次,吸引300余家企业到县内考察、洽谈投资事宜。

### (三)采取"龙头建链"与"链条联动"相结合

结合产业发展需要,采取单一产业招商和产业链条联动招商,实现精准招商。如,招商引进的某县年出栏40万头优质肉猪农业项目和100万头优质生猪产业项目属于引进龙头企业建链项目;当地一基地建设项目属于天文科技旅游产业的补链延链项目。

### (四)采取"招商引资"和"招文引智"相结合

不仅注重引进资金技术和管理,还注重引进文化和理念。洽谈签约的"布依部落八音弹唱"文化产业建设项目,借助某上市公司在文化领域深耕多年的经验,深度挖掘和包装布依族非物质文化遗产"八音弹唱",高品质、高密度推向国际国内市场,打造民族文化旅游助推乡村振兴的示范样板。

### (五)采取"产业招商"和"环境招商"相结合

一是完善营商环境建设机制。印发了"营商环境提质升位"的实施方案、"招商引资项目服务"的工作方案、"关于进一步强化全县产业大招商十条措施"的通知、"产业大招商工作"的考核办法(试行)等,建立项目服务"五大"工作机制。对项目投资协议中涉及相关部门的履约事项、服务承诺的办理情况进行跟踪督促,促进项目尽快开工建成投产。

二是调度好营商环境评价指数中的各项指标。紧咬目标不放松,坚持问题导向,严格对标对表、对照指标找差距,针对评估中出现的突出矛盾和重点问题一一实施挂号跟踪,限期销号,以实际行动整治营商环境,让服务对象有实实在在的获得感。

三是强化营商环境的服务力度。整合各类招商要素,从项目储备、签约、审批、开工、建设、投产、技术和人才引进等方面加强协同配合,用优质的服务改善和提升PT县营商环境。

## 二、主要成效

2020年,PT县努力克服新冠疫情带来的影响,精心安排部署,落实责任,形成"招商总动员,人人冲一线"的工作氛围。创新提出"五结合"招商举措,不断优化管理体制和工作机制,争分夺秒、凝心聚力,产业大招商工作呈现逆势上扬态势。引进了北京九天未来科技发展有限公司、广东封开县智诚家禽育种有限公司、贵州亨达公路资产运营管理有限公司、中交交旅投资控股有限公司、中国华能集团贵州分公司等优强企业,签约落地了乌鸡产业园项目、PT县制鞋生产线建设项目、PT县特大桥"桥旅融合"观光服务区项目、贵州省青少年研学旅行及社会综合实践基地建设项目、PT县交旅融合项目、华能光伏新能源等大项目和好项目。截至2020年10月,新增省外重点产业项目到位资金40.72亿元,引进企业13家,引进重点产业项目数46个,引进高新技术企业2家,项目开工率为100%,投产率为64.35%,党政主要领导引进产业项目16个,到位资金11.59亿元,获得州委主要领导批示,并在当地热线网、贵阳网等县外媒体宣传,得到了广泛关注和点赞。

  PT县顺利实现脱贫摘帽后,产业招商对于全县经济社会发展的作用日益凸显。产业大招商将有效巩固拓展脱贫攻坚成果,并为乡村振兴注入新动能。PT县委、县政府审时度势,聚焦产业招商,创新招商方式,以上率下,狠抓落实,调动一切力量,协调各方资源,持续掀起全县产业大招商热潮,努力开创对外开放新局面。

### 📁 案例分析

  PT县立足于自身的县情实际,以创新的方式进行招商引资工作,采取"五结合"的工作举措。这些工作举措有助于为就业和经济发展提供良好支撑,为做好"六稳"工作、落实"六保"任务提供有力支撑。"五结合"即采取"组团式"与"小分队"相结合、采取"走出去"与"请进来"相结合、采取"龙头建链"与"链条联动"相结合、采取"招商引资"和"招文引智"相结合、采取"产业招商"和"环境招商"相结合的工作举措。

  采取"组团式"与"小分队"相结合,体现了组织管理学的理论。组织管理学认为,组织结构的设计和管理可以影响组织的绩效和效率。采取组团式的工作方式可以提高团队的凝聚力和协作性,促进信息共享和资源整合,增强招商引资的效果。同时,采取小分队的方式可以提高工作效率和灵活性,有助于应对不同的招商需求和挑战。

  采取"龙头建链"与"链条联动"相结合,体现了产业经济学和供应链管理学的理论。产业经济学认为,龙头企业在产业链中具有关键作用,采取龙头建链的方式可以促进产业集群的形成和发展。供应链管理学则认为,供应链的协调和管理可以提高供应链的效率和效益,采取链条联动的方式可以促进各个环节的协作和优化。

  采取"招商引资"和"招文引智"相结合,体现了人力资源管理学和知识经济学的理论。人力资源管理学认为,人力资源的开发和管理可以提高组织的绩效和竞争力,采取招才引智的方式可以吸引更多的人才和智力资源。知识经济学则认为,知识和技术是推动经济发展的重要因素,采取招才引智的方式可以促进知识的流动和转化,提高产业的创新和发展能力。

## 第五节
## "六字箴言"助推"黔货出山·风行天下"

贵州省2020年"黔货出山·风行天下"夏秋攻势行动于8月正式启动,为贯彻落实省委、省政府的统一部署,A州委、州政府印发了《A州落实2020年"黔货出山·风行天下"夏秋攻势行动的若干措施》:"黔货出山·风行天下"的若干措施,紧扣"八要素",落实"五个三",对症下药,提出用"快、统、通、调、比、实"的"六字箴言"和28条具体措施,做好夏秋农产品销售这篇大文章,千方百计把农产品卖出去、卖出好价钱,提升农产品竞争力、影响力,巩固拓展脱贫攻坚成果,纵深推进农村产业革命,取得了显著的成效。

### 一、遵令而行,做好"快"的文章

以"快"字当头,先行一步,列出时间表,下达任务书,绘出路线图。部署启动会后,州委、州政府迅速下达了《A州落实2020年"黔货出山·风行天下"夏秋攻势行动的若干措施》,其中还包括十二个主导产业夏秋攻势行动子方案,进一步细化目标任务,并逐条分解到县(市)。州农业农村局、州商务局、州农投公司迅速组建了A州夏秋攻势调度工作专班,由州农业农村局和州商务局的主要领导和分管领导担任正、副班长,抽调10名业务骨干集中办公,并将工作分工明确到每一位成员。截至8月底,各县(市)和有关部门闻令而动,党政主要领导均召开了专题会议进行研究和部署,逐层传递责任和任务,在摸准底数、主体转型、订单落实、"七进"工作、秋冬种谋划等5个方面狠下"快刀斩乱麻"的功夫,杜绝"钝刀子割肉"的惰性,做好"快"的文章。如:DY市委主要领导安排部署,要求各部门党政一把手亲自抓,以目标为导向,采取"四步走"纵深推进夏秋攻势行动。

## 二、凝聚合力,发挥"统"的作用

对标目标任务,立足当前,谋划长远,严格落实"一把手工程",按照组织销售、种植布局、提供种苗、基地配套建设、技术服务、品牌创建"六统一"要求,完善州县(市)、政企、部门联动机制,1+12调度工作专班、1+12产业发展专班、641家流通型企业、1622名农村经纪人、21个粤港澳大湾区菜篮子基地齐发力,实现销售农产品64.5万吨,其中:销往东部市场和对口帮扶城市22.9万吨,销往省外周边市场20.4万吨,销往省内市场20.1万吨("七进"12.9万吨),本地机关单位、教育、医疗等公共机构采购州内农产品年均占比达到了90.9%,州内社会化市场采购体系采购州内农产品年均占比提升到了65.1%。通过凝聚强大合力,产品绿起来,生产强起来,品牌亮起来,掀起了农产品旺产旺销、优质优价的销售热潮。

## 三、密切配合,解决"通"的矛盾

如何实现抱团出山?A州分别通过解决物流成本高的问题,建好农村经纪人队伍,畅通电商销售渠道,疏通农产品加工供应渠道,建立沟通协作机制五个"奇招",切中要害,彻底解决"通"的矛盾。利用DY市对口帮扶(消费助农)项目安排的1500万元资金,对开拓省外市场具备一定销量的重点物流主体予以物流补贴。培育了1622名农村经纪人,把千家万户的农产品从田间地头汇集起来,走向市场。扎实开展"一码贵州"消费助农行动,引导723家龙头公司、合作社、购销企业等经营主体入驻"一码贵州"平台,交易额达到816.3万元,在省外目标市场举办展示展销活动118场(次)。举办线上线下促销活动206场(次),实现A州农产品网络零售额同比增幅达到153.8%,招引东部及对口帮扶城市和目标市场的优强企业在A州建立直供基地或订单生产加工项目共计168个,配套分拣包装和加工生产线519条,打通农产品销售的最后一公里,建立州县、政企、部门联动机制,加强协作沟通,在活动开展、政策支持、项目实施、数据统计等方面形成合力,多方位协调合作,黔货"乘风破浪"出深山。

## 四、上下联动,强化"调"的力度

强化"调"的力度,是28条措施能够顺利实施的重要保障。"调"字是从强化工作调度、加强统计分析、注重过程跟踪三个方面跟进,共同协作,上下联动,加大督促指导力度,精准解决好农产品销售问题,A州党政主要领导及时主持召开了州委专题会议、州政府常务会议、州委农村工作实施乡村振兴战略领导小组会议,进一步研究A州农产品销售的问题和短板,立足当前把夏秋攻势的任务落实,着眼长远推动农村产业革命的可持续发展。组建"1+12"调度工作专班,州、县两级共计抽调88名业务骨干,充实专班力量,专抓调度和管理工作,一月一调度、一月一通报,动态掌握大宗农产品品种、产量、上市期、产地价格和省外市场销售情况等,为黔货出山提供有力支撑。印发"黔货出山·风行天下"的考评办法,将6个方面重点工作和19项考核指标逐一量化分值,公平公正评价各县(市)工作成效,并在三季度农业重点工作督查中,对县(市)推动落实情况进行了评分。按照生产主体认可、流通主体认可、销售主体(市场)认可、考核主体认可"四个认可"的原则,强化过程跟踪,在考评办法中对相关印证资料,罗列出详细清单,确保A州农产品销售真实可查。

## 五、奋勇争先,形成"比"的氛围

通过比规模,晒优势单品连片发展;比标准,晒优质等级产品占比;比销量,晒农产品卖得好;比效益,晒亩产综合效益;比可持续性,晒稳定供销关系;比查实有据,晒统计资料完整度,农产品做到人无我有,人有我优。"五比五晒",奋勇争先,在A州上下形成比学赶超的氛围。A州围绕"六字箴言"发起了强大的宣传攻势,借助多种主流媒体,多渠道、全方位开展宣传报道,营造氛围,向外共计发布各类信息1151条。绿博会的成功召开又进一步拓展了A州农产品外销窗口,增加了新的标识。A州蔬菜产业聚焦优势单品,发挥比较优势,超前谋划安排今冬明春蔬菜产业发展工作,继续扩大优势单品面积,冬春蔬菜完成种植面积63.98万亩。通过狠抓落实,A州已经完成省下达的各项任务指标,如:实现农产品外销44万吨(省下达任务13万吨),实现641家企业转型为流通型企业(省下达任务24家),建立1622人的农村经纪人队伍(省下达任务120人)。

## 六、脚踏实地,达到"实"的效果

通过狠抓快、统、通、调、比五个方面的落实,脚踏实地达到"实"的效果,实现了农业产业增效、农民群众增收。全力突出保供给、保增收、保小康,着力稳定粮食生产,抓好生猪稳产保供,大力发展12个特色优势产业,纵深推进农村产业革命,确保完成农牧渔业总产值422亿元以上。依托"村社合一",帮助农民稳定获得订单生产、劳动务工、返租倒包、入股分红等收益,确保农民持续增收、稳定增收,全面开启乡村振兴新局面。如:某县通过产业发展,共覆盖农户30672户,同时全面推行"村社合一",逐步形成了"枝子2111"、纳傍"红股"等多种利益联结机制,有效助推农民增收致富。

"六字箴言"是A州深入推进农村产业革命过程中,紧紧围绕"八要素",落实"五个三",针对农产品产销对接形成的经验做法,对助推A州农业产业快速发展具有十分重要的意义。

> **案例分析**

"六字箴言"是A州深入推进农村产业革命过程中,紧紧围绕"八要素",落实"五个三",针对农产品产销对接形成的经验做法,对助推A州农业产业快速发展具有十分重要的意义。

首先,该行动的落实和具体措施的提出,使得农产品销售得到了实质性的提升和改善,这对于促进当地农村经济的发展和稳定,具有重要的意义。

其次,该行动的实施和具体措施的落实,强调了质量、品牌、标准、市场、服务、物流、质量、安全等"八要素"的重要性,这为农产品销售的提升和优化奠定了基础,具有长远的战略意义。

再次,该行动的实施和具体措施的落实,针对市场需求,对症下药,提升了农产品的竞争力和影响力,这有助于提高当地农产品的知名度和美誉度,增强农产品的市场竞争力,具有重要的市场营销意义。

最后,该行动的实施和具体措施的落实,通过纵深推进农村产业革命,有助于促进农村经济的可持续发展和稳定,具有重要的社会和经济意义。

该做法也体现了诸多学科原理和理论。

首先,提出用"快、统、通、调、比、实"的"六字箴言"和28条具体措施,落实"五个三",强调了规划和执行的重要性,这是管理学中重要的原则之一。

其次,通过"黔货出山·风行天下"行动,针对市场需求,对症下药,提升农产品的竞争力和影响力,这体现了市场营销学中市场导向的原则,即需要以市场需求为导向,通过提高产品质量和优化推广营销策略等方式,满足消费者需求,提升产品的竞争力。

最后,通过落实"八要素",即品质、品牌、标准、市场、服务、物流、质量、安全,并且通过28条具体措施,加强供应链的管理和优化,提高农产品的质量和安全性,这体现了供应链管理的原则,即在供应链中协调各个环节,优化资源配置和管理,实现供应链的高效运转。

综上所述,A州针对"黔货出山·风行天下"的农产品夏秋销售攻势的举措体现了管理学和市场营销学等原理,通过科学规划和有力执行、坚持市场导向和加强供应链管理等方式,实现了夏秋农产品销售的优化和提升,取得了显著的成效。

## 第六节

## 发展特色服务,助推重大工程项目加速

重大工程项目是推动经济社会发展的重要载体和主要抓手,近年来,随着重大工程项目数量逐年增多,全面抓好项目要素保障至关重要。为进一步提升A州重大工程和重点项目服务水平,通过开展常态化、制度化项目精准服务,全力破解重大项目推进过程中存在的落实不力、效率不高、服务不优、效果不好等突出问题,加快推进重大工程和重点项目建设,不断扩大有效投资,助推经济社会高质量发展,结合州委、州政府工作要求,针对省、州重大工程和重点项目专门制定了《A州进一步优化省州重点项目服务专项行动方案》(以下简称《方案》)。

## 一、基本情况

该《方案》通过州深改会审议通过并于2020年6月24日由A州人民政府办公室印发实施。《方案》主要由总体要求、工作目标、重点工作和保障措施四大部分内容组成,其中总体要求结合了州委、州政府对2020年固定资产投资及项目建设的工作部署,以"增强执行力度,优化办事流程,健全服务机制,提升工作效率"为重点,着力解决重大项目推进过程中存在的落实不力、效率不高、服务不优、效果不好等突出问题,进一步提升A州重大工程和重点项目建设服务水平,确保各类项目按计划推进,实现全年固定资产投资预期目标。工作目标围绕2020年省、州重大工程和重点项目建设工作任务,在有序推进545个已列入省、州重点项目库项目的基础上,实行增补州重大工程和重点项目的工作方式,上半年再新增155个重大项目列入省、州重点项目统筹调度,确保全年实施省、州重点项目700个以上,年度计划完成投资占固定资产投资任务的70%以上。重点工作按照"谁主管、谁服务"的原则,各县(市、区)、各重点行业部门重点对项目的谋划、开工、建设、建成、入库、要素保障、管理等七大方面进行跟踪服务,确保项目按计划顺利推进。保障措施依托州政府分管领导挂牌督导、建立要素保障专班、严格项目审查、实行派单机制、优化服务环境、强化责任落实、严格考评问责等

方面,围绕重点工作顺利开展提出。

## 二、主要做法

### (一)坚持顶层设计,系统制定工作目标任务

按照"科学谋划、反复筛选、注重落地"的原则,积极组织各县(市、区)、部门抓好重大工程项目的策划和申报工作,切实推进目标任务项目化、实物化,制定项目推进计划和月度投资目标。各重点行业部门按照"谁主管、谁服务"的原则,从项目谋划、开工、建设、建成、入库、要素保障、管理等方面抓好督促落实。州四家班子主要领导及州委常委定期带队深入各县(市、区)对重大项目推进和完成情况进行督促、指导。

### (二)注重问题导向,推行要素保障"派工单"

建立健全项目要素保障联席会议制度,对项目要素保障问题实行清单化管理,每旬收单,每月派单,组织相关部门对手续办理中存在的难点堵点逐一研究,按照属地属事提出办理时限,对办理情况进行季度通报,加快推动问题解决。

### (三)强化结果导向,对项目推进进行考评问责

为全力推进项目建设,确保完成年度目标,A州对项目开工、项目推进等进行了纵向和横向"双向分解",并列入年度督查考核内容,进一步压实了州直部门任务和县(市、区)具体的责任。同时,对省、州重点项目进行"月调度、季通报",在扩大有效投资考核中放在更加突出的位置。将项目建设等情况纳入州对县(市、区)及州直部门考评体系,从项目资金争取、建设进度、项目管理等方面对有关部门和县(市、区)进行考评,并将考核结果反映到项目前期工作经费安排上。

## 三、取得成效

### (一)项目总量实现目标要求

根据《方案》工作要求,形成了纵向到底、横向到边的工作体系,全面提高了项目服务质量和水平。州、县领导挂帮服务项目工作顺利推进,州直有关部门定期深入项目一线开展项目谋划、推进和管理指导。截至目前,重点项目个数由年初的545个增加到了700个,总投资4453亿元,项目个数上增加了155个。

## (二)项目建设难点有所突破

通过积极抢抓国家、省各项政策机遇,压紧压实部门和县(市、区)责任,出台《争资争项考评办法》,全力开展争资争项。A州共争取到省级前期工作经费项目19个,争取资金1830万元。同时,针对省重大工程项目存在的用地问题和困难情况开展调度,报省协调解决项目土地问题20个。开展投资项目审批制度改革,压缩投资项目审批时限和发展改革系统权限范围内投资项目审批时间,针对不同审批事项,现办理时限均有大幅度缩减。

## (三)项目保障能力逐步提升

通过建立项目建设要素保障联席会议制度,对A州重大工程建设过程中存在的用地、融资、林地、规划、环评、移民拆迁、电力保障等困难和问题进行州级层面的协调解决。《方案》印发实施后已召开了2次联席会议,对如何协调解决A州重点项目建设中存在的困难和问题进行研究,对项目要素保障问题实行清单化管理,每月收单,每月派单,逐一研究,季度通报。目前,已协调解决重大项目建设要素保障问题90余个。

## (四)项目管理实施有序推进

将省州重大工程和重点项目推进计划下达各县(市、区),并将所有项目全部纳入国家重大项目库和项目云进行调度管理,做到项目月、季度有建设内容、时序进度、资金来源以及投资情况,实施动态管理。同时建立目标责任网,各县(市、区)重点项目明确了目标责任单位、日常监管单位和责任人,建立目标运行管理台账,实行季度、月查报制度。截至目前,A州700个重大工程和重点项目上报累计完成投资697.45亿元,占年度计划投资的89.2%;累计新开工项目270个,占年度计划的15.9%;累计建成项目90个,占年度计划的100%。

## (五)项目谋划储备更加精准

紧紧围绕"十四五"经济社会发展规划和地方政府专项债券、特别国债、中央预算内投资支持的领域,有关部门通过开展谋划培训指导,组织6个工作专班,对A州各县(市、区)逐一开展了三次项目谋划培训,对谋划出来的项目进行了逐一审核,对项目谋划的空白领域进行了逐一指导,取得了积极成效。截至目前,A州共储备项目4928个,总投资1.92万亿元。

### 案例分析

为进一步提升A州重大工程和重点项目服务水平,通过开展常态化、制度化项目精准服务,全力破解重大项目推进过程中存在的落实不力、效率不高、服务不优、效果不好等突出问题,加快推进重大工程和重点项目建设,不断扩大有效投资,助推经济社会高质量发展,结合州委工作要求,针对省州重大工程和重点项目专门制定了《A州进一步优化省州重点项目服务专项行动方案》(以下简称《方案》)。核心做法是"坚持顶层设计,系统制定工作目标任务;注重问题导向,推行要素保障'派工单';强化结果导向,对项目推进进行考评问责"。该《方案》涉及的学科理论主要包括项目管理、绩效管理和组织管理等多个领域。

首先,该《方案》的核心做法是"坚持顶层设计,系统制定工作目标任务",这涉及项目管理中的项目规划和项目目标管理等方面。在项目管理中,顶层设计是项目成功的关键因素之一,系统制定工作目标任务则是项目规划的重要内容,能够保证项目的顺利开展和高效完成。

其次,该《方案》注重问题导向,推行要素保障"派工单",这涉及绩效管理中的问题识别和解决,以及要素保障等方面。在绩效管理中,问题导向是解决问题的重要方法,要素保障则是保证绩效目标实现的重要手段,通过推行要素保障"派工单",能够有针对性地解决重点项目推进过程中存在的问题,保证项目推进的质量和效率。

最后,该《方案》强化结果导向,对项目推进进行考评问责,这涉及组织管理中的绩效评估和问责制度等方面。在组织管理中,绩效评估是衡量组织绩效的重要手段,问责制度则是保证组织绩效的重要保障,通过对项目推进进行考评问责,能够保证项目推进的结果达到预期,同时也能够促进组织绩效的不断提升。

综上所述,该《方案》涉及的理论主要包括项目管理、绩效管理和组织管理等多个领域。

## 第七节

# 管理优化,交运集团走"定制客运"道路

随着我国经济快速发展,人民生活水平有了显著提升,对"衣食住行"四件民生大事要求越来越高,需求更加多元化。党的十九大指出"我国社会主要矛盾已经转化为人民日益增长的美好生活需要和不平衡不充分的发展之间的矛盾",在道路客运行业,反映在"行"上,人民群众的需求已经不仅仅是满足于"走得了",而是向"走得好""走得舒适""走得便捷"转变。因此,让群众"走得好"等也成为传统公路运输行业改革突围的方向和动力。

## 一、定制客运改革的背景

伴随着越来越多高铁线路的开通、机票的降价、私家车的普及,以及非法营运屡禁不绝,传统公路客运业的发展受到了严重的冲击。同时,自驾、网约车、共享车等新型公路运输方式的迅猛崛起,并越来越受年轻人的青睐,加速了公路客运企业的中短途客运量急剧下降,而曾经发挥着"人归点、车进站"集散功能的繁忙汽车站,如今也由此落得一个"清静",整个道路客运行业,呈现萎缩之态。

为此,贵州省推出道路客运转型升级等一系列惠企政策,着力优化道路运输行业营商环境,积极推动客运行业高质量发展。A州交通运输集团顺势而上,结合公司实际情况,深入推进集团公司客运主业转型升级工作,为了满足新形势下旅客出行需求,努力构建安全、便捷、快速、舒适的道路旅客运输服务体系,以期更好满足人民群众的美好出行需求。尤其是面对2020年突如其来的新冠疫情对道路客运行业产生的重大影响,集团公司积极转变思维,发挥企业主观能动性,在"定制客运"发展方面开展了有益探索和积极实践,在"点到点""门到门"的运输服务方面进行了尝试。

## 二、定制客运的功能

"定制客运是指依托互联网开展信息发布、客源组织、售票、确定乘车地点等线上服务,并使用符合条件的车辆和驾驶员开展点到点线下服务的班车客运经营活动。"定制客运是传统客运的升级版和有益补充。定制客运发展以旅客出行需求为主导,突出"定制"的核心功能,以互联网为依托,向社会提供合法、规范的运输服务产品,满足旅客个性化、多样化的出行需求。定制客运的特点是"灵活、快速、小批量",改变了原有道路旅客运输固定线路、时间、站点、班次运行方式中的一个或者几个,以满足社会公众定制化客运服务需求,实现对传统客运的升级和补充。

## 三、定制客运实践情况及推广

为贯彻党的十九大精神,进一步落实《交通运输部关于深化改革加快推进道路客运转型升级的指导意见》(交运发〔2016〕240号)、国家发展改革委和交通运输部《推进"互联网"+便捷交通 促进智能交通发展的实施方案》(发改基础〔2016〕1681号)精神和《贵州省道路运输局关于在省内道路客运行业开展定制化服务试点工作的通知》(客运〔2017〕11号)精神,该公司先后编写、制定了《A州交通运输集团有限责任公司道路客运定制化服务试点工作方案》,向有关单位申请了开展客运定制化服务试点工作,并于2018年5月获得贵州省客运定制化服务第二批试点企业资格。

为推进A州首条定制化客运班线的开通,该公司选定"WA至GY"市际客运班线进行定制化客运班线改造,WA至GY(往返)定制班线共投入了14辆中型高一级19座宇通牌豪华客车,由原WA至GY(往返)班线承包人以入股方式,按公司化模式经营。为方便旅客乘车,满足乘客需求,在WA县汽车南站、恒源酒店、WA县烟草公司、摩尔城财富中心,GY市旅游集散中心(老客车站)、高铁北站、飞机坝客运站(老火车站)等地设置了8个定制班线上下客点。该班线每日发班13班左右,日发送旅客330余人,实际客座率约为72%。据统计,2020年1—10月,该条定制客运班线累计发班12772班,输送旅客174900余人,营收约950.08万元,目前经济、社会效益良好。WA县至GY市定制班线开通后,随着旅客运输量的持续上升,有效巩固、稳定并扩大了A州旅客运输市场,为现有客运车辆下一步结构调整、运力优化奠定了基础。同时,依靠国有专业旅客运输品牌,精准出击,满足了市场需求,旅客认可度高,A州交运集团定制品牌知名度也随着旅客量的上升而迅速提高。

定制化服务在该集团公司属于转型改造的初期,为此定制化服务推广工作选择试点运行,以点带面,查漏补缺,大体完善后再进一步推广。下一步集团公司再行选择2条市场主体较为单纯、经营状况较好的线路作为定制化班线试点(如:DY市至WA县、DY市至KL市等),实行"一线一方案",根据成熟一条开行一条原则实施逐步扩大试点面,通过大数据与道路旅客运输融合发展,探索新时代道路旅客运输企业发展新路,把定制客运班线发展经验推广到更多线路。

## 四、定制客运的主要成效

### (一)促进道路客运行业转型升级

定制客运是以互联网平台数据为基础,改造提升企业传统经营模式为前提,开展服务提供高要求、高品质、高质量的定制化出行服务为目的,依托手机App的新型组客、运输模式。随着人民生活水平的不断提高和社会公众消费能力增强,旅客高质量的出行要求也在不断增长。定制客运的出现极大地满足了人民群众对美好生活的向往,对便捷、安全出行日益旺盛的需求,打破了传统道路客运行业不方便旅客中转、换乘的瓶颈,极大地满足了旅客"门到门"服务的需求,实现了发车时间、地点的灵活便捷,推进了道路客运服务由量的扩张向高品质、便捷化的质量型提升,迈开了道路客运企业从传统经营模式向"互联网+"的高质量服务模式转型的实质性步伐。

### (二)提升服务质量,改善出行体验,打造优质服务品牌

在铁路、民航不断改进出行服务、出台便民措施、提升旅客体验感的今天,旅客乘坐客车出行的体验,与高铁、飞机的差距还很大,道路客运还存在巨大的服务质量提升和改进空间。通过对定制化班车统一车辆颜色及营运标识、统一驾驶员着装、统一服务标准、规范经营行为,坚守诚信经营、遵章守纪的底线,打造"安全、快捷、舒适、温馨、满意"的优质服务品牌。用定制客运"点到点、门到门、随客而行、方便快速"的高标准、高质量、规范化的道路客运新型服务,取代传统客运的低品质服务,最大程度贴近旅客便利出行的需求,提升道路客运的服务水平和市场竞争力。

### (三)降低事故发生率,保障运行安全

班线客运、包车客运、旅游客运等传统运输方式,行驶里程长、运行时间长,不稳

定因素多,事故发生率较高,且从事传统道路运输车辆一般为大型车辆,一旦发生事故,伤亡情况较为严重,造成的经济损失和带来的负面影响也较大。定制客运车辆一般为7~19座的中小型车辆,定制客运班线大多为中、短途运输线路,大大降低了驾驶员工作强度,减少了驾驶员疲劳驾驶等不安全行为的发生。在监管方面,该公司GPS监控平台具有完善的GPS监控系统,能及时发现驾驶员在日常行车中出现的不安全行为并予以纠正,大大降低了事故发生率,有效保障了定制客运的安全运行。

### (四)营造良好的市场竞争氛围

"互联网+道路客运"定制化服务,更能满足群众日益增长的对舒适化出行、个性化服务的需求,对提高道路客运行业的社会信誉,吸引客流,提高运输实载率,是最好的促进。客运市场环境的改变,倒逼企业提升经营管理、寻求新的发展模式、提高服务水平,以服务抢占市场份额。定制客运有利于激发客运市场良性竞争,营造公平竞争的市场环境。同时,能够有效地抑制"黑车"的蔓延。

## 案例分析

近年来，A州为了提高客运服务质量和效率，A州开始采用定制客运模式，制定了《A州交通运输集团有限责任公司道路客运定制化服务试点工作方案》，向有关单位申请了开展客运定制化服务试点工作。以A州交运集团为例，其定制客运是指根据客户需求，为客户提供专属的、定制化的客运服务。其具体内容包括：根据客户的需求，提供个性化的客运线路和班次。根据客户的人数和需求，提供不同类型的车辆，如大巴、中巴、豪华车等。根据客户的要求，提供专业的司机和服务人员，保证客户的安全和舒适。采用这种定制客运模式的理由主要有以下几点。提高客户满意度。传统的客运服务往往无法满足客户的个性化需求，而定制客运可以根据客户的具体需求提供服务，大大提高客户的满意度。提高运输效率。定制客运可以根据客户的需求灵活调整运输线路和班次，减少空驶率，提高运输效率。增加收益。定制客运可以根据客户的需求提供不同类型的车辆和服务，因此价格也相对较高，可以增加收益。

这种定制客运模式体现了多个学科原理：

第一，运筹学。定制客运需要对客户需求和运输资源进行科学分析、规划和管理，遵循运筹学的方法和原理，以最小化成本和最大化效益为目标，提高运输效率和客户满意度。

第二，服务营销学。定制客运需要提供个性化的服务，因此需要运用服务营销学的理论和方法，了解客户需求，提供符合客户需求的服务，从而提高客户满意度和忠诚度。

第三，交通运输工程学。定制客运需要对运输资源进行科学规划和管理，因此需要运用交通运输工程学的理论和方法，对交通运输系统进行优化和管理，提高运输效率和质量。